21世纪经济管理新形态教材·工商管理系列

技术创新管理
——理论与案例
（第2版）

华锦阳 ◎ 编著

清华大学出版社
北京

内 容 简 介

本书定位于"技术创新管理领域的启蒙书",以基础性、典型性和系统性为原则,对技术创新管理的代表性理论和方法进行系统介绍,框架简洁、语言通俗。

本书内容包括:(1)技术创新的概念与范畴;(2)技术创新的过程,包括技术创新的源起、研究与发展、新产品的试产与上市以及技术创新扩散;(3)技术创新的组织支持体系,包括技术创新战略、技术创新组织、技术创新激励以及技术创新的审计、测度与调查。本书在综合已有理论研究成果的基础上,穿插大量实际案例,尤其是各章都有一个开篇案例涵盖该章核心知识点,通过开篇案例引领和课后回顾的方式,加深学习和理解。

本书适于技术经济及管理、产业经济学、MBA、管理科学与工程、企业管理等专业的研究生和高年级本科生教学使用,也可供企业管理人员、工程技术人员、政府公务员、科研院所研究人员及其他感兴趣的读者自学参考。

本书封面贴有清华大学出版社防伪标签,无标签者不得销售。
版权所有,侵权必究。举报: 010-62782989,beiqinquan@tup.tsinghua.edu.cn。

图书在版编目(CIP)数据

技术创新管理: 理论与案例/华锦阳编著. —2 版. —北京: 清华大学出版社,2023.1
21 世纪经济管理新形态教材. 工商管理系列
ISBN 978-7-302-62035-8

Ⅰ. ①技… Ⅱ. ①华… Ⅲ. ①企业管理－技术革新－教材 Ⅳ. ①F273.1

中国版本图书馆 CIP 数据核字(2022)第 190392 号

责任编辑: 高晓蔚
封面设计: 汉风唐韵
责任校对: 王荣静
责任印制: 刘海龙

出版发行: 清华大学出版社
网　　址: http://www.tup.com.cn, http://www.wqbook.com
地　　址: 北京清华大学学研大厦 A 座　　邮　编: 100084
社 总 机: 010-83470000　　邮　购: 010-62786544
投稿与读者服务: 010-62776969,c-service@tup.tsinghua.edu.cn
质量反馈: 010-62772015,zhiliang@tup.tsinghua.edu.cn
印 装 者: 三河市天利华印刷装订有限公司
经　　销: 全国新华书店
开　　本: 185mm×260mm　　印　张: 14.75　　字　数: 309 千字
版　　次: 2023 年 1 月第 1 版　　印　次: 2023 年 1 月第 1 次印刷
定　　价: 55.00 元

产品编号: 087257-01

第 2 版前言

创新是变革时代社会持续发展的根基和源泉,而技术创新是创新系统的重要分支。通过对技术创新活动加以有效的管理,推动企业、产业和国家技术创新能力的增长,这不仅是我国建设创新型国家的战略需要,也是全球业界潮流和学术界共识。当前,企业、政府、高校、研究院所等都在越来越多地关注技术创新管理的实践和理论研究。

本书第 1 版出版于 2007 年,而今十多年过去,世界已然大变了模样,技术的发展、技术应用带来的社会变化,都已今非昔比。为此,本书推出了第 2 版。第 2 版的主要变化包括:第一,在原版基础上,增加了一章,即"新产品的试产与上市",删去了"前沿专题",将一些前沿性内容加入前面各章节中。第二,对框架也作了调整,将"战略"抽出,同"组织""激励"等几章合为"支持篇"。第三,除了个别章节,其余内容都做了大幅度的修改和更新,包括将"职能源"单独作为一节,增加了"技术创新扩散的负效应"一节,更换了"技术创新战略的模式"的内容,增加了"技术创新与组织角色、组织文化"一节,将技术创新组织的第四节"组织与信息沟通"更换为"激变时代创新性组织演变的新形式新特征",更换了"技术创新的政府激励"的内容,更换或更新了部分案例,等等。

本书重点介绍了技术创新的概念范畴、技术创新过程的各关键环节以及为技术创新提供支持的组织管理活动,对技术创新管理的代表性理论和代表性方法进行了系统阐述。本书的目标是读者通过学习本书,能基本掌握技术创新管理的知识和方法,理解现实技术创新管理的基本规律和逻辑,并能分析和解决实际问题。

本书所论述的"技术创新"概念,其"技术"是广义的,不仅包括硬技术(如 IT 技术),也包括软技术(如教学技术),因此,本书的适用对象非常广泛,不仅工程技术人员,财经、管理等各行各业的人员都能从中受益。

鉴于企业是技术创新的主体,本书内容的介绍以企业层面的技术创新为主,但基本理论和方法适用于其他创新主体,如政府、研究所、学校乃至个人。

本书在编撰过程中学习、引用了国内外许多学者的研究成果,无法将相关作者一一列出,在此一并表示感谢,并对奋斗在技术创新研究领域的学者表示由衷敬意。

教材的编著是一项高要求的工作,必须基于对相关领域的系统了解和深度洞察。本书作者在编写过程中如履薄冰,几易其稿,成书过程漫长。因作者水平有限,本书仍然存在很多不足之处,恳请读者给予批评指正。

编著者
2022 年 11 月

目录

第一篇 基础篇

第一章 绪论 ... 3
- 学习目标与重点 ... 3
- 开篇案例 ... 3
- 第一节 当代技术发展的背景与趋势 ... 5
- 第二节 技术与技术的管理 ... 13
- 第三节 科技发展的基本理论及创新理论的发端 ... 15
- 思考讨论题 ... 18

第二章 技术创新概论 ... 19
- 学习目标与重点 ... 19
- 开篇案例 ... 19
- 第一节 技术创新的概念 ... 21
- 第二节 技术创新的过程 ... 26
- 第三节 技术创新的特征和影响因素 ... 35
- 思考讨论题 ... 37

第二篇 过程篇

第三章 技术创新的源起 ... 41
- 学习目标与重点 ... 41
- 开篇案例 ... 41
- 第一节 技术创新的动力源 ... 43
- 第二节 技术创新的信息源 ... 47
- 第三节 技术创新的职能源 ... 50
- 第四节 技术创新的风险源 ... 58

思考讨论题 63

第四章　研究与发展 65

　　　学习目标与重点 65
　　　开篇案例 65
　　　第一节　研究与发展概述 68
　　　第二节　新设想的产生：创造性思维与技法 74
　　　第三节　研究与发展的过程管理 80
　　　第四节　研究与发展的组织 83
　　　第五节　研发人员与团队的管理 87
　　　思考讨论题 92

第五章　新产品的试产与上市 94

　　　学习目标与重点 94
　　　开篇案例 94
　　　第一节　新产品试产 96
　　　第二节　新产品上市 104
　　　思考讨论题 113

第六章　技术创新的扩散 114

　　　学习目标与重点 114
　　　开篇案例 114
　　　第一节　什么是技术创新扩散 116
　　　第二节　技术创新扩散系统的构成 118
　　　第三节　技术创新扩散的模式 129
　　　第四节　技术创新扩散的负效应 132
　　　思考讨论题 135

第三篇　支　持　篇

第七章　技术创新战略 139

　　　学习目标与重点 139
　　　开篇案例 139
　　　第一节　技术创新战略概述 141
　　　第二节　如何制定技术创新战略 143

第三节　技术创新战略模式及选择 ·· 149
　　思考讨论题 ·· 156

第八章　技术创新的组织 ·· 158
　　学习目标与重点 ·· 158
　　开篇案例 ·· 158
　　第一节　技术创新与组织结构 ·· 160
　　第二节　技术创新与组织角色、组织文化 ······································ 165
　　第三节　技术创新过程中的界面管理 ·· 170
　　第四节　激变时代创新性组织演变的新形式新特征 ···························· 174
　　思考讨论题 ·· 181

第九章　技术创新的激励 ·· 182
　　学习目标与重点 ·· 182
　　开篇案例 ·· 182
　　第一节　技术创新的产权激励 ·· 183
　　第二节　技术创新的市场激励 ·· 192
　　第三节　技术创新的政府激励 ·· 193
　　第四节　技术创新的企业内部激励 ·· 200
　　思考讨论题 ·· 203

第十章　技术创新的审计、测度与调查 ·· 204
　　学习目标与重点 ·· 204
　　开篇案例 ·· 204
　　第一节　技术创新审计 ·· 205
　　第二节　技术创新测度 ·· 211
　　第三节　技术创新调查 ·· 217
　　思考讨论题 ·· 225

参考文献 ·· 226

第一篇

基础篇

第一章　绪论
第二章　技术创新概论

第一章

绪　论

🎯 学习目标与重点

了解当代技术的发展态势以及技术创新对企业、社会、经济带来的重要影响,掌握技术及技术管理的基本范畴,为后面技术创新管理内容的正式展开奠定基础。

📚 名人名言

当前,从全球范围看,创新驱动是大势所趋。机会稍纵即逝,抓住了就是机遇,抓不住就是挑战。

——习近平

现在一切美好的事物,无一不是创新的结果。

——John Stuart Mill(英国思想家,经济学家)

✒ 开篇案例

互联网颠覆证券经纪业①

多年以前,只有专业的证券经纪人才可以进行在线交易,因为这需要昂贵的硬件设备。在提供全方位服务的证券公司里,客户可以获得详细的研究报告、个股推荐和财务规划服务,但这样的服务可能收取委托单价值2.5%的佣金。也就是说,一张1万美元的委托单可能要支付250美元的佣金。

1994年,这一局面被一家小型折扣经纪公司 K. Aufhouser 公司打破了。该公司利用新技术成为第一家通过互联网向顾客提供在线交易服务的经纪商。这看起来不过就是一个新奇的动作,但是,接下来发生的事情令局面发生了重大变化。

首先,互联网开始接入美国居民家庭。其次,在很短的时间内,通过互联网发布的投资信息急剧增加,个人投资者不再需要给经纪公司打电话寻求投资决策所需要的信息了。再次,一大批小公司迅速仿照 K. Aufhouser 公司的做法,而佣金费率远远低于提供全方位服务的线下企业。最后,美国股市长期处于牛市,吸引了越来越多的人士进入股市,新来者越

---

① 案例来源:作者基于网络资料整理和整合。

来越多地开设了网上交易账户。

这些趋势的效果是惊人的。到2000年,有150家企业提供在线交易服务,互联网降低了证券经纪产业的从业壁垒,使小企业有机会进入这一产业同现有的大公司竞争。佣金大幅度下降了,例如E-Trade向顾客提供大幅度的折扣,对不超过5 000股的交易委托收费14.85美元。如果一张委托单要求按20美元一股交易1 000股,在原来的提供全方位服务的经纪商那里需要支付500美元佣金,而在E-Trade只要14.85美元。

华尔街作为各种金融衍生品(比如股票和债券)交易的集聚地,深受互联网革命的影响。当E-Trade、Waterhouse Securities、Ameritrade这些小企业成为互联网经济的带头人,开始争夺市场份额的时候,那些老牌的、提供全方位服务的经纪公司(比如Merrill Lynch、Morgan Stanley和Goldman Sachs等)都感受到了很大的威胁。一开始,他们贬低在线交易,说它是不安全的,而且自己可以提供可靠的财务分析和专门的研究报告,高收费是合理的。然而,考虑到证券经纪人中有40%是无经验者,以及互联网上提供的投资信息的高速增长,这种辩解的说服力根本不值一提。到1999年初,情况已经变得很明显,除非这些提供全方位服务的经纪公司适应新技术,否则他们将眼睁睁地看着自己的顾客迅速流失。

1999年6月,是证券经纪产业的一个里程碑。全球最大的提供全方位服务的证券经纪公司Merrill Lynch终于面对现实,宣布将很快向自己的客户提供在线交易服务,不超过1 000股的交易只收取29.95美元。同时,Merrill Lynch改变了面向个人投资者的收费结构,从以前的按交易量收费改为统一费率,允许投资者进行不限次数的交易。一份内部报告估计,这一举措将立即导致其14 800名主要依靠佣金收入、待遇优厚的经纪人的收入下降18%。Merrill Lynch知道自己将面临经纪人大量流失的局面,但它别无选择:预测表明,一两年后,将有50%的个人股票交易是在线交易。结果很快显现出来,Merrill Lynch似乎做出了正确的选择。在线交易服务推出后不久,客户外流的现象停止了,可能顾客们认识到在线交易和研究报告的结合能够比像E-Trade这样的折扣在线经纪商提供更高的价值,后者缺乏Merrill Lynch公司在研究方面的深度和广度。

之后20年,证券业继续风云变幻,华尔街竞争格局早已面目全非[①],而技术从未停止前进的步伐。随着互联网技术的不断升级,尤其大数据和人工智能的应用,证券经纪业的商业模式正在发生革命性的颠覆。如今的华尔街,机器在取代分析师和分析员写研究报告;纳斯达克开始基于区块链发行证券,未来的发行制度将发生深刻变化。更有甚者,有人预测,未来的互联网证券交易,会突破原先理解的网上股票交易经纪模式,即券商以互联网作为工具向客户提供经纪服务,变成不需要借助经纪商或做市商等中介机构,而是通过网络直接撮合证券交易,相当于虚拟的证券交易所。

---

① 在2008年的次贷危机中,当时的五大投资银行摩根士丹利、高盛、美林、雷曼和贝尔斯登,其中近百年的投行贝尔斯登(Bear Stearns)被摩根大通收购,雷曼兄弟(Lehman Brothers)申请破产,美林证券(Merrill Lynch)则被美国银行收购,仅存头部的摩根士丹利(Morgan Stanley)和高盛(Goldman Sachs),转型为银行控股公司,终结了主导世界金融业数十年之久的华尔街独立投行模式。

思考讨论题

1. 最初互联网技术的出现怎样改变了证券经纪业的竞争格局？
2. 互联网仍在持续影响和改变华尔街乃至整个证券行业，你认为证券业对此应如何看待和应对？
3. 互联网改变证券经纪业的故事说明了什么？给我们带来哪些启发？

第一节　当代技术发展的背景与趋势

一、当代技术发展现状及趋势

近几十年来，我们的生活正日新月异地变迁着。吃穿住用行，无一不因加载了新技术而变得日益简便：先进的移动网络，便利的手机支付，快捷的高铁和共享出行方式，改变了人们工作和社交方式的微信……技术如水银泻地般渗入了我们生活的方方面面，深刻地改变着人们的工作、生活方式乃至思想观念[①]，推动着人类文明的进步。大众创业、万众创新的浪潮在神州大地上涌动，逐渐演化为一种价值导向和时代气息。

放眼全球，技术也成为影响国际政治、经济、军事和国家安全的重要力量，一些发达国家正围绕重大领域科技优势进行战略布局，力求在新一轮科技革命和产业变革中争得先机。这一切，都充分显示了技术在当今社会的角色。

纵观几十年来技术的发展，呈现出如下几个典型趋势。

(1) 技术的发展呈加速态势，技术逼近极限化。表现在：新技术出现的时间间隔越来越短、新技术从研究到产业化的周期日益缩短、产品的生命周期不断缩短。同摩尔定律[②]类似，自然科学领域的各种技术发明，以指数型规模增长，20世纪60年代以来的新发明数量比过去2000多年的总和还要多。而且，技术发展正在向超高压、超高温（低温）、超导、超微细、超大规模、超调整、超净、超纯等各种"极限"逼近，形成了形形色色的超级极限技术。与此同时，新技术从基础研究走向产业化应用的进程也越来越快，如表1-1所示，蒸汽机花了89年实现该过程，电话61年，发电机58年，计算机10年，晶体管6年，激光3年。而今，1年甚至数月内完成一项新技术的产业化已非常普遍。相应地，产品的生命周期也不断缩短，一些软件产品只有区区数月，手机、计算机、汽车等产品在不断更新换代的同时，功能愈益强大，价格也越来越便宜。

[①] 观念并不一定仅仅是社会环境的征兆与产物，它自身在历史上也是一种力量—— 约翰·斯图亚特·穆勒(John Stuart Mill,1806—1873)。

[②] Intel公司创始人之一摩尔在观察了1959—1965年的数据后发现，以1959年数据为基准，每隔18个月左右，集成电路上可容纳的零件数量就会增长一倍，性能也会提升一倍。于是摩尔在1965年4月发表论文提出"摩尔定律"。

表 1-1 17世纪以来主要科学成果情况

项　目	基础研究年(A)	应用研究年(B)	生产推广年(C)	(C-A)年差
蒸汽机	1687	1711	1776	89
电话	1820	1876	1881	61
发电机	1831	1888	1889	58
计算机	1936	1946	1946	10
晶体管	1947	1951	1953	6
激光	1958	1960	1961	3

（2）新技术开发费用日益增加。以典型的发达国家为例，自1991以来的30年间，各国R&D经费投入总额总体呈上升趋势；美国在R&D经费基数较大的情况下，增长速度依然很快；我国的R&D经费总额增加了50多倍，年均增长率达18%，增长速度可谓迅猛，如图1-1所示。

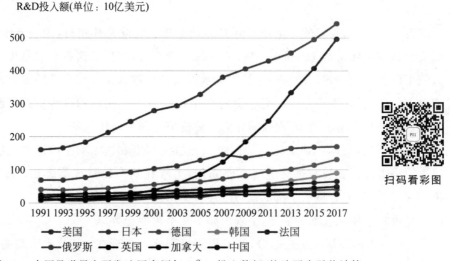

图 1-1 中国及世界主要发达国家历年 R&D 投入数额（按购买力平价计算）

数据来源：联合国教科文组织统计研究所（UNESCO Institute for Statistics），http://data.uis.unesco.org/#。

以上为研发投入的绝对数额。即使从研发投入占 GDP 比例这一相对指标来看，各个国家在局部时间段里虽有反复，总体上仍呈现了上升趋势，尤其中国、日本和韩国的研发投入持续强劲，如图1-2所示。

（3）技术创新活动的复杂性、集成性、开放性趋势日益明显。技术的复杂程度增加，尤其在一些高科技领域，多种技术的融合成为技术创新的重要趋势，我们常常把颠覆性创新理解为某个颠覆性技术。事实上，颠覆性创新是一个技术的组合，单个的技术可能很了不起，但是不能够形成力量。以页岩技术为例，它是由水力压裂技术、水平钻井技术、3D 地质成像技术凑到一起，才能够形成力量。不同领域的技术之间发生共鸣作用和共振现象，可能产生爆炸性的波及效应。单个企业越来越不可能独立完成复杂的技术创新活动，而需要采取与简单技术完全不同的开发方式，打破空间和层次界限，把不同学科的专家、不同领域的知识、不同企业的能力进行综合集成、优势互补，开放式地解决复杂的创新问题，技术创新

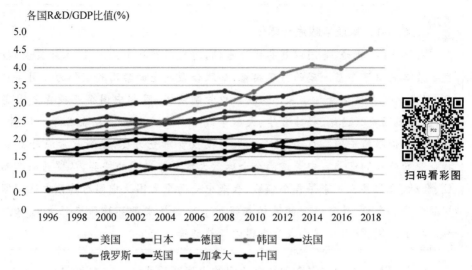

图 1-2 中国及世界主要国家历年研发投入占 GDP 的比例(%)

数据来源：联合国教科文组织统计研究所(UNESCO Institute for Statistics)，http://data.uis.unesco.org/#。

活动日趋社会化、规模化和全球化。而信息技术与互联网的快速发展也为创新活动的集成性、开放性和多主体性提供了支撑条件。

(4) 科学与技术日趋一体化。技术的发展逐渐改变了科学与技术在发展过程中相互分离的状态，科学技术化和技术科学化成为科技发展的新特征。一定程度上，科学正在变成技术，科学的进步依赖于最新复杂技术装备的支持；而新技术中包含的科学知识也越来越密集。例如，大规模集成电路技术既涉及微电子理论，又涉及计算机等实用技术，这使科学与技术之间的界限越来越模糊。科学发现推动技术开发，技术应用又促进科学研究，在一些领域中，出现科学研究与技术开发并行不悖、两者在空间和时间上走向一体化的现象。例如，生物科学与工程领域的"前店后研"现象，在"前店"(技术开发机构)诊断客户技术需求之后，"后研"(科学研究机构)随即根据客户需求进行基础科学研究和应用技术开发，"后研"所做的工作往往很难分清科学活动与技术活动的界限。科技一体化也推动了科技与市场的结合，加快了科研成果商品化的进程。

(5) 科技与社会经济、科技与政治日趋统一。科学技术与社会经济、政治一体化成为 21 世纪社会发展的大趋势。一方面，现代科学技术的发展与社会经济已紧密结合，同人民的福祉融为一体；另一方面，尽管科学界一直推崇"科学无国界"，然而，现实中科技，尤其技术的发展受政治干预的迹象却日益明显，国家间的科技竞争白热化，科技领域的打压成为大国竞争中部分国家实现政治目的的重要手段，见专栏 1-1。当前国际科技共同体遇到的重大风险之一就是科技能力被个别国家利用，作为其维护霸权和打压新经济体国家崛起的手段。为配合世界从军事竞赛转向综合国力的竞争，军用技术民用化也成为趋势，各国纷纷将军事技术转向民用。

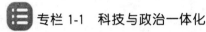 专栏1-1　科技与政治一体化

自2018年开始,美国以贸易战为基础,对我国科技企业发展、人才交流、技术引进等发展策略采取了层层加码的打压措施,如联合盟友全面禁用我国华为公司生产的通信产品,调查起诉多位华裔科学家,升级《出口管制法案》限制中国企业投资美国高新技术产业,制裁我国中兴通讯、福建晋华、大疆等战略新兴产业的重点企业等。同时,英、法、德等科技强国跟随美国脚步,也开始加大科技投资审查力度,逐渐收紧海外资本对中国科技企业的收并购交易。中美这两个全球最大经济体之间的博弈,从贸易战开始延伸到科技、金融、文化甚至军事等各个领域,未来中美两个大国及中国与其他发达国家在科技领域的竞争和合作,其每一步的选择都将对全球科技发展环境带来巨大的冲击和深刻影响。技术立国、技术强国已成为我国的必然选择。

（6）前沿技术对国家安全和社会治理的挑战渐趋凸显。一方面,AI(artificial inteligence,人工智能)技术的应用在发展智能交通、智能家居、智能医疗等民生领域,推动传统产业升级换代的同时,也引发了一系列政治、经济、法律、伦理危机(参见案例1-1)。另一方面,随着生物实验技术门槛降低,材料和设备获取更加便捷,导致隐蔽性强、破坏性大、监管难的生物黑客愈发活跃,存在恶性发展的趋势,两用性①生物技术滥用风险剧增。

 案例1-1

AI引发的系列危机②

2016年,欧盟法律事务委员会提交了一项将最先进的自动化机器人身份定位为"电子人(electronic persons)"的动议后,沙特阿拉伯于2017年授予机器人"索菲亚"公民身份,对传统的民事主体制度带来冲击。2018年,AI伪造技术、AI网络攻击、智能军事战等技术不断涌现,英国牛津大学研究证实,AI可适用于攻击自动驾驶飞机和自动驾驶汽车,并能转化成潜在的危险武器。美国纽约大学和密歇根州立大学开发出AI伪造指纹技术,给生物识别的安全性带来巨大挑战。Facebook超5 000万用户数据遭泄露和恶意利用一事,引发了大众对AI可能影响政治竞选结果的担忧。英国央行首席经济学家安迪·霍尔丹认为,AI还将导致大量人员失业。相关话题引发全球激烈讨论和担忧,至今莫衷一是。

二、技术发展给企业带来的机遇和挑战

技术的发展和进步,对企业来说,既能带来机遇,又意味着挑战。事实上,在永恒的变

---

① "两用性"是指,一方面,利用生物技术开展生命科学研究可对公共卫生、农作物、畜牧业和环境领域的发展起到积极推动作用;另一方面,当生物技术及利用生物技术开展的研究用于有害目的或被误用、谬用和滥用时,将对公众健康和安全、农作物和其他植物、动物、环境、材料或国家安全构成威胁。

② 作者根据相关资料整理。

化中,机遇和挑战总是相伴而生,只有直面挑战者,才能化危为机。这也是为什么每次新技术来临,都会出现一些企业、产业的衰亡,和另一些企业、产业的崛起。

1. 机遇

技术发展给企业或产业带来的机遇体现在:

(1) 为达到同样经济目的所能采用的技术手段增多了,很多过去难以解决的问题,现在运用新技术迎刃而解,见案例1-2。新技术的应用不仅能帮助解决老问题,也可能促成新产业的诞生。

案例1-2

马 粪 危 机

1894年的某天,《泰晤士报》预测,整个伦敦城会在50年里被9英尺厚的马粪淹没。于是有关人士到处奔走,召开危机峰会和规划会议,就像今天应对气候变化一样。没有人能够想出一个可靠的解决方案,人们陷入悲观境地。然而问题突然就解决了,因为20世纪初汽车出现了!

(2) 市场需求增加了。技术的发展能创造出新的需求和市场机会。例如,自高铁问世以来,中国的旅游市场呈井喷式发展,高铁普及对推动和扩大我国旅游市场的作用,已得到诸多研究的证实。

2. 挑战

技术发展带来机遇的同时也意味着挑战:

(1) 产品更替加快。技术的进步使得产品更新换代的周期缩短,企业必须不断更新产品。我国近二十年来的汽车市场和手机市场都见证了其产品型号不断增多、更替加快、市场竞争激烈化的结果,制造企业面临巨大压力。

(2) 产业变迁加快。信息技术、生物技术、新材料技术、新能源技术等高技术产业快速发展,一些没有搭上技术进步快车的产业就会被时代抛下,沦为所谓的"传统行业",面临巨大的经营压力;即使只是其细分领域没有及时跟上主流技术的发展步伐,都可能导致整体上的衰败,这是来自诺基亚的教训,见案例1-3①。"互联网+"时代,当年的电子商务先驱阿里巴巴、淘宝、京东等正在沦为传统企业。

案例1-3

诺基亚帝国的没落　　　　　　　　　　　　　　　　拓展阅读

仅仅十多年前,诺基亚还是全球手机的领导者,占据全球41%的份额,经典的开机

---

① 资料来源:作者根据网络资料整理。

画面和手机铃声至今让人记忆深刻。然而,iPhone 的横空出世打破了其垄断地位,诺基亚迅速被甩在了新时代的身后,这两年市场上已看不到诺基亚手机的身影。诺基亚手机帝国走向没落,虽然个中原因错综复杂,但一个关键的原因是其塞班操作系统未能适应智能手机时代的发展,又接连错失机会加入成为主导设计之一的安卓(Android)系统,最终被市场淘汰。

(3) 竞争模式更替。Kumpe 和 Bolwijn(1994)指出,20 世纪 60 年代之前,企业竞争模式是追求效率,让产品更便宜;到 70 年代,便宜不再是唯一的卖点,而是追求质量、让产品更可靠;而 80 年代后竞争模式变为追求个性化和可定制,能根据不同顾客的需求提供不同的产品,选择更多、交货更快;90 年代以后,对创新性的要求增加,要求产品更独特、更新颖。竞争模式的转变,对企业技术水平和创新能力的要求越来越高。

产品、产业及竞争模式的变迁和更替,使得企业的经营风险大为增加,商业环境进入 VUCA 时代①。1970 年《财富》排行榜位列 500 强的企业,之后 30 年里有 60%或破产或被收购;首批收入 1900 年道琼斯指数的十二家企业中,目前只有通用电气公司得以幸存。根据近年的数据,我国企业的平均寿命仅为 6.09 年,其中民营企业仅为 3.7 年②。华为公司之所以能在 30 年里,从一个注册资本 2.1 万元、最早只有 6 名员工的小企业,成长为年销售额近 9 000 亿元、拥有 19 万员工、在世界信息与通信领域位列前三甲的企业,"秘诀"很多(我们后面将陆续介绍),但最重要的因素可以归为创始人任正非所持有的创新理念。他历来信奉"不创新才是华为最大的风险",见案例 1-4。

案例 1-4

任正非的创新理念

"回顾华为的发展历程,我们体会到,没有创新,要在高科技行业中生存下去几乎是不可能的。在这个领域,没有喘气的机会,哪怕只落后一点点,就意味着逐渐死亡",华为公司创始人任正非说。

任正非说他很喜欢一幅照片——一架在"二战"中被打得像筛子一样的飞机,这架伊尔 2 飞机尽管浑身弹孔累累,但依然坚持飞行,最终安全返回。任正非把公司情况比作这架飞机,告诉同事"要一边飞一边修飞机,争取能够飞回来"。

3. 技术创新的普遍需要

技术创新已成为各行各业普遍需要。不仅大型企业能够开展技术创新,小型企业也可以开展卓有成效的技术创新工作。技术创新也并非局限于产品的生产过程,服务领域包括

---

① VUCA 是 volatility(易变性)、uncertainty(不确定性)、complexity(复杂性)和 ambiguity(模糊性)的缩写,指商业环境的高度不确定性、动态性和复杂性。
② 刘兴国. 中国企业平均寿命为什么短[N]. 经济日报,2016-06-01(009).

公共及私营部门,都需要通过技术创新提高服务质量。不仅高新技术行业面临创新挑战,其他行业同样存在,之前没有搭上新技术快车的"传统行业",更是需要依靠技术和创新的力量重新崛起。例如,服装制造这个典型的传统行业,如今正在通过应用智能制造升级为"新动能"行业,见案例1-5。

 案例1-5

传统行业变身:缝衣服这件事①

长期以来,发达工业国家的制造公司一直基于劳动力成本的考虑,将生产转移至国外。然而这条习以为常的候鸟迁移路径,正在出现逆行的潮流。2017年,中国服装制造商苏州天源服装公司,在美国阿肯色州的小石城投资2 000万美元建立了一家工厂生产T恤衫。该公司每年为一些品牌生产1 000万件成衣,其中有90%面向高级服装和体育用品的品牌,包括阿迪达斯。

缩短供应链,使产品更贴近消费者,并避开中国日益增长的人力成本,这都是一些服饰运动鞋品牌商选择离开中国的原因。而天源在美国设厂,也是为了更低的成本!原来,天源在美国的厂房,是一个使用了自动化缝纫技术的"高级自动化"工厂。天源公司"雇用"了大约330台自动缝纫机器,可以自动完成裁剪面料、缝纫、后期质量检验等每一步制作过程。

过去几十年间,机器人尽管也一直被用于成衣的大规模生产,但主要涉及激光切割织物或于自动缝纫机中完成一些非常简单的任务,成衣制造仍然是劳动密集型的行业。面料通常比较柔软,也不规则,处理起来非常棘手;织物的各种组件(如按钮和孔)也必须准确对齐接合,由机器人完成这些工作存在极大困难,这是服装业一直为劳动力密集型行业的重要原因。而现在有了自动缝纫机器人,这个行业陡然增添了全新的变数。

天源公司采用的自动缝纫机器人,供应商是Softwear,由来自佐治亚理工学院的工程师于2007年创建,总部位于亚特兰大。这种自动缝纫机器人的创新之处,是把针头移到布料上,而不是把布料移到针头上。这一创新解决了服装缝纫中最难解决的张力平衡问题。Softwear使用机械臂和真空吸力,通过机器视觉系统来提升、放置和保持织物的位置。考虑到织物折叠、线头缺陷、边角不规则等复杂情况,机器人必须有成熟的算法,成像系统速度也要非常快,因为一个操作女工在一分钟可以完成5 000次缝针,所以留给照相机的时间非常短。为了解决这个问题,Softwear使用一台每秒捕获超过1 000帧的专用相机,并配合图像处理算法检测针头位置,使其误差控制在半毫米的精度范围内,超过了人眼观察的精准度。这样,利用高速相机来捕捉面料状态,通过缝纫机器人来引导缝纫针工作。

---

① 资料来源:林雪萍、周锦碚.缝衣服这件事惊动了美国最神秘的机构.微信公众号"知识自动化"(ID:zhishipai)转载,2019年3月5日。本书作者进行了改编和简化。

在中国，服装行业往往是"陈旧"行业的代表。这样的旧动能被干掉，或者被转移到东南亚，似乎都不足惜。然而从天源公司的实践来看，哪里有什么新旧动能之分？所谓的旧动能行业，都包含了创新的引擎，蓄势待发。新动能行业自然可以炫耀它指数级增长的财富，但传统行业一样可以熠熠发光，通过自发自动的技术创新实现自我救赎。

总之，创新成为各类组织所必须，企业更是别无选择。正如弗里曼（Christopher Freeman）所言——"innovation or die"（"要么创新，要么消亡"），创新不一定保证成功，但若不创新，等待企业的，则必然是衰亡。克里斯坦森（C. M. Christensen）在其所著的《创新者的窘境》中提出"科技泥石流假设"（technology mudslide hypothesis），认为企业在面对永无止境的科技变革时，就像在泥石流上求生，必须永远保持在泥石流之上移动，稍一停顿下来，就会遭遇灭顶之灾。因此，要不要技术创新，已不成为问题，关键是如何成功地开展技术创新。这就对技术创新的研究和管理提出了要求。

开篇案例回顾

从互联网对华尔街和证券经纪业的冲击看，技术的发展有什么特点？人们应如何面对？

三、我国企业的技术创新发展状况和问题

1. 我国企业技术创新发展阶段

中华人民共和国成立70多年来，我国企业的技术创新活动经历了三个阶段。第一个阶段是改革开放前的计划经济时代，以"封闭状态下的自主创新"为特征。当时，国家是创新的主体，企业只是指令性计划的被动接受者。这个时期我国独立开发了两弹一星、红旗轿车等，但由于政府行政主导的创新体系不可能全方位在经济领域展开，技术创新的效率较低，很多领域的技术发展落后于世界水平。

改革开放以后，我国企业的技术创新进入了开放状态下的全面引进阶段。这个时期，我国企业逐渐成为创新的主体，全面采用了"以市场换技术"的技术引进战略，在部分领域跟上了国外的技术水平。但由于技术引进常常表现为引进全套设备且缺乏有效的消化吸收，导致传统技术领域落后于先进国家数十年，部分领域甚至陷入"引进—落后—再引进—再落后"的循环之中，企业普遍不具备自主开发的能力。

加入WTO后，我国企业逐渐融入全球经济产业链中，国际贸易中频繁遭遇"专利阻击战"使中国企业的自主创新意识日益提高，我国进入了开放状态下的自主创新阶段。随着改革开放进程和市场环境变化，有相当一部分中国制造企业经历了由代工和模仿生产到掌握自主知识产权、由替代国内进口产品到产品国际化的过程。在这个过程中，不少具有创新精神的中国民族企业（如通信行业的华为、汽车行业的吉利公司等）开发出了具有自主知

识产权的创新产品,冲破了由发达国家跨国公司主导的国际分工和资源配置格局。

2. 目前的状况和问题

经过多年的投入和努力,我国取得的成效是明显的,尤其进入21世纪后,我国技术创新的步伐明显加快,研发经费支出和专利申请量均有大幅度提高,诸多行业的技术水平与国外先进水平的差距在缩小,部分行业(例如高铁、航天、核电等)甚至已经达到世界领先水平。

但总体上,我国与国际先进水平相比还存在不少问题和差距,表现在:我国虽然在技术创新方面投入了大量资源,但创新效率比较低,未能相应带动核心技术、关键技术的突破,在当今移动互联网时代突出表现为对核心生态的控制能力同一些发达国家相比差距明显,除了高铁等少数行业,我国在技术上受制于人的局面尚没有得到根本性改观,整体自主创新能力仍然不强,使得技术创新推动经济转型和持续增长的作用难以充分发挥。

究其原因,一方面跟技术创新的自身规律有关,能力的提升是一个缓慢的过程,从外围技术向核心技术突破需要长时期的技术积累;另一方面,也可能跟我国科技领域存在过于重视短期效应、重数量轻质量的倾向有关,为创新提供保障的文化和制度环境有待进一步培育和完善。从外因看,近年来一些发达国家对我国实行的技术封锁和打压,也对我国的技术发展造成一定的阻碍。

改革开放40余年后的今天,我国已处于创新驱动发展的关键时期,通过自主创新发展核心技术,这既是国家战略,也是社会经济发展的有效途径。为此,习近平同志提出创新驱动发展战略,以进一步释放科技创新的潜力,充分发挥科技进步和创新的作用。而在国家从宏观层面继续加强体制改革和制度建设的同时,企业等微观组织也需努力提升自身的技术创新管理水平。这也正是本书的意义所在。

第二节 技术与技术的管理

一、技术的概念和基本类型

简单地说,技术(technology)就是人类为了提高社会实践活动的效率和效果而使用的手段、工具或方法。技术通常包括硬件技术和软件技术,硬件技术是指实现功能的物理工具或材料,早期的如弓箭、石器,近期的如蒸汽机、计算机、互联网等,属于自然科学范畴;软件技术则是指提供给硬件工具的信息,属于社会科学而非自然科学的可操作性知识系统。两者关系便如,硬件技术是一辆汽车,软件技术则是开车的技巧,不同人可以拥有相同的车,但拥有的驾车水平未必是一样的,因此软件技术往往起主导作用。但硬件技术也会限制软件技术作用的发挥。

克里斯坦森(C. M. Christensen)在其所著的《创新者的窘境》中则将"技术"定义为是

"一个组织将劳动力、资本、原材料和技巧,转化为价值更高的产品和服务的过程"。这一技术概念包含工程和制造、市场营销、投资和管理流程在内的广泛领域。按此定义,所有的企业都拥有技术。

技术存在两种基本形式:产品技术和过程技术(或称工艺技术)。产品技术是产品或服务中所体现的技术要素,例如,汽油车和电动车代表了汽车行业的不同产品技术。产品技术的变化为现有产品增加了新的特点或提供了更好的替代品。

过程技术是生产制造或组织管理产品和服务的方法。例如,装配线、工作方法、分销方式、教学方法等都是与过程相关的技术。过程技术的变化可以提高产品和服务的产出速度和效率。

产品技术直接关系到企业在市场中的竞争力,决定产品的市场地位和占有率;而过程技术会改变企业经营的方式,使成本降低、周期缩短或产品质量提高。对顾客而言,较易察觉的是产品技术的变化,也就是说,过程的改进相对产品的改进较为隐蔽。

需要说明的是,产品技术和过程技术的区分并不是绝对的,某个企业的过程技术,可能是另一个企业的产品技术。例如,装配线对采用其来组装产品的企业而言是过程技术,但对提供该装配设备的生产厂家来说,则属于产品技术。要看使用者的目的是改变最终产品的性能特点还是作为生产最终产品的手段。

二、技术管理的发展历程

技术管理(management of technology,MOT)是通过组织和管理手段对技术资源进行配置,以实现价值创造的活动。技术管理的发展是与技术的地位演进结合在一起的。技术的地位演进大致可分为三个阶段,每一阶段对应着不同的技术管理策略和方式。

技术管理的起源可追溯到20世纪50年代。那时技术被视作一个黑箱,由少数研究人员在偶然的情况下开发出来,结果往往与初衷不相吻合。企业的研究开发活动在这一阶段是非系统、依赖运气的,研发人员得不到组织的重视和资金支持,多数面临经济困境。

"二战"以后,随着大公司的兴起和市场竞争程度的提高,技术开始被看作是生产过程不可分割的一部分,研发人员的个人活动被组织起来,科学家和工程师等技术型人员在R&D活动中的作用得到重视,企业开始成立正式的研发部门,并由R&D经理担负起主要的管理职责,负责项目资源的配置以及预算和时间表的控制。

到20世纪60年代和70年代,随着创新概念的出现,技术管理的核心集中为创新管理,开始出现各种新的风险机构,成为创新管理的重要对象。

20世纪80年代以后,全球化竞争逐渐激烈,很多国家的经济经历或进入了转型时期,技术管理也由传统的"控制式方法"开始向"战略性方法"转变。在吸收传统的控制式方法的同时,技术管理更多地强调战略层次,研究如何将技术战略同营销战略及其他战略整合起来。这要求具有丰富技术知识的高级经理人和企业首席技术官共同参与制定战略。这种新的战略管理理念能够综合协调各方力量、捕捉重大机遇,整个组织可以据此应对技术开发过程中的不确定性,在有关机构、企业和个人之间合理地分配所有权和责任,创造出可持续的竞争优势。

总之,伴随着技术的更新换代和快速发展,技术管理的内容和方式也在不断变换。未来企业应当在技术和技术的管理方面都拥有自己的核心竞争力。

第三节　科技发展的基本理论及创新理论的发端

科学与技术从来都是密切相关的,技术的发展与科学知识的进展不可分割。关于科学技术如何发展,存在几种基本的理论观点。

一、科技发展的基本理论

有代表性的是知识累积理论、科学革命理论、波浪形发展规律理论和逻辑型(S型)规律理论等。

1. 知识累积理论

知识累积理论是解释科技发展模式的理论中最传统的理论。恩格斯指出,科学的发展同前一代人遗留下来的知识量成比例。一般地,科学知识是按几何级数发展的。

1962年,美国学者普赖斯(D.J.Price)对18世纪以来的科学期刊数、科学家人数、科学文献数等用以表征科学发展的各种参量都做了统计分析,结果证明这些科学参量基本上都呈指数增长的规律,其倍增周期大约在10～20年之间。例如,科学家人数的增长,翻一番的周期为15年,如图1-3所示。

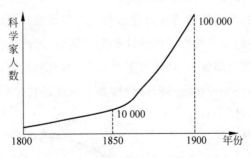

图1-3　科学家人数倍增周期

资料来源:[美]D.普赖斯著.巴比伦以来的科学[M].任元彪,译.石家庄:河北科学技术出版社,2002.

2. 科学革命理论

美国著名的科学家、哲学家和科学史家库恩(T.Kuhn)是科学革命理论的代表人物。1962年,库恩在其著作《科学革命的结构》中指出,科学的本质是革命的,其本身具有突破旧范式进入新范式的功能；科学发展的过程并非是单纯的累积模式，而是遵循"前科学→常态科学→危机→革命→新常态科学"的发展模式。

其中，前科学阶段是指某门科学理论处于众说纷纭、争论不休的混乱时期；常态科学是处于范式形成、科学理论得到公认并被广泛应用的阶段；危机是随着新现象层出不穷，现有理论已无法提供圆满解释；科学革命是指出现新范式、为建立新的理论创造条件；新常态科学则是指建立起了新理论并得到公认和应用，开始新一轮的发展。

库恩的科学革命理论中有如下三个基本论点：

第一，科学的发展是变革的而非单纯累积性的；

第二，科学的发展是有一定规律和周期性的；

第三，科学发展的路线是量变与质变的结合，而非单纯渐进性的。

尽管库恩也承认科学发展路线是"量的丰富"与"质的变化"共同构成的，但显然，知识累积理论更强调前者，而库恩更强调后者。

3. 波浪形发展理论

波浪形发展理论认为，技术的发展遵循波浪式前进的规律，即在发展过程中会呈现一个个技术革命高潮，按照各个不同的高潮可以将技术的发展划分成若干个技术革命阶段。例如，美国未来学家阿尔温·托夫勒认为人类文明的发展经历了三次浪潮：农业阶段、工业阶段以及知识和信息阶段。而俄罗斯经济学家康德拉捷夫则认为，近代世界经济的发展呈现出以50年为周期的长波浪潮，每当在长波的下降期就有重要的发明和发现问世。这就是"康德拉捷夫技术革新说"。

4. 逻辑型（S型）规律理论

逻辑型规律理论认为，特定技术的发展总是会受到物理或自然因素的制约，导致其性能参数不能无限发展，而是有一个饱和的上限。

图1-4所示是一种典型的性能特征演化过程。新技术在产生之初，由于其特征尚未为人们所了解，更重要的是缺乏开发所需的设计和生产知识，因此性能特征的提高较为缓慢。随着人们对新技术的了解逐渐深入，伴随着多次试验、调整和纠正，以及组织和员工的工作经验和熟练度增加，该新技术的性能逐渐得到提高。一旦建立起一种可行的设计和生产过

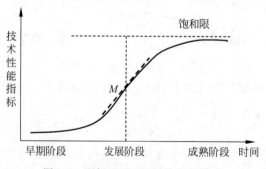

图1-4　逻辑型（S型）规律发展模式

程,新技术的性能开始迅速提高,组织管理与员工学习所积累的经验越来越多,促进了技术性能的快速提高,到 M 点达到最高峰。这种经验加速性能特征提高的现象,称为学习曲线或经验曲线。

任何技术的性能都有其发展极限,发展到一定水平后,技术极限开始发挥作用,性能的提高变得越来越困难,提高的速度越来越慢,最后保持在一个平稳的水平上。整个演化过程呈现 S 状,因此称为 S 曲线。这时需要有重大的技术突破来进一步推动,从而开始一条新的 S 曲线,如图 1-5 所示。这种新技术对老技术的代替过程,构成了技术进步的过程。

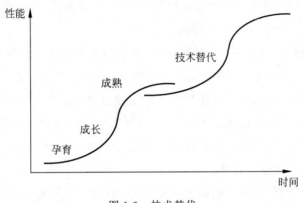

图 1-5　技术替代

上述四个理论,从不同侧面揭示了科技发展的规律。事实上,现代科技发展的理论,正越来越呈现出统一的趋势。例如,爱因斯坦的相对论将空间和时间、物质和运动相统一;统一场论致力于将自然界的各种物质和场的相互作用统一起来;分子生物学将致力于把生命与非生命相统一,等等。

二、创新理论的发端

系统的技术创新理论最早源于经济学界。美籍奥地利裔经济学家、哈佛大学教授约瑟夫·熊比特(Joseph. A. Schumpeter),在其代表作《经济发展理论》[①]中,首次从学术角度提出创新(innovation)的概念和理论,并运用创新理论解释了经济发展的问题。在他看来,创新是指把一种从未有过的关于生产要素和生产条件的新组合引入生产体系,建立新的生产函数,其目的是获取潜在利润。这种组合包括五个方面:

(1) 引进新的产品或提供产品的新质量;
(2) 采用新的生产方法、新的工艺过程;
(3) 采用新的原材料或控制其新的供给来源;
(4) 开辟新的市场;

---

① 1912 年德文版,1934 年英文版。

(5) 引入新的组织方法。

熊比特运用创新理论,对经济增长和经济周期的内在机理进行了全新的解释,并重新定义了经济周期概念。他认为,所谓资本主义社会出现的经济周期,其实是由技术进步推动的创造性毁灭的过程,且周期随技术进步而逐渐缩短,从50~60年缩短至30~40年。每个经济活动长周期都是独特的,受完全不同的产业群所推动。在他之前,古典经济学家致力于在稳定环境中最大限度地利用现有经济资源,任何干扰都被视为是外生的;而熊比特则认为经济在大多数情形下处于非均衡状态,不断受到"技术创新"的扰动,从而产生"经济长波";经济发展并非来自生产力的边际增长,而是由于技术创新的"冲击",而且,不同的冲击程度,导致的经济周期长短也是不同的。

熊比特的上述思想,由于一开始显得过于"异端",不能为主流经济学接受。直到20世纪50年代,随着科技在经济发展中的地位和作用日益突出,技术创新理论才开始成为一个活跃的研究领域。熊比特的追随者在其论及的五种组合基础上,发展出两大独立分支:一是以技术为研究对象的技术创新经济学,二是以制度(组织)为研究对象的制度创新经济学

这两大分支。后来,人们又进一步划分出技术创新、组织创新、管理创新和制度创新等创新子系统。

自此,技术创新的研究经久不衰,且于20世纪80年代后逐渐深入实践领域。

即练即测

思考讨论题

1. 当代技术发展呈现出哪些典型趋势?
2. 怎么理解科学技术化和技术科学化,即科学与技术的一体化趋势?
3. 技术发展给企业带来哪些机遇和挑战?
4. 我国技术创新经历了哪几个阶段?
5. 技术存在几种基本形式,其关系如何?
6. 技术管理的两大基本内容是什么?
7. 技术的管理经历了什么样的发展过程?
8. 科技发展有哪些基本理论?
9. 创新理论的提出者是谁?其基本观点和意义是什么?

第二章

技术创新概论

学习目标与重点

学习技术创新的基本概念和主要特征,掌握该概念的特殊性,理解技术创新的主要过程,了解影响技术创新成败的因素。

开篇案例

连续瞄准大炮如何引入美国海军[①]

1898年,海上大炮的不准确性臭名远扬。在一项研究中,美国军械署(海军的研究与开发组织)发现,发射9 500发炮弹,只有121发能命中目标(约为万分之一)!一门大炮固定在颠簸摇动的甲板上,发射并命中另外一艘正移动着的舰只并非易事。实际上,美国海军的表现都非常优秀,他们曾经打赢了西班牙—美国战争。任何准确性和命中率的对比都一度表明,美国海军是优秀的典范。任何对其"不准确"的批评都可能得到这样的回答:看一看,没有哪一支海军比他们更擅长于军舰大炮。

不准确性一度被认为是构成海战复杂性的固有部分,直到英国海军上将珀西·斯科特(Percy Scott)注意到,其军舰上某位炮手的射击准确性比正常情况高出很多,这一观点才得以改变。通过仔细观察,斯科特发现了这位炮手如何在无意识地利用舰只的摇摆来帮助自己进行瞄准。根据这一观察,海军上将命令将大炮安装在俯仰位置上,这种装置可使大炮的调整变得更容易一些,并且在大炮上加装了一台望远镜。利用这一新的技术(大炮以及与它结合在一起的辅助系统),斯科特军舰上的命中率提高了30倍之多。

海军上将斯科特虽对自己的军舰进行了翻新改进,却没有兴趣劝说英国海军的其他舰船也作同样的改变,但他与一位年轻的美国海军军官——西姆斯上尉(Lt. Sims)分享了他的这一成果。西姆斯当时正在一艘美国军舰上服役。作为一名责任心很强的年轻军官,西姆斯对于改进其炮手的发射准确性很感兴趣。他很快便相信,斯科特的新方法对美国海军

[①] 案例来源:引自[美] Michael L. Tushman, Charles A. O'Reilly III(1996):Winning through Innovation—A Practical Guide to Leading Organizational Change and Renewal,中译本《创新制胜——领导组织的变革与振兴实践指南》,孙连勇等译,清华大学出版社、哈佛商学院出版社,1998年出版(该案例资料来自一位技术史学家埃尔廷·莫里森(Elting morison)的记录)。本书作者做了改编。

来说至关重要。谁会反对在自己的大炮发射准确性上做30倍的改进呢？西姆斯开始倡导这种革新。他收集并整理了有关大炮性能和准确性的大量资料，并将写成的报告送交首都华盛顿的海军部和军械署，期望得到一个快速明确的回应。

然而他失望了。他没有收到任何来自华盛顿的消息。海军和军械署对西姆斯的新成果毫无反应。他们完全未理会他的报告。确实，一个来自离司令部7 500英里、资历浅薄的海军上尉，对海军枪炮的了解，难道会比老资格的军械专家懂得更多？但既然没有人对他的革新宣判死刑，西姆斯便继续搜集更多的资料，向当局和更高层的华盛顿军事组织送交更多的报告。他认为，任何一个有理性的人必定会看出连续瞄准大炮的好处。由于相信军械署的技术专家必将对他的资料做出反应，西姆斯甚至提交了证明这种革新方法的功效的更深入的报告。然而他的报告仍未被理会。

面对这种沉默，西姆斯更加不懈地努力。他用一种尖锐的语气书写报告，并开始在其他军械官员当中广泛散发。由于再也无法忍受这种忽视，他渐渐变得很不耐烦。由于非常多的人已知道了他的这些请求，军械署感到不得不做出回应了。他们首先心平气和地指出，为什么不可能按西姆斯所请求的方式实行革新。接着陈述道，美国海军的发射准确性毫无问题，海军有世界上最优异的技术，并且最近又凭借这一点赢得了一场战争。如果有问题的话，那是炮手和他们训练的问题，而决非装置的问题。

这一回答激怒了西姆斯，于是他以更多的资料、更多的报告和更尖刻的语言，更加不懈地进行斗争。面对这种不断升级的公开论争，军械署被迫对西姆斯的连续瞄准大炮概念进行了测试。实验用的是一门底座安放在陆地干燥地面上的大炮。由于没有海上船只那种摇摆晃动，正如海军部和军械署一直宣称的那样，结论"证明"，连续瞄准大炮不可相信。这一结论为西姆斯、海军以及军械署之间名义上的争论画上了一个句号。西姆斯很快被贴上了"精神错乱的自我主义者"和"伪造假证者"的标签。

至此，西姆斯的前途结束了。他曾经向海军最高权威发起过挑战，对他们的行为和能力进行过质疑，却每每为自己制造了极大的痛苦。最后，他采取了断然措施，将整个事件记述下来，并把材料直接递交给美国总统西奥多·罗斯福（Theodore Roosevelt）。总统，作为一名前美西战争时期的义勇骑兵和前海军部长，非常吃惊地阅读了西姆斯的报告，意识到这种新方法的潜在威力。他强令海军对这种新方法进行实验并撤换了海军的整个统治层，他将西姆斯召到华盛顿任命为打靶实验的督察官。罗斯福命令整个海军采用连续瞄准大炮，并将此事交由西姆斯负责，以确保自己的命令能够得以执行。后来的事实证明，这种方法的创新，使美国海军在完成其关键任务的能力上获得了极大的提升，其中之一便是能够准确射击并摧毁敌人的军舰。

思考讨论题

1. 你认为斯科特（Percy Scott）是一位创新者吗？西姆斯（Lt. Sims）呢？
2. 连续瞄准大炮是一项根本性的研究成果或一种新的技术吗？

3. 什么原因阻碍了美国军械署采用这项新技术？西姆斯的表现为何不一样，可能有哪些方面的因素？

4. 连续瞄准大炮最终得以采用的决定力量是什么？

5. 本案例说明了什么？给你带来哪些启发？

第一节　技术创新的概念

一、技术创新的定义

创新一词最初源自拉丁文"innovare"，其意思是"更新、创造或改变"。关于创新的定义，存在很多种。如前所述，熊比特把创新定义为将一种从来没有过的关于生产要素的新组合引入生产体系，其目的是获取潜在利润。他首次从经济范畴而非技术范畴的角度来定义创新，指出创新区别于科学技术上的发明创造，而是把已发明的科学技术引入企业，形成一种新的生产能力。熊比特对技术创新的定义，倾向于经济学角度，强调经济要素的投入和组合以形成独特的效用。

从管理学的角度看，技术创新是由技术的新设想，经过研究开发、试制、生产制造、到获得实际应用，并产生经济或社会效益的首次商业化全过程的活动。这里提到的"技术的新设想"，包括新产品、新工艺或新服务的设想；"商业化"是指活动出于商业目的。这是一个非常复杂的过程，涉及新思想的产生、研究、开发试制、生产制造、营销等多个阶段，如图2-1所示；于任何一个环节终止，都不能算是完成了一项技术创新。

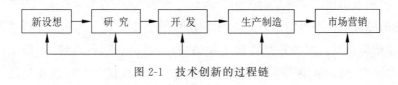

图 2-1　技术创新的过程链

从定义上看，技术创新概念具有如下几个基本的特点和含义：

1. 以技术为基础

在企业经营活动和社会经济活动中，存在技术型创新和非技术型创新之分，如制度创新、组织创新、管理创新等。这几类创新构成了创新体系。

企业制度是用以约束员工行为的各种正式和非正式规则的集合，以产权制度为核心。制度创新是指引入新的制度安排来适应企业的需要，如股权结构的调整、分配制度的变革。制度创新是企业发展和变革的整体推动力，为企业技术创新提供动力和基础。

组织和管理创新则是关于领导体制、决策程序和人事机构安排方面的创新。组织创新集中体现为机构设置、人员配备、职能分工等方面的变革。例如，企业再造或流程再造、企业联盟、虚拟组织、团队组织或团队工作方式、精益生产、学习型组织以及集成管理等管理方式和生产组织形式等,都属于组织创新。管理创新则是通过重新组合各种新的生产要素(包括非技术要素),更有效地进行资源整合,包括管理方法、管理工具及管理模式的创新。如"二战"后出现的管理新学派和新方法,包括价值工程、运筹学、控制论、CAD/CAE、系统工程、模拟方法等。组织和管理创新既受到技术创新的推动,同时又为技术创新的顺利进行提供组织保障。

技术创新是基于技术的创新活动。尽管技术创新需要组织、管理创新甚至制度的变动相配合,但其范围仍然存在明确的边界。

2. 技术变动的范围较宽,强调技术与经济的结合

作为一项创新,其技术变动的范围较为宽泛,可以是根本性、突破性的,也可以是"螺钉螺母式"的小改动。从源头上看,技术创新可以是基于科学研究获得的新知识、新技术,也可以是基于现有技术的新组合。

技术创新虽是基于技术的创新活动,但又并非纯粹的技术活动,技术只是其手段,目的则是通过商业化活动实现经济价值(或社会价值)。因此,技术创新是技术与经济相结合的活动(见图2-2)。评价一项技术创新的成功与否或重要性几何,不在于其技术含量的高低,而是看其商业价值,即在多大程度上改变人们的生活方式、提高人们的生活质量。

图 2-2 技术创新是技术与经济相结合的活动

例如,集装箱的出现只是基于一个很小的技术发明,技术含量并不高,却导致了一场运输革命,产生的经济效益不可估量。20世纪初出现的福特T型车是又一个技术含量低但影响巨大的技术创新典型。福特只是将他人发明的流水线作业、传送带、零部件的可交换性等应用于汽车制造,但却解决了一个用最低的成本生产大规模具有可靠质量的产品的经济问题。这一创新极大地拓展了汽车市场,使得普通百姓都能用得起汽车。因此,对创新的评价应基于其对人类生产生活影响的大小。屠呦呦、居里夫人、爱因斯坦和图灵均入围了BBC评选的"20世纪最伟大科学家",而BBC短片讲述屠呦呦发现青蒿素的传奇故事时,主持人表示:"若用拯救多少人的生命来衡量伟大程度,那么毫无疑问,屠呦呦是历史上最伟大的科学家!"

3. 强调各相关部门的有效整合

技术创新是一条长链,图2-1中的每个环节都可能涉及一个专职部门,这众多的部门可能在一个组织里,但更可能分属于不同组织。例如,西红柿机械采摘机是由加利福尼亚州立大学戴维斯分校的农业研究者们提出的,他们设计了一种西红柿收割机并制造了样机模型,但接下来他们却与一家农机公司订立合同来生产这种机械收割机。要成功完成一项技

术创新，必须对这些部门进行很好的协调和组织。大量实证研究结果表明，绝大部分技术创新的失败，并非由于技术原因，而是因为在组织管理、市场营销等方面存在缺陷。其他的利益相关者涉及顾客、竞争对手、替代品生产商、供应商、政府、投资者等等，这些相关主体同样可能对技术创新的成败具有重要影响。

4. 企业是技术创新的主体

一般而言，科研机构的研究开发活动存在单纯的技术导向倾向，注重技术参数、指标的先进性，但对市场需求和规律缺乏把握，其成果往往不直接产生市场回报。如有的成果技术水平高，但成本也很高，缺乏市场竞争能力；有的成果技术水平高，但达不到产业化生产的要求，很难开展全过程的技术创新工作。技术创新活动本质上是一个经济过程，美国硅谷和128公路的发展对比告诉我们，市场经济条件下，企业才是经济活动的主体，只有以企业为主体，坚持市场导向，反映市场需求才能在市场竞争中不断培养、提高核心竞争力，获得持续发展（见拓展案例）。

拓展案例

二、相关概念的辨识

日常生活中，技术创新经常被与发明、变革、研究与开发（R&D）等词汇混同使用。下面对几组较易混淆或关系密切的概念加以区分。

1. 技术创新与发明

一般人的理解，创新与发明的含义可能是差不多的，但熊比特提出的"创新"概念，同发明是完全不同的概念。发明是第一次提出新设想、新原理，是现存知识的新组合，处于创新过程的开始阶段，并不涉及生产与市场化的活动。而技术创新的本质是将科学技术应用于商业用途，除了发明阶段以外，还包括后续阶段。

2. 技术创新与R&D

研究与开发是通过探索性活动创造知识，并运用科技知识来开发新材料、新产品和新装置。这个过程实现创新的新设想并将它们转化为实用成果，但这种转化仍然没有进入大规模生产和市场化阶段。

3. 技术创新与模仿

模仿是指企业通过逆向工程（reverse engineering）等方法，仿制和生产创新者的产品。模仿可以成为创新的基础和途径，例如，通过模仿培养技术能力最终开展自己的创新。

4. 技术创新与技术引进、技术改造

技术引进是指引进新设备、人才；技术改造主要是对生产设备进行系统或局部地更新。两者目的都是为了提高生产力，能否实现市场化并不能保证。

5. 技术创新与技术变革、技术进步

技术变革在严格意义上是指从发明到技术创新、技术扩散的全过程，是一个比较长的过程;技术进步则指在一定时期内技术创新的累积与综合性过程,是技术创新的宏观累积效应。经济学家们大多愿意以技术进步而不是技术创新为分析对象,正是因为技术进步可看作是一个宏观的、连续的变量,而技术创新通常是以一个个具体的项目为单位。技术变革和技术进步倾向于宏观经济学概念,偏重综合性而非实际可操作性。

可见,技术创新这个概念具有一定的特殊性,要根据其特点去理解,与日常我们熟知的一些概念区分开来。

三、技术创新的分类

从不同的角度,技术创新可以有多种分类。

1. 按创新的对象分类

根据创新对象的不同,可以将技术创新分为产品创新和过程创新两类。

产品创新(product innovation),是指以产品技术变化为基础的技术创新。产品创新的目的是提高产品设计与性能的独特性,结果是向市场推出新的有独特性能的产品。广义的产品包括无形产品(如服务),因此产品创新也包括服务创新。例如,一款新型轿车,一种针对特殊人群的新型保险政策都是产品创新的例子。基于技术变动的宽范围,产品创新可以是通过对产品技术进行重大改变而推出新产品,也可以是进行局部改进而推出改进型产品。

过程创新(process innovation),是指以生产或服务的过程技术变化为基础的技术创新,也称工艺创新。其创新的结果是改进产品的加工过程、工艺路线或设备,目的是提高产品质量、降低生产成本、降低消耗、改善工作环境。例如,新型汽车生产过程中生产工艺及生产设备的调整,与新型保险政策相关的办公程序及处理程序,都是工艺创新。同样地,过程创新可以是采用全新工艺形成的创新,也可以是对原有工艺加以改进形成的创新。

企业通常将新产品开发视为拓展市场的有力手段,但实际上,企业如果能够以一种更为经济有效的方式组织生产,同样能够建立竞争优势。例如,日本曾经在汽车、摩托车、造船、家用电器等领域获得很大成功,很大程度上应归功于其先进的制造能力,而先进制造能力的来源则是持续不断的工艺创新。

同产品技术和过程技术区分的相对性一样,产品创新和过程创新的区分也不是绝对的,具体应用时要明确所针对的创新主体。尤其在服务领域,两类创新通常交织在一起,例如,一种新型的度假项目可能既是产品创新也是过程创新。

2. 按创新的程度分类

根据创新及影响程度的不同,可以将技术创新分为根本性(重大)创新和渐进性创新。

根本性创新(radical innovation),是指基于全新概念和重大技术突破的技术创新,也称突破性创新。突破性创新是不连续事件,在不同部门和时间段内不均匀分布,它往往伴随着一系列产品创新与工艺创新以及企业组织创新,甚至导致产业结构的变革。例如尼龙、半导体、计算机网络都属于这类创新。突破性创新是新市场增长的终极源泉。

渐进性创新(incremental innovation),是指基于技术的局部改进而产生的技术创新,也称累积性创新。例如将两个温区的冰箱变为三温区或四温区;在手机的通话功能基础上增加拍照、上网等功能;等等。这类创新的作用虽不如重大技术创新,但在现实中更具普遍性,可以发生在任何产业内部,是一种连续性发生的创新,涉及品种的发展、质量的改进、原材料与能源的节约、成本的降低、资金的加速周转、组织与管理的改进等各个方面,因此同样可以产生良好的经济效益。有研究估计,渐进性创新对经济增长率的贡献几乎高达50%(Marquis,1969)。

3. 按技术的变动方式分类

根据创新过程中技术的变动方式,可将技术创新分为模块创新和构架创新[①]。

模块创新(modular innovation),是指改变技术的核心设计概念,使产品要素和技术发生显著改变而现有要素的组成方式没有很大改变,也称核心部件创新。例如,U盘代替软盘就是一种模块创新。这种创新的前提是要掌握系统中关于核心部件的知识,而这些部件的配置方式则不需要有大的改变。

构架创新(architectural innovation),是指不改变技术的核心部件(因而蕴含于部件内的基本知识也不改变),而用新的方法重新配置这些核心要素,即联结方式发生改变。例如,无线充电替代电源线充电就是一种构架创新。这种创新的前提是要掌握如何重新组织系统中现有成分、配置到新系统中,以满足新的需求的知识。

如图2-3所示,Henderson and Clark(1990)运用四个象限对技术的变动方式进行了界定。从该图可见,渐进性创新和根本性创新也可按照技术的变动方式进行划分:渐进创新是技术的核心部件同部件之间的联结方式都没有发生重大改变的创新,例如PC的更新换代;而根本创新则是两者都发生了重大改变,例如从算盘到计算机。

图2-3 技术的变动方式

[①] 这部分内容参见 Rebecca M. Henderson and Kim B. Clark. Architectural Innovation: The Reconfiguration of Existing Product Technologies and the Failure of Established Firms[J]. Administrative Science Quarterly,35(1990):9-30.

这四类创新存在不同的特征,表现在如下几个方面:

(1) 创新的发生源

根本型创新常常与政府机构的长期规划相联系,在大部分商业企业中并不常见。在相对成熟的企业中,创新突破一般来自企业外部,通常来自独立发明家或行业外的其他企业,因为企业内部技术人员倾向于关注自身能力范围内的短期目标。

模块创新在企业内部和外部都可能产生,但行业内的现有企业比较容易采用。构架创新通常来自寻找市场空间的行业新进入者,需要对现有技术加以重新配置。渐进创新由于只需在现有技术或系统基础上进行改进,因此在很大程度上可由企业计划和控制。

(2) 创新的经济效应

一般地说,根本创新和模块创新对提高技术能力的作用较为显著,因而能促进经济的增长。但其他两种——渐进创新和构架创新同样对经济增长有巨大贡献。如前所述,渐进创新具有普遍性,通过技术集成而进行的构架创新同样如此,这种累积可以创造巨大的效应。

(3) 创新过程中的管理角色

由于渐进创新能很快取得市场份额或经济效益,且容易计划和控制,因此很多企业都鼓励渐进创新。模块创新一般来自大学、科研院所或大公司的科研实验室。根本创新和构架创新往往需要了解相关技术知识和环境,因此在管理上涉及范围较广,时间跨度也相对较大。

除了上述几种分类,技术创新的类型还有其他分类方法,例如按照创新的源头和动态过程可分为原创性创新和引进消化吸收再创新;希克斯将创新按其经济效果分为节约劳动型、节约资本型和中性型三种类型;门茨则将之分为基础创新和二次创新,等等。

第二节 技术创新的过程

理解技术创新的过程,对于技术创新管理有重要意义。可以从两个角度来理解技术创新的过程:一是从单项创新的微观视角来看创新内部的发展过程;二是从产业创新的宏观视角来看创新动态发展的过程。

一、单项创新的过程模式

单项技术创新过程的主流模式,以及人们对其的理解,都经历了一个发展的过程。罗斯韦尔(Rothwell,1992)将20世纪50—60年代以来的创新模式演变划分为五代:技术推动模式、需求拉动模式、交互模式、集成模式和网络模式。此外,链环模式也是一种有代表性的技术创新过程模式。我们将之归结为简单线性模式、交互模式、链环模式、并行模式以及系统集成和网络模式等五种代表性的过程模式。

1. 简单线性模式

简单线性模式认为技术创新的过程是按照不同阶段循序渐进开展的,各环节分工明确,由特定的部门负责;各环节之间存在着前后相连的逻辑关系,前一环节的工作直接影响到后一环节的工作质量,任一环节的失败,都会导致整个创新活动的失败。根据推动源的不同,又可分为技术推动和需求拉动两种简单线性模式。

(1) 技术推动模式(the Technology-push Model)

技术推动线性模式提出于20世纪50—60年代中期。该模式将研究与开发或科学发现作为创新的主要来源,认为技术创新是由技术成果引发的一种线性、自发的转化过程,研究开发产生的成果在寻求应用过程中推动创新的完成,市场只是技术成果的被动接受者,如图2-4所示。技术推动模式较适合于基础性的、以科学原理为基础的技术创新项目,例如无线电、晶体管的发明导致了大量的创新。

图2-4　技术推动型

(2) 需求拉动模式(Demand-pull Model)

需求拉动也称市场拉动(market pull),出现于20世纪60~70年代。该模式强调市场需求为产品创新创造机会,进而刺激研究与开发为其提供技术支持。这种模式实际上是一种以需求为动力的线性序列过程,即从市场需求到应用研究与开发,再到工程制造,最后到销售的过程,如图2-5所示。

图2-5　市场拉动型

上述两种创新模式都是线性、串行的模式,其缺陷表现在:由于该模式下各部门是独立开展工作,对发展过程的连续活动缺乏反馈,忽略了学习在创新过程中的意义,而反馈和学习对于评价创新绩效、引导后续步骤、估计竞争态势都是至关重要的。例如,若在设计环节没有充分考虑到后续的工艺和工装部门、采购、检测部门的要求以及制造部门的生产能力等,就可能造成设计返工,影响新产品(服务)的质量、成本和上市时间。

因此,线性模式虽然直观明了,但过于简单化,无法传递创新过程中复杂的互动信息。现实中,随着市场竞争环境的复杂化和激烈化,这种循序渐进的阶段性开发模式也越来越不适应新的需要。

2. 技术与市场的交互模式(Interactive Model)

20世纪70年代后期至80年代初期,出现了技术与市场相结合的交互与耦合模式(Interactive and coupling model)。该模型是连续、有反馈的环形过程,由美国斯坦福大学莫厄里和罗森堡(D. Mowery 和 N. Rosenberg)总结提出,如图 2-6 所示。

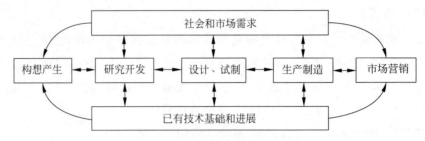

图 2-6　技术与市场的交互模式

按照该模式,技术创新是由技术和市场共同作用引发的,创新过程中各环节之间及创新与市场需求和技术进展之间还存在交互作用的关系;在产业周期和创新过程的不同阶段,技术推动和需求拉动的相对重要性会发生变化。

这一模式给出一个逻辑上连续的、但不一定是顺序的过程,该过程可以分为一系列不同功能、相互独立又相互作用的阶段。创新的全部过程被视为一个复杂的网络,涉及组织内外的联系,既要把各种内部功能联结在一起,又要把企业与研究机构、市场联结在一起。也就是说,创新过程体现为技术能力与市场需求和创新企业内部结构的匹配及整合。交互模式表明,技术创新的成败取决于项目在初始阶段能否得到正确的评估与界定。

交互模式在一定程度上认识到了线性模式的局限性,因而增加了反馈环节。但就其展开顺序而言还仅是附加了反馈环节的线性过程,对各要素的自身性质缺乏考察,基本还是机械的反应与反馈模式,特别是缺乏对创新最重要的要素——创新主体的自主性考察。

3. 链环模式(Chain-linked Model)

克莱因(S. Kline)和罗森堡(N. Rosenberg)于 1986 年提出了链环模式。该模式由潜在市场、发明或设计、详细设计和试验、在设计和生产、市场销售等五个环节构成链环回路,研究和知识是各环节都需要的,如图 2-7 所示。

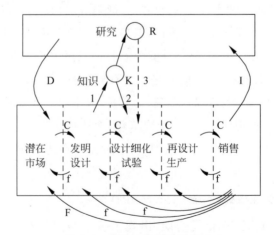

图 2-7　创新过程的链环模式

该模式中有 5 条活动路径：(1)C 表示的是创新活动的中心链,表示创新过程的各个环节；(2)f 和 F 表示该中心链的反馈环,其中 F 为主反馈；(3)创新活动中心链与知识和研究的联系表示为,当创新过程中遇到问题时,先到现有知识库 K 中去寻找解决方案,即 1→K→2,若现有知识库仍不能解决问题,则需要重新研究,即 1→K→R→3；(4)D(deduction)表示科学发现能导致创新；(5)I(induction)表示创新推动科学研究。后两者表示科学研究与创新活动之间的关系。

该模式侧重于对创新内在过程的描述,将技术创新活动与现有知识存量和基础性研究联系起来,将技术创新过程解释为复杂的非线性过程,并表示出创新各环节之间的反馈关系。对比线性模式,这一模式较为复杂,但也更真实地反映了实际的创新活动,它把技术和市场的对立关系变成了二者的统一关系。联合国经济与发展组织(OECD)出版的《奥斯陆手册》认为该模型是至今最清晰的创新过程模型。

4. 并行模式(Parallel Model)

虽然前几种创新过程模式包含了反馈环,有些职能间的交互和协同,但仍限于前后序列的过程。20 世纪 80 年代,面临充满不确定性的市场和飞速发展的技术,企业越来越关注核心业务和战略问题,当时处于领先地位的日本企业,最主要的两个特征是整合与并行开发。Graves 最早在对日本汽车工业的研究与观察中总结并提出了并行模式,这种模式的出现代表着创新范式的转变。

如图 2-8 所示,并行模式不是将创新过程看成从一个职能到另一个职能的序列性过程,而是创新构思产生、R&D、设计开发、生产等环节同时展开的并行过程；强调 R&D 与市场相交界面的整合,企业与上游供应者的联系,与先行用户的联系,研究开发和制造相结合的"可制造的设计"。

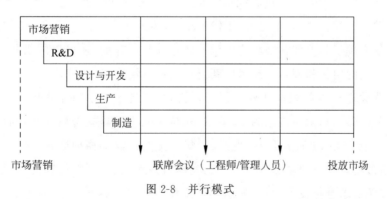

图 2-8 并行模式

并行模式的推广同并行工程方法的应用有关。1982 年,美国国防部高级研究项目局(Defense Advanced Research Projects Agency,DARPA)开始研究如何提高产品设计过程中各环节之间的"并行度"。四年后,防务分析研究所(The Institute for Defense Analyses,IDA)发表了 R-338 报告,第一次明确地对"并行工程"(Concurrent Engineering)概念进行了界定："并行工程是集成、并行地设计产品及其相关的各种过程(包括制造过程和支持过程)的系统性方法。"并行工程方法要求产品开发人员从早期设计阶段就考虑产品整个生命周期内的所有因素(如功能、制造、装配、作业调度、质量、成本、维护与用户需求等等),并强调各部门的协同工作,通过建立各决策者之间的有效的信息交流与通信机制,综合考虑各相关因素的影响,使后续环节中可能出现的问题在设计的早期阶段就被发现,并得到解决,从而使产品在设计阶段便具有良好的可制造性、可装配性、可维护性及回收再生等方面的特性,最大限度地减少设计反复,缩短设计、生产准备和制造时间。

并行工程的实施,在组织上要求成立一个小组,由来自不同学科和部门的成员组成,形成并行—交叉的组织模式。其"并行"侧重指不同阶段、不同环节的工作同时开展,强调同时性;"交叉"指不同环节、不同职能部门的成员间的交流与合作,强调相互融通性。并行—交叉的组织模式应用于管理与过程控制、并行设计及快速制造领域。

并行工程方法利于缩短开发周期,改进产品质量和降低开发成本;同时,不同专业间的合作与交流,也有利于激发新的创新思想。因此,美国、日本及欧洲的一些发达国家均给予了高度重视,成立研究中心,实施了一系列以并行工程为核心的政府支持计划。很多大公司,如麦道公司、波音公司、西门子、IBM 等也开展了并行工程实践,并取得了良好效果。

90 年代后,并行工程引起我国学术界的高度重视,成为我国制造业和自动化领域的研究热点,一些研究院、所和高等院校均开始进行一些有针对性的研究工作。1995 年,"并行工程"正式作为关键技术列入 863/CIMS 研究计划,有关工业部门设立小型项目资助并行工程技术的预研工作。国内部分企业也开始运用并行工程的思想和方法来缩短产品开发周期、增强竞争能力。

5. 系统集成与网络模式(System Integration and Network Model,SIN)

并行—交叉模式对串行模式的线性特征作了拓展,有明显的优越性,但主要限于职能间的交叉和并行过程。自 20 世纪 80 年代末至今,借助于信息技术的快速发展,一些公司的创新过程不仅实现了其内部各个职能单位一体化和平行作业,还可以同供货企业和其他战略伙伴进行广泛的协作和外包。技术创新过程的系统集成与网络模式应运而生。

该模式强化企业内部集成和外部网络,对内强调各职能部门充分集成和并行发展,从各自的角度同时参与知识与信息的生产;对外与领先用户建立密切联系,与设备及材料供应者合作开发新产品,在研究开发、生产、销售上进行广泛的横向联合。例如,某飞机发动机制造商,通过将发动机的零部件、变速箱、发动机短舱、控制系统等零件,分别通过协议交由供货商,按照要求进行技术创新,如图 2-9 所示。

系统集成和网络模式最显著的特征是强调合作企业之间要有最密切的战略关系,要更多地借助于专家系统进行研究开发,利用仿真模型替代实物原型,并采用创新过程一体化的计算机辅助设计(CAD)与计算机集成制造系统(CIMS)。企业通过这种创新模式,不仅建立广泛的战略伙伴关系,而且可以依靠他们的创新能力,结合自己的创新优势和创新资源,更加灵活地进行持续不断的技术创新。

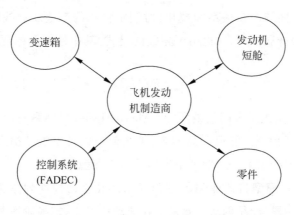

图 2-9　某飞机发动机制造商的系统集成和网络模式

创新过程模式随时间演化的过程如图 2-10 所示。

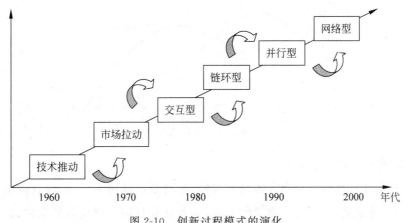

图 2-10　创新过程模式的演化

上述各类模式中,前两种模式是离散、线性的模式。线性模式把创新的多种来源简化为一种,没有反映出创新产生的复杂性和多样性;离散模式把创新过程按顺序分解为多个阶段,各阶段间有明显的分界,而实际的创新过程中,知识与信息发生于每一环节与阶段,因而创新过程中所包括的各阶段、各环节不能被截然分开。交互作用模式的提出一定程度上认识到线性模式的局限性,增加了反馈环节,但基本上还是机械的反应式模式。并行和网络模式的出现,是技术创新管理理论与实践上的飞跃,标志着从线性、离散模式转变为一体化、网络化模式。由于创新过程和产品对象的复杂性大大增强,创新管理需要系统观和集成观,而现代信息技术和先进管理技术的发展为系统集成和网络模式的应用提供了有力支撑。

二、产业创新的过程模式

产业的发展史同时也是一部产业技术的进步史,技术创新是产业发展的基础。探讨产业发展和创新演进之间的内在关系和规律,对制定科学的产业发展战略具有重要意义,因此一些学者在这方面开展了研究,提出了相关的模式,其中最有名的便是 A-U 模型以及逆 A-U 模型。

1. A-U 模型

20 世纪 70 年代,美国学者阿伯纳西(N. Abernathy)和厄特拜克(J. M. Utterback)通过对一些产业创新案例的考察,发现产品创新、工艺创新以及组织结构之间遵循着特定的动态发展规律,于是基于产品生命周期理论提出了 A-U 模型。

如图 2-11 所示,该模型将产业创新过程根据产品生命周期划分为三个阶段:流动阶段、转换阶段及成熟阶段,产品创新主要发生在流动阶段中,转换阶段与成熟阶段中对应着工艺创新。

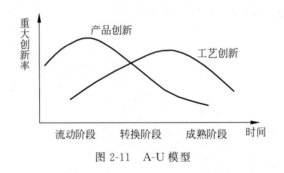

图 2-11　A-U 模型

(1) 流动阶段(fluid phase)

流动阶段是新产品刚刚被引入市场的时期,此时新产品还不完善,存在成本高、可靠性差、性能不稳定等缺陷,加上用户需求的差异,需要充分利用用户反馈信息加以改进。因此该阶段管理层的责任是扶植新事物,组织力量改善产品性能,并进行品种筛选,以选出性能最佳、最具竞争力的型号开展基型设计,供批量生产。

流动阶段对组织形式的灵活性、创业精神、决策的及时性和技术人员的水平要求较高,而规模和生产效率相对不那么重要。

(2) 转换阶段(transitional phase)

完成基型设计以后,新产品进入大批量生产,产品的销售量急剧上升,原先的生产设备和组织形式不再适应,因而对设备的运行效率和工艺的改进提出了较高的要求。同时,随着市场上同类产品的出现,性能的竞争逐渐让位于价格的竞争,必须通过工艺和组织方面的改进来降低成本。因此,与前一阶段注重产品创新相比,本阶段工艺创新扮演了更重要的角色。

在此阶段,顾客对产品已有了偏好性选择,因此本阶段的重点是做好产品的定型设计与标准化工作。定型设计也称主导设计(dominant design),指消费者共同认可且具技术可行性的设计,代表了产业技术发展的特征。定型设计时要保证继承、集中和发展以往产品的优势,如高质量、低成本等,并通过技术创新努力使产品兼具这些优势中的部分或全部。同时,零部件的通用化、标准化,也能有效地简化工艺、降低成本、提高产品质量以及扩大生产批量。

该阶段的创新特征和工作重点,要求生产线与劳动组织的分工进一步细化与专业化,以便较快掌握操作技术和采用专用设备,实现机械化、自动化生产,来满足销售量增大的需要。

该阶段研究与开发工作的重要性进一步提高。经过前一阶段,市场和技术因素变得明朗起来,可以投入大量的研发力量于特定的应用研究和技术开发。研发部门必须与生产制造及营销部门密切配合,并加强与外界的沟通;而领导管理层要致力于各职能部门的综合协调。

(3) 成熟阶段(specific phase)

经过一段时期的发展,产品达到了其生命周期的成熟阶段:销售量趋于稳定,产品已实现标准化,产量很高。如果说前一阶段中产品创新数量减少而工艺创新大量增加的话,那么成熟阶段的产品创新已降到最低限度,工艺创新也已减少并趋于稳定,市场竞争日益激烈,价格和服务质量成为竞争焦点。

成熟阶段的机械化和自动化程度相当高,而生产系统的灵活性大大下降,任何一次产品结构的变革都需要大量的工艺改革费用。研究与开发工作的重要性降低了,主要集中于技术服务和工艺改进方面。在组织管理方面,倾向于扩大组织结构、增加管理层次,强调组织的稳定,职能部门间的冲突已相应减少。

从整个产品生命周期过程看来,工艺创新滞后于产品创新,两者的变化有一定的规律性。该过程中技术创新的特征变化,见表 2-1。

表 2-1　产品生命周期中技术创新的变化特征

	流动阶段	转换阶段	成熟阶段
主要创新类型	重大产品创新	重大工艺创新	渐进创新
产品	多样化/定制产品	稳定设计/规模产量	标准化产品
工艺	灵活但效率有限	渐趋固定	固定/高效
R&D	不集中于特定技术	倾向于特定的产品特性	倾向于改进性质
设备	通用设备	部分自动化	专用设备/自动化
工厂	小规模,接近用户或创新源	设有专门部门	大规模,特定产品实行高度专门化
生产流程	柔性	渐趋刚性	高效率,刚性强
竞争焦点	产品性能	产品多样性	产品价格和服务质量
组织控制	强调创业精神和灵活决策	强调部门或项目协调	强调规则、目标、结构化

A-U 模型考察了技术创新与产业演化之间的关系,同时也考察了技术创新与技术模仿的关系,揭示了产业技术变化的过程及其规律,对于政策制定者具有较强的借鉴作用,因为在技术发展的不同阶段,政府资金和技术支持的重点及其支持机制应有所区别。

然而,A-U 模型是阿伯纳西和厄特拜克基于美国特定行业的研究获得的结论,未必适合所有行业,比如,它可能更适用于大批量生产的产品,且产品消费者在偏好上具有同质性的行业(如灯泡、汽车等),而对不具有规模经济和学习效应的细分市场则解释力相对较弱(Teece,1986);另外,在解释后发国家或是处于创新被动跟随者地位的企业创新分布时,也存在一些问题(J. Lee,1988)。因此,它还不能为理解整个技术进化过程提供一个综合框架(DeBresson & Townsend,1981)。

2. 逆 A-U 模型

基于此,Linsu Kim(1997)[①]研究了亚洲的韩国、日本、中国台湾和中国香港,认为这些国家和地区的技术发展遵循相反的演化过程,从而提出逆 A-U 模型,或称为二次创新模式。逆 A-U 模型被认为是后发国家技术发展的经典模式,如图 2-12 所示。

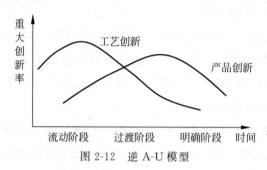

图 2-12 逆 A-U 模型

同发达国家的 A-U 模式相比,后发国家的技术发展表现为一个反向的技术追赶过程:如图 2-13 所示,在工业化的早期阶段,后发国家从工业发达国家获得成熟的国外技术,由于

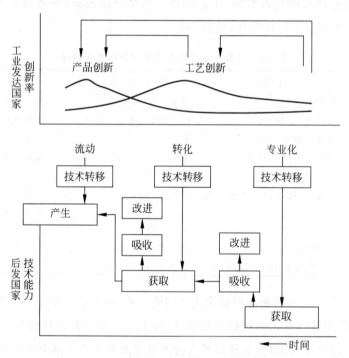

图 2-13 两种产业创新模式之间的联系

资料来源:姚志坚,吴翰,程军.技术创新 A-U 模型研究进展及展望[J].科研管理,1999,20(4).

---

① Kim Linsu. Imitation to innovation: the dynamics of Korea's technological learning[M]. Harvard Business School Press,1997.

缺乏建立生产运作的本地能力,企业家们通过获得国外成套技术来启动生产,包括装配方法、产品规范、生产技术、技术人员和零部件等,生产的是相当标准的、无明显差别的产品。第二阶段,随着本国技术人员获得了生产和产品设计的经验,生产和产品设计技术很快在全国范围内得到传播,后来的进入者加剧了竞争,激发了本国消化吸收国外技术来生产各具特色产品的技术努力。此时技术重点放在工程管理和有限的开发上,而不是放在研究上。第三阶段,随着对引进技术的消化吸收,本国科学和工程管理人员能力不断提高,逐渐可以由模仿性分解研究来开发相关产品,而一些企业要想在竞争中保持竞争优势,会开始技术的自主创新。因此,同发达国家研究、开发和工程管理的方向相反,后发国家走的是引进、消化吸收和改进的道路。

第三节 技术创新的特征和影响因素

一、技术创新活动的本质特征

技术创新是一项非常规的经营活动,具有创造性、不确定性和影响的深远性等特征。

1. 探索性和创造性

技术创新是一项探索并创造新知识、新方法的活动,是一个发现问题、解决问题的过程。这不仅体现在技术方面,也体现在市场、组织管理等各个方面。创新人员必须具备积极探索的精神,敢于尝试、不怕失败。

探索性、创造性是技术创新的根本特性,这个特性直接导致技术创新的其他特性,如不确定性、高风险性,及对企业影响的重要性。

2. 不确定性和风险性

技术创新的过程是一个充满不确定性的过程,主要表现在市场不确定和技术不确定两个方面。市场上的潜在需求信息是不完全的,这使得准确判断需求趋势成为一件很困难的事,尤其是技术推动型产品,市场需求呈朦胧且多样化状态,给技术创新的预测和抉择带来了一定的风险。

新技术与现有技术的差距与兼容程度,以及由此导致的成本问题,是导致创新不确定的技术因素。企业是花大成本开发全新的产品或工艺、实现技术的飞跃,还是在现有的产品和技术基础上做改进,需要企业根据具体情况做出选择,并承担相应的风险。

这些不确定性直接导致技术创新的成功率相当低。一项技术,从最初的创意,到一个可以执行的技术,再到把技术做成小量生产的产品,最后做成大规模生产的商品,中间每个环节都有失败的可能。目前中国领先的、规模最大的知识产权专业咨询服务机构——联瑞集团曾经做过统计,一些比较正规化操作对每项科技立项都经过前期诊断的企业,从立项到产品、商品成功概率不超过15%。 Greg A. Stevens & James Burley(1994)曾对一些基础性创新做过一个有趣的估计：在大约3 000个原始的新设想中，大约只有1个能最终获得成功，专栏2-1。可见技术创新从新设想的产生，经过研究开发，到在市场中获得最终成功的过程中，面临着相当多的不确定性和风险。

> **专栏2-1**
>
> 3 000个原始设想（尚未写下来的）
> →300个被提交
> →125个形成小项目
> →9个得到大开发
> →4个得到重点开发
> →1.7个被投放市场
> →1个获得最终成功

3．影响的深远性和全局性

通常企业的技术创新活动对企业全局及长远发展都有很大影响。例如，企业选择和实施的主导性技术不仅将影响技术、生产部门，同时也影响其他部门；不仅影响企业近期效益，对长期竞争力和经济效益也产生深远影响。

二、技术创新成败的影响因素

技术创新活动是一个系统工程，要求企业从制度、组织、文化、技术和市场等方方面面给予配合与支持。因此，影响技术创新成败的因素很多，包括资金因素、人才因素、决策因素、组织因素，以及制度因素等。

技术创新活动是一种资金密集型和知识密集型活动，资金和技术人员的作用尤为重要。而技术创新事关企业全局，企业决策者的作用也很关键。由于成功的技术创新需要多个职能部门的通力合作，各部门间的配合与协调显得非常重要。技术创新活动有较大的不确定性，不可能完全按事先规划好的路线和计划进行，因而对创新组织的灵活性和应变性提出了很高的要求。作为一项非常规的经营活动，技术创新风险大，需要从物质、精神等各方面进行有效激励，才能充分发挥科技人员、管理者的创新热情和努力。

国内外调查以及众多企业的实践表明，在推动和支持创新过程的众多因素中，如下因素的作用尤其突出：

(1) 团队的合作

研究表明，最好的创新思想最初都来自多个学科或多个职能之间，它们从创新相关的

---

① 资料来源：傅耀．科技创新成功率不足15%[E/OL]．新浪财经，2015-09-02．

外部领域获得更广泛的见解和信息。即使不为创新的最初来源考虑，为了获得充分的发展和探索，其他单位或部门的协作也是必要的。协作作为团队建设的基础，成为保证创新成功的一个重要因素。

(2) 高层领导的支持

来自产品或技术个人，如专家群、技术专家或群体和创新拥护者的支持，被证实对组织采纳创新有重要作用。这些角色对推动创新过程是必要的，但他们还不足以使企业采纳创新。一些研究发现，高层管理支持是产品创新成功的重要因素之一。Crawford(1995)观察到，"许多新产品的失败是因为高层管理态度懈怠。"Witte 也认为，创新的采纳受益于两类角色——有技术专长的人或有高层职位的人，而当某人同时拥有这两种权力源时影响更大。

创新研究发现，高层管理通过设立目标、加速采纳、配置资源和对产品检测和营销做出决策，来支持创新。高层管理的关注和承诺对任何类型的创新而言都是至关重要的，对根本性创新战略尤其如此。根本性创新涉及极高的风险性和不确定性，高层管理需要不断进行环境审查、技术预测和竞争分析，在政策制定和实践操作中持续体现其关注和承诺；创新承诺必须持久而稳定，即使面临边际利润的下滑，也必须基于长远考虑而保持对 R&D 的投资。

在技术创新活动的管理中，对影响因素加以充分考虑，尤其是对关键因素密切关注，解决存在的问题，使之发挥促进而非阻碍作用，将极大地推动技术创新向最终的成功进展。当然，没有哪种因素一定会带来创新的成功。但从创新失败的例子可见，正是因为缺乏这些因素才导致了失败。

由于技术创新的重要性、不确定性、风险性等特征，以及影响技术创新成败的众多组织和管理因素，使得对技术创新进行有效管理非常有必要。这也是我国企业技术创新现状的必然要求。管理的内容也是对技术创新过程的管理、辅助支持工具的管理，等等。其中，技术创新管理过程从源头起，包括技术创新的源泉管理、技术创新的战略管理、研究与开发管理、技术创新的扩散管理等基本环节；支持与实施系统包括技术创新的组织、激励、测度等内容。本书将在后面对这些内容逐一展开。

开篇案例回顾

连续瞄准大炮引入美国海军的历程，说明了技术创新哪些特点？

即练即测

思考讨论题

1. 什么是技术创新？它有哪些基本特点？
2. 怎样全面理解技术创新的概念？
3. 为什么技术创新需要强调各相关部门的有效整合？

4. 技术创新的概念跟发明有什么区别和联系？
5. 技术创新的概念跟研究和开发是什么关系？
6. 技术创新的概念和技术引进、技术改造、技术变革、技术进步有什么不同？
7. 技术创新有哪些主要的分类？
8. 技术创新的过程存在哪些模式？
9. 交互模式相对于线性模式有何优点？
10. 什么链环模型？它有什么优点？
11. 什么是并行模式？该模式的出现有何意义？
12. 并行工程方法的优点体现在哪些方面？
13. 系统集成和网络模式有何优势？其应用条件是什么？
14. 什么是 A-U 模型？它将技术创新的动态周期分为哪三个阶段？各有什么特点？
15. 什么是主导设计？
16. 什么是二次创新（逆 A-U）模式？它适用于说明哪一类国家的特点？
17. 技术创新活动有哪些本质特征？
18. 影响技术创新成败的因素包括哪些？

第二篇

过　程　篇

第三章　技术创新的源起
第四章　研究与发展
第五章　新产品的试产与上市
第六章　技术创新的扩散

第三章

技术创新的源起

学习目标与重点

通过本章学习，重点了解开展技术创新的动力源、信息源、职能源以及风险源等几大源泉。

开篇案例

康泰克：危机后"凤凰涅槃"[①]

康泰克和康得是中美史克公司的两种主打产品。自进入市场以来，占据了国内感冒药市场80%～90%的份额。但一切都难以预料。2000年11月15日，国家药品监督管理局发布了关于暂停使用和销售含PPA（即苯丙醇胺，parallel processing automata）的药品的通知。康泰克和康得均含有PPA，这无疑是宣布了将中美史克打入冷宫，所有的药品都在一夜之间从货架上撤下来。一时间，康泰克成为媒体口诛笔伐的对象，因为康泰克太出名了，人们几乎把PPA与"康泰克"画上了等号，竞争对手却在这时迅速打出不含PPA的广告牌，抢夺感冒药市场，意欲将康泰克完全逐出市场。然而，仅仅9个月的时间，不含PPA的"新康泰克"重现市场，并很快引起热销，人们不禁惊讶：中美史克是怎样在这么短的时间里度过品牌危机的。我们回头重新来看那起几乎置中美史克于死地的风波。

2000年11月15日，国家药监局下发通知：禁止PPA。

11月16日，中美史克公司接到正式通知后立即成立了危机管理小组，制定应对措施。

11月17日中午，召开全体员工大会，向全体员工通报事情的来龙去脉，宣布公司绝不裁员。

同日，全国的50多位销售经理被召回总部，危机管理小组深入其中做思想工作。经销商得到了史克公司明确的允诺，没有返款的不用再返款，已经返款的以100%的比例退款。史克在关键时刻以自身的损失换来了经销商的忠诚。

11月18日，中美史克《给医院的信》《给客户的信》发往全国。数十名经培训的专职接线员就位，15条消费者热线全面开通，负责接听来自客户、消费者的询问电话。

[①] 案例来源：作者根据中国管理传播网（http://manage.org.cn，2006年9月21日）改编。

11月20日,中美史克在京召开新闻媒介恳谈会,做出不影响在华投资和"将在关于PPA的结果出来后给消费者一个满意解决办法"的立场和决心。正是因为这些措施落实到位,康泰克良好的品牌形象得以保存下来。

为了说服公司的大股东恢复对公司的信心,继续向公司投资,史克高层把股东请到了生产地点,让他们看到企业的员工都保持着高昂的士气;同时,还从英国和美国的研究总部调来专家论证新的抗感冒药的可行性。另外做出一套完整的解决方案,让总部知道公司将如何处理这些棘手的问题,需要总部提供什么资源,而这一切都有科学数据作支持。总部在这一番科学论证中,看到了重新获得的商机,同意继续追加投资。股东的信心、充裕的流动资金和良好的商业信誉使得史克在整个过程中并没有出现严重的财务危机,不仅承受了销毁康泰克所造成的直接经济损失,而且还有后续资金进行新药的研发。

可以说,中美史克做出的反应相当迅速,而且很理智。中美史克冷静地分析了一下事态可能的发展,认为国家对PPA的暂停可能有三种情况,一种是无限期地继续暂停下去,一种是恢复销售,一种是永远停止。基于这种分析,恢复暂停当然更好,而继续暂停和永远停止都是迟早的事情,作为企业只能面对现实,早做另外的打算。这样的心态为中美史克渡过危机起到了关键的作用。

PPA事件发生后,外界把PPA、康泰克与中美史克画上了等号,实际上,中美史克还有芬必得等众多知名产品。如果不能将康泰克与其他产品划清界限,很可能影响到整个中美史克的生存。于是,他们把人员迅速分成两个摊子,明确管理层要将康泰克事件的事务和其他业务分开,而下面的人员则组成专门团队,负责处理由此产生的错综复杂的事务。这样做的结果取得了不凡的效果,用当时《天津日报》记者的话说:"面对危机,管理正常,生产正常,销售正常,一切都正常。"

事件发生后,康泰克的许多竞争对手纷纷打出不含PPA的广告词,以此来抢夺康泰克退出后留下的市场空白,同时加重了康泰克的危机。但是当时他们除了沉默没有更好的办法,他们无法阻止别人那样去做。假如有什么举动,正好给媒体一个炒作的由头,对中美史克没有任何好处,相反,对竞争对手却有好处,还可能会让对手的广告吸引更多的注意力。中美史克的沉默,让大家看到的是他们的大度,他们没有因为竞争对手的大肆出击而方寸大乱。

根据市场调查,康泰克品牌在全国享有超过89.6%的认知度,并在"疗效好、起效快、作用时间长"等关键性特性上都有超过同类产品的表现。在康泰克退出市场的这段时间,消费者仍然对这个品牌抱有一定的好感。在2001年对全国20个城市的定量调查中,90%的消费者表示"会接受"或"可以考虑接受"康泰克重回市场。正是由于康泰克品牌在市场中形成的强大的品牌资产,以及消费者给予品牌的信赖,让中美史克对新产品充满了信心。

9个月后新康泰克上市。新产品这么快就能够开发出来并且上市是有原因的。据中美史克杨总经理介绍,康泰克这种药物已经被收到英美等国的药典中,因此不需要改变很多,新康泰克不含 PPA，代之以盐酸伪麻黄碱（PSE），同时保留扑尔敏成分，使康泰克更安全。康泰克采用的技术目前在中国尚无公司采用，因此技术上的先进为药性的稳定提供了保证。而公司早在危机发生之前就从环保的角度出发，着手研究开发不含 PPA 的新感冒药，1999 年基本研制成功，PPA 事件的发生，使其加快了向国家申报的步伐。强大的技术实力让康泰克在很短的时间里就获得了新生。

基于消费者给中美史克带来的信心和有强大的技术实力作支撑，中美史克为新产品投入了 1.45 亿元，而重新上市的新产品依然延续了康泰克的品牌策略，广告也在各地及中央台全面投放，他们对这个产品非常有信心。

据悉，"新康泰克"仅在上市的第一天，在华南市场就拿下高达 37 万盒的订单。

康泰克 PPA 事件后，有一点值得我们思考。在康泰克退出江湖后，留下了巨大的市场真空和每年价值 7 亿元的市场份额，这对于任何一个生产感冒药的企业来说都是一个宝贵机会。当时曾有人断言 OTC 市场将会重新洗牌，业内人士纷纷猜测谁将会取代康泰克登上龙头老大的宝座。但是，一直到"新康泰克"重出江湖，整个治疗感冒的 OTC 市场在过去的 292 天时间里，并没有一家药业脱颖而出成为领跑者，市场呈现出一种势均力敌的态势，个中原因值得玩味。

中美史克公司给我们的答案是，当时康泰克能在众多感冒药中异军突起，一方面是它质量过硬，康泰克独有的缓释技术可以使药物的疗效在 12 小时的时间里精确稳定地释放，疗效持久，至今还没有一种感冒药在长久缓解感冒症状方面能与康泰克媲美；另一方面，康泰克的市场定位十分明确，主要用于缓解感冒初期的症状，一般服用两天 4 粒就能有很明显的效果，尽管康泰克退出了市场，却始终没有一家药业能取代康泰克的地位。

回顾康泰克事件的处理过程，已没有事件发生时的惊心动魄。尽管中美史克为此付出了 6 亿元的代价，但它的新生却为它重新找回了自己的市场。整个事件发生后，史克处理危机时的表现被作为了企业今后在处理类似危机时的一个范本，为其他企业树立了一个榜样，"康泰克"成为在危机管理的案例中的一个标杆。

思考讨论题

1. 中美史克公司为何要研制新康泰克？
2. 以康泰克 PPA 事件为例，企业经营和产品开发中面临哪些风险？在如何处理应对上，中美史克公司给了我们什么经验和启示？

第一节　技术创新的动力源

技术创新的动力源问题，是技术创新研究的基本问题。学者们在各自的理论和实证分析基础上，提出了不同的观点，分别存在一元论、二元论、三元论、四元论以及五元论等理论。

一、一元论：技术推动说与需求拉动说

技术创新的动力一元论主要存在技术推动和需求拉动两种学说。

1. 技术推动说

在早期的西方学术界，技术推动说是技术创新动力问题上的主流学说。美国总统科学顾问万尼瓦尔·布什（Vannevar Bush）于1945年提交给总统的著名报告《科学——无止境的前沿》(*Science：Endless Frontier*)中指出："新产品和新工艺是以新的原理和新的概念为基础的，而这些新的原理和概念，是由基础科学的研究生成的。"该报告为技术推动说奠立了理论基础。技术推动说认为，科学技术的发展是一种永不停息的过程，科学技术因其惯性而持续发展，不断产生科学发现与技术发明；同时这些研究与开发的成果不断地在生产和商业中寻求应用，最终推动创新的完成。这样，市场知识被动接受技术创新的成果。

现实中，确实存在很多技术创新，是由科学技术的发展所推动的。尤其在早期，常常存在技术导向下的自发的转化过程。例如，晶体管发明后，在寻求市场应用的过程中导致了大量的电子类产品创新。这种引发创新的技术发明往往"不鸣则已，一鸣惊人"，是重大的、突破性的，如尼龙、半导体、激光等均是人类历史上划时代的成果。

传统的技术推动说偏向于肯定科技对创新的决定性作用，甚至否定了经济因素的影响（E.A.哈艾福纳）。按此观点，增加研究与开发的投入就等于更多的创新。这种观点产生的原因之一可能是源于电子工业早期的发展背景。它可以很好地解释根本性创新，但对大多数创新来说并非如此。因为研究开发投入越多并不意味着产生的创新就越多，如果不考虑创新组织方式而盲目投入，很可能造成大量科技成果未转化为创新产品，或者由于这些成果缺乏市场导向，从而缺乏商业价值。事实证明，许多技术创新不仅在起步阶段受到市场需求的强大刺激，而且技术进展的速度和规模，也受到经济需求的制约和影响。早先的技术发明，如蒸汽机、柴油机、喷气发动机等，其开发周期都在几十年以上，甚至上百年，原因之一正是早年社会和经济需求不足。因此，20世纪60年代以后，技术推动说受到了越来越多的挑战。

2. 需求拉动说

在需求拉动说看来，创新的想法最初来自市场需求和生产需求所呈现的信息，然后回到实验室进行分析，才能找到满足这种需求的技术解决方案。

需求拉动说的提出，是以一些实证经验性研究为基础的。美国经济学家施穆克勒（Schmookler，1966）对19世纪上半叶到20世纪中期，美国铁路、炼油、农业和造纸等工业的研究表明，投资和发明专利表现出高度的同步效应，且投资领先于发明专利。他认为，投资反映了外部需求，因而发明和专利可认为是由需求拉动而导致的结果。此外，英国的迈尔斯和马奎斯、布鲁斯等都进一步论证了需求拉动的观点。

这些研究表明,用于 R&D 的资源投入增加,创新成果并不一定相应增加。相反,现实中,创新常常是由于某种被开发者觉察到的,有时是被消费者明确表达出来的需要而引发的,从而导致了满足这种需求的研究与开发活动和随之而来的新产品的生产过程,R&D 在创新过程中仅仅起着被动作用。

需求拉动说强调创新的市场导向,认为创新不是一种纯科学的研究活动,而是企业通过满足市场新的需求而扩大销售、增加利润的手段。20 世纪 60 年代后期是一个竞争增强的时期,这时生产率得到显著提高,尽管新产品仍在不断开发,但企业更多关注的是如何利用现有技术变革、扩大规模、多样化实现规模经济,获得更多的市场份额。许多产品已经基本供求平衡,企业创新过程研究开始重视市场的作用,因而导致了需求模式的出现。

二、二元论:技术推动/需求拉动综合作用说

在 20 世纪 80 年代,美国斯坦福大学莫厄里和罗森堡等人指出,作为一个非常复杂的过程,创新的成功需要适应各种技术条件和市场条件,社会和市场需求为技术创新提供了机会和思路,指明了方向;而 R&D 的成果和知识存量,则为技术创新带来技术知识和能力,使之得以开展。技术创新不仅在初始阶段是由技术和需求的共同作用引发的,而且在中间过程的各个阶段无不受到这两个因素的共同影响。事实上,技术和需求之间本身就存在互动作用,需求的变化会对技术发展起到导向作用(例如,消费者对电脑便携性要求的不断提高,就是笔记本电脑技术改进的一个重要方向),而技术的发展也会对消费者需求的变化起到引导作用(例如录像机最初的目标消费者是电影制造商,但随着其体积、性能、性价比的变化,录像机最终走入"寻常百姓家"),在对创新的作用过程中两者"你中有我,我中有你",很难单独剥离出来。

现实中,大多数技术创新都是由两种因素共同作用引发的。摩洛和诺勒曾经对加拿大 900 多个企业技术创新的调查发现,技术推动型占 18%,需求拉动型占 26%,而技术推动/需求拉动的综合互动模式占 56%。可见在实践中,技术创新受技术推动和需求拉动综合作用而引发的现象更为普遍。我国华为公司对技术创新的投资,一直是受这两个力量同时牵引的,客户需求和技术推动,两手都抓、两手都硬,见案例 3-1。

案例 3-1

华为公司技术创新的动力源

2002 年,任正非提出:"对于投资,我们有两个牵引,一个是客户需求牵引,一个是技术牵引,我们不排斥两个牵引,它们对公司都是有用的,也不唯一走客户需求牵引或是技术牵引道路。"2004 年,任正非强调说:"整个公司的大方向是以客户需求为导向,但实现这个目标要依靠技术,所以必须保证技术创新的合理费用投入。"2011 年,华为

逐渐走到行业领先后，明确提出了"双轮驱动"战略：要以满足客户需求的技术创新和积极响应世界科学进步的不懈探索这两个车轮子，来推动公司的进步。

三、技术创新动力的其他理论

除了上述以技术推动和需求拉动为基本基础的一元论、二元论以外，在技术创新的动力问题上，还存在三元论、四元论、五元论等其他理论观点。

1. 三元论

技术创新动力的三元论在技术和需求因素以外，还引入了政府行为因素，认为政府行为也可以引发技术创新。政府可以通过规范产权，制定财政、税收、信贷等政策制度，在一定程度弥补市场失灵，激励企业技术创新活动；政府的规划和组织，如社会、科技、产业、区域发展规划等，以及一些服务管理行为，为企业的技术创新活动提供方向引领。但政府行为对技术创新的作用从根本上还是通过强化需求拉动和技术推动的基础作用实现的。

2. 四元论

以肯尼迪、冯·威扎克、菲尔普斯等为代表的四元论者，将企业家因素引入技术创新的动力理论中。例如，汉姆布瑞克和梅森提出的高层管理理论认为，高管团队或企业家的个人特征、价值观、经历都会在一定程度上影响他们的战略决策行为，包括创新活动（Hambrick & Mason,1984）[①]。他们认为，企业家的创新偏好，尤其是其灵感的火花，都会自发激励企业家的创新行为。企业家天生具有积极进取、喜欢尝试和冒险的性格特征，这使创新者的内在潜能得到发挥；加上技术推动为创新奠定生产化基础，需求拉动为创新创造商业化条件，政府则为创新提供有利的政策环境，这四个动力源的综合齐备，就能促成技术创新的成功。

3. 五元论

技术创新动力五元论者，则把社会、技术和经济系统的自组织作用也纳入技术创新的动力源泉。自组织是科技哲学中的一个概念，是指一个系统的组成要素，通过彼此的协同效应，以及相互间交叉、循环、发展和放大的作用过程，从无序向有序进化，形成特定结构与功能的过程。所谓自组织系统，亦即自行、自我组织起来的系统，某些系统内在地有着使系统自身在演变中形成具有序结构和整体功能的新系统的能力。社会、技术和经济系统都是自组织系统，通过一系列的创新活动，能从一种状态转换为另一种状态。由系统自组织作用引起的技术创新，不同于简单的技术推动和需求拉动，而是部分地包含了两者，有着复杂的、深层次的作用机理。

[①] Hambrick C,Mason P. Upper echelons: The organization as a reflection of its top managers[J]. Academy of Management Review,1984,19: 193-206.

四、动力源小结

现实中,无论哪种理论观点,都有其合理性,也存在实践证据为之提供支持。但在动力因素方面,通过技术创新的历史和现状的考察,我们大致可以归结出这样几个特征。

(1) 纵向地看,技术创新的动力源也是在发展的,导致创新的过程模式不断更替(参见第二章第二节"技术创新的过程")。技术推动在早期社会需求弱小的情况下有其存在的合理性和普遍性,而随着科技与社会的发展和人们经济意识的空前提高,需求越来越多地成为引发创新活动的源泉。开拓与扩展市场、节约原材料等成为发动创新的重要动力。事实上,从数量上看,大多数创新(约 60%~80%)都是由市场需求引发的。与经济体制的转换相同步,政府职能从强制性行政指令向政策引导转换,对技术创新的启动产生的影响也从直接变为间接,企业由被迫进行技术创新到自觉与政策导向一致。同样地,企业家创新偏好需要有一定的社会文化和制度环境支持,才可能最终萌芽为技术创新行动。不同时代,企业家创新意识和行为具有不同的特征。

(2) 横向地看,各种动力源有各自适应的创新类型和环境。需求拉动型创新同顾客、供应商等需求方对产品需求的敏感度有较大关系,一旦需求者同时精通技术,就容易产生创新思想。这种创新在新生技术中发生较少,且大多属于渐进型创新,因为市场需求是在已知技术基础上对机会进行感知的结果。而基于科学的行业(science-based industry)如塑料、医药、化工等,主要是技术推动型创新,这类创新与企业中的科学家、工程师和发明家的技术素质关系较大,他们与使用者的沟通则促成了新技术的商业化。与市场拉动型创新相反,技术推动型创新较多发生在新生技术中,常常是突破性创新的主要来源。由于用户对新生技术不太了解,技术知识多存在于创新者之间,创新的想法也主要源自他们。

(3) 特定条件和特定行业环境下,技术创新有不同的主导动力源。一项技术创新的发生往往受多种动力的影响,但不同动力源的地位会有所差异。

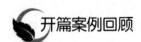

中美史克公司研制新康泰克的动力源是什么?

第二节 技术创新的信息源

技术创新的过程本质上是一个不断产生新知识的"知识流"。这个"知识流",只有在及时获得各类有用信息、即形成"信息流"的基础上,才能得以持续。对技术创新这样一个涉及多个环节及众多职能部门的长链而言,不仅信息流的过程控制十分重要,信息源的寻求和管理同样具有战略意义。

技术创新的信息源,按来源地的不同,可以分为企业内部源和企业外部源。

一、企业内部信息源

创新的设想和思路可以来自企业内部,包括高层管理、内部 R&D、生产部门、营销部门、员工建议、职员培训、关键人物等。比如,R&D 部门经过正规调研获得新的构想;营销人员在与顾客接触中获得顾客的反馈和建议;工程师和制造人员在生产过程中产生新的技术构思,等等。

很多知名公司都很重视开发和利用内部源。鼓励员工开动脑筋、挖掘创造力,是许多成功企业普遍采用的管理方式,并形成了企业的创新文化。例如,我国 20 世纪 50 年代就广泛推广的合理化建议制度,被证明具有投入少而收效大的特点。鼓励员工提合理化建议,不仅有助于发挥全体员工的主人翁责任感和改革意识,也有助于推动员工的经验曲线和知识曲线朝最优方向发展,是我国企业管理传统中的瑰宝。

二、外部信息源

任何组织都是开放系统,完全靠自己生产信息是不可能的,即使是 R&D 实验室,也必须保持与外部的联络和信息沟通,才能存续和发展。事实上,最早发现需求信息的人往往并非企业内的创新设想产生者,而是分散于各种用户、供应商、咨询服务人员等中,或产生于同用户之间的频繁交流中。

企业外部有多种信息源,按照性质的不同,可分为以下几类。

(1) **市场信息**,来源包括顾客、供应商、竞争对手、公司外部顾问、咨询机构、展览和博览会等。这类信息主要为企业提供关于顾客需求和竞争对手方面的信息。

(2) **技术信息**,来源主要为大专院校等科研机构,如大学实验室、研究所等。这类信息主要使企业及时了解技术的进展情况。

(3) **政策信息**,来源则主要为政府部门或行业组织等,如主管部门、行业协会等。这类信息使企业获知国家战略和政策支持的方向。

企业应充分重视这些不同性质的信息源,并加以综合利用。宝洁公司在进入 21 世纪后高度重视整合企业外部的创新信息和资源,公司 CEO 雷富礼上任后有句名言:"到处都有发明家,我们在车库里找到发明的可能性和在实验室里一样大。"正是基于这种理念,宝洁在互联网上建立了一个创新社区,邀请 14 万名业余专家入驻,带领这个老牌的、有些迟暮的巨无霸企业再上巅峰,成为全球最大的家居用品和个人护理企业。

研究发现,不同产业和不同规模的企业,对创新信息源的使用有很大的不同。例如,传统产业倾向于使用外部来源支持其自身的创新。掌握这些特性,可以帮助政策制定者制定具体的创新政策以满足不同产业部门各自的具体需要。

三、公共信息源

大型企业往往对其主要竞争者的技术活动的相关信息都了如指掌。根据曼斯菲尔德（Mansfield E.,1985）的研究，很多美国大型企业掌握了其竞争对手的产品开发特点和6～12个月内的计划。获得竞争者创新战略信息的方法很多，其中一些公共信息源的获取成本低又不存在合法性风险，值得充分加以利用，见表3-1。

表3-1 企业创新活动的公共信息源

信息性质	来源	优势	局限
企业研发开支	《商业周刊》年报（每年六月，美国公司的国际比较） 《公司报表有限公司》（每年六月，英国公司的国际比较） 欧洲委员会	容易获得	没有具体项目的信息 没有开发之外的创新活动
企业专利和学术刊物	美国专利局（USPO） 欧洲专利局（EPO） 其他专利局 私人顾问（CHI,Derwent）	可以具体比较； 证实可能的进入者和存在者	选择相应的专利级别； 公司有多个名称； 无专利的创新
公开的声明和出版物分析	会议 媒介 商业出版物	有关企业目标的具体信号	曲解财务或营销报告

资料来源：Joe Tidd,John Bessant,Keith Pavitt.创新管理——技术、市场与组织变革的集成[M].陈劲,等,译.北京：清华大学出版社,2002：64.

随着互联网技术的快速发展，信息收集的范围和方法还在持续地突破和增加，获取信息的成本更低，来源更多，速度更快。例如近些年流行的"开源"模式，就是利用了群体的智慧和公众的信息源，见案例3-2。

案例 3-2

黄金公司：发动全世界找黄金[①]

加拿大多伦多小型金矿采矿公司黄金公司（Gold Corp Inc.）被罢工、拖延的债务和极高的生产成本等问题所困扰，如果再找不到大量的新黄金矿藏，黄金公司可能会宣告倒闭。首席执行官罗比·麦克伊文开出了1 000万美元的支票作为探矿费，派地质学家们前往北安大略省探明黄金储量。钻矿测试证实那里蕴藏着丰富的黄金矿产，

[①] 资料来源：维基经济学三个案例，来自百度文库（https://wenku.baidu.com/view/11365550bf1e650e52ea551810a6f524ccbfcb15.html），作者有删改。

是黄金公司当前开采量的30倍。但地质学家们没法提供黄金的准确位置。这是个很大的难题。

受当时 Linux 开放源代码事件的启发,2000年3月,黄金公司发起了"黄金公司挑战赛",宣布提出最优估计和最佳方法的参赛者将获得高达57.5万美元的奖金。麦克伊文拿出了1948年以来所有地质学研究的数据,整理成一个文档与全世界的人共享。有关这5.5万英亩矿区的一切信息都在黄金公司的网站上发布。比赛的消息通过互联网迅速传播,来自50个国家的1 000多个虚拟勘探者都开始忙着挖掘和利用这些数据。

要知道,采矿业是一个极度需要保密的产业,地质数据是最宝贵、最需要严加看守的资源。公开机密在同行业看来,绝对是一次冒险。然而,麦克伊文的这次冒险成功了。几个星期之内,来自全世界的方案雪片般地飞向黄金公司总部。参赛者的来源很奇特,有大学本科生、咨询顾问、数学家和军官。人们应用数学、高等物理、智能系统、电脑绘图等方法来解决问题,很多技能是业内闻所未闻的。麦克伊文说:"当我看到电脑绘图时,差点从椅子上摔下来。"参赛者在红湖矿床上发现了110个目标,其中50%是公司从来没有发现的,80%多的新目标后来证实确实有大量黄金。这一尝试将探矿时间缩短了两到三年。

如今,黄金公司从开源式勘测中收获了丰硕的果实。这次比赛不但得到了大量的黄金,还把一个价值1亿美元的低绩效公司改造成拥有90亿美元价值的大企业,并将北安大略一个落后的采矿点转变成最有利可图的矿产地之一。

"黄金公司挑战赛"项目证明,即使在一个保守的、讲求保密性的产业中,创新的研究方法也是有效的。通过共享公司的专有数据,麦克伊文在传统低效的勘测流程中引入了一个融合了"业内最聪明头脑"的现代化分布式黄金勘探引擎。可能保守型思维的人会认为,开放式的集体参与行为会导致公司的信息外漏,知识产权的共享会威胁产业利益等。但其实开放和协作的模式将带来大量新的机会,释放公司内外大量资源的创新潜力。

第三节 技术创新的职能源

一、职能源概述

技术创新的职能源(functional sources),又称功能源。这是将组织和个人按照他们在一种特定产品、工艺和服务创新等所有的利益上的职能关系来分类——如果他们能从开展创新中获益,便认为他们是该创新的制造商;如果能从提供创新所需的零件和材料中获益,便认为他们是该创新的供应商;如果能从使用创新成果中获益,则认为他们是该创新的用户。可见,创新的职能角色是与特定创新相对应的,例如,波音公司既是飞机的制造商、又是机床的用户,则就飞机创新而言,波音公司是创新制造商,就机床创新而言,波音公司则是创新的用户了。

传统观点一般认为,技术创新主要是由生产新产品或应用新工艺的制造商完成的,是制造商觉察到市场对新产品的需求,然后进行产品开发与生产制造、并将产品推向市场。这一观点影响深远。然而麻省理工学院斯隆管理学院教授冯·希普尔在其所著《技术创新的源泉》一书中,开创性地提出了创新的职能源观点,对此传统观念发起了挑战。

希普尔教授通过调查发现,创新源是富于变化的,技术创新在不同的行业有不同的主体:在某些领域,常识是对的,制造商确实是新产品的完成者,但在其他一些领域,创新的用户做了大量的创新工作,他们通常在创造了新产品的模型后,说服制造公司生产和销售此新产品;而在另外一些领域,为某一产品提供零部件和原材料的企业主要完成创新工作。希普尔(1988)的调查结果见表 3-2。

表 3-2　技术创新的职能源分布

创新类型	用户	制造商	供应商	其他	NA(n)	总计(n)
科学仪器	77%	23%	0	0	17	111
半导体与印刷板工艺	67%	21%	0	12%	6	49
控制成型工艺	90%	10%	0	0	0	10
牵引式铲车及相关创新	6%	94%	0	0	0	16
工程塑料	10%	90%	0	0	0	5
塑料添加剂	8%	92%	0	0	4	16
工业气利用	42%	17%	33%	8%	0	12
热塑料利用	43%	14%	36%	7%	0	14
线路终端设备	11%	33%	56%	0	2	20

资料来源:埃里克·冯·希普尔.创新的源泉[M].柳卸林,等,译.北京:科学技术文献出版社,1997.

注:NA 是案例具体资料不可得的案例数,不进入表中的百分比计算。下同。

除了用户、供应商和制造商外,还存在其他的一些职能联系,如批发商、保险商等,任何职能在适当条件下都可能成为主要的创新源。下面对较为典型的供应商创新源和用户创新源作进一步介绍。

二、供应商创新源

供应商作为创新源的形式包括能源供给创新、原材料创新、设备创新等。制造商对供应商创新源的利用方式包括:

(1) 吸收其创新设想,从中获得启发和借鉴。由此形成一种创新的方法,即创新冠军法,见专栏 3-1;

> **专栏 3-1　创新冠军法**
>
> 　　在同一技术领域或相关技术领域内，创新冠军（champion of innovation）可以提供有价值的创新建议，从而可借助这些创新冠军的智力，产生创新设想或新产品设计。
> 　　创新冠军法的使用步骤是：先确定需要，然后搜集信息，找到该领域里的创新冠军，再进行联系、拜访，最后对其建议加以整理和应用。

　　（2）直接采用其创新成果；

　　（3）通过一些途径和方式促进和引导其开展有利于本企业的创新；

　　（4）联合供应商一起开发机会，进行合作创新，为自己拓展新的业务领域。丰田公司就曾同其供应商合作开发了一款新型的汽车表面处理剂，见案例 3-3。

案例 3-3

丰田汽车与供应商合作开发汽车表面处理剂[①]

　　在汽车喷涂的表面处理工序上，为确保喷涂的粘附性和耐腐蚀性，以往在实施喷涂前，使用的是以磷酸锌为主要成分的表面处理剂。这种磷酸锌处理剂含有多种金属，用水冲洗车的表面时，这些金属会排放到污水里，工厂需要对污水进行净化。另外，磷酸铁作为副产品的出现，淤渣发生就不可避免，实施淤渣填埋处理不可缺少。对汽车厂家来说，这是一项重大课题。

　　丰田将环保问题视为最重要的课题，力争在汽车的开发、生产、使用到报废的生命周期中的每一个阶段都体现出保护环境的精神。自 2000 年起，丰田与日本帕卡濑精公司联手共同开发新表面处理剂。帕卡濑精公司成立于 1928 年，在金属表面处理领域拥有举足轻重的地位。

　　2006 年，两公司共同开发的世界首例汽车表面处理剂获得成功，在汽车喷涂的表面处理工序上大幅度降低了有害金属和废弃物的产生。这种可取代磷酸锌的表面处理剂必将成为主流。丰田在这个方面无疑占领了先机。

　　这几种方式中，制造商的介入程度依次加深，以联合供应商合作创新的方式最为深入，获得的回报是往往能够拥有或分享知识产权。

三、用户创新源

（一）用户创新源的地位和表现形式

　　在外部创新源中，用户源的地位尤其重要。表 3-2 中，九个行业中有五个都以用户源的

---

　　① 资料来源：吴亚龙. 丰田开发新喷涂表面处理剂[J]. 轻型汽车技术，2006(5). 本书作者略作改编。

分布比例最高,科学仪器行业中 77% 的产品创新来源于顾客,半导体和电子装配行业中 67% 的过程创新来源于设备使用者。希普尔教授对科学仪器领域创新源的问题作了进一步调查,发现按创新重要性分类的创新源比例情况,见表 3-3,按仪器分类的创新源比例情况,见表 3-4。

表 3-3 科学仪器创新的职能源分布(按创新重要性分类)

创新重要性	创新的开发者			
	用户(%)	制造商	NA	总计
第一代	4(100%)	0	0	4
重大改进	36(82%)	8	0	44
小改进	32(70%)	14	17	63
总 和	72(77%)	22	17	111

资料来源:埃里克·冯·希普尔.创新的源泉[M].柳卸林,等,译.北京:科学技术文献出版社,1997.

表 3-4 科学仪器创新的职能源分布(按仪器分类)

主要功能改进型创新	用户(%)	制造商	总计
气体色谱分析仪	9(82%)	2	11
核磁共振光谱仪	11(79%)	3	14
紫外线分光光度仪	5(100%)	0	5
透射电子显微镜	11(79%)	3	14
总 和	36(81%)	8	44

资料来源:埃里克·冯·希普尔.创新的源泉[M].柳卸林,等,译.北京:科学技术文献出版社,1997.

用户作为创新源的形式包括:(1)用户可以提供创新思想并在一定程度上实现创新设想;(2)进一步地,用户自己制造出新产品;(3)更进一步地,用户转型为新产品的制造商,见案例 3-4。

案例 3-4

滑雪板产业的诞生[①]

第一个滑雪板的诞生并不是源于专业运动设备生产商为增强自身能力而设计出的新运动产品,相反,是由那些想要在雪地里实现新的滑行方式的人设计出来的。

滑雪有着悠长的历史,早期用于交通、狩猎和战争,后来成为一项娱乐和运动的形式。在 19 世纪中叶之前,滑雪受限于仅在鞋尖处将滑雪板固定在靴子上的原始捆绑,这使得在陡坡或需要任何重大机动的斜坡上滑雪几乎是不可能的。1860 年,挪威人诺

[①] 案例来源:作者根据多个相关资料整合而成:①[美]梅丽莎·A.希林.技术创新的战略管理[M].第 4 版.王毅,谢伟,段勇倩,等,译.北京:清华大学出版社,2015;②e 众体育.滑雪运动的前世今生[E/OL]. https://baijiahao. baidu. com/s?id=1619788930564403580&wfr=spider&for=pc,2018-12-14;③体育产业发展研究院.2016 年美国雪上运动情报分析报告[E/OL]. https://m.sohu.com/a/128380738_505619,2017-03-22.

德海姆(Sondre Nordheim)按照传统①,用湿漉漉的白桦树根将靴子固定在滑雪板上,桦树根干燥后变得僵硬,比早期的皮革带子提供了更好的稳定性和控制。有了这项创新,现代高山滑雪,或称高山滑雪,以其特有的速度和转弯,成为可能。

现代滑雪板的历史可以追溯到20世纪60年代早期。1963年,一个滑雪和滑板的狂热爱好者西蒙斯(Tom Sims)在木材店里制作了他的第一块"滑雪板",后来和韦伯(Bob Weber)继续设计他们的滑雪板,并成立了西蒙斯公司。另外一个滑雪板的早期开发者是坡彭(Sherman Popoen)。1965年,坡彭把两块滑雪橇连在一起制作了他称为"冲雪者"的东西,并作为玩具送给女儿。这个玩具后来大受欢迎,以至坡彭开始为"冲雪者"的爱好者组织非正式的比赛。卡彭特(Jake Burton Carpenter)就是其中的一个爱好者,他开始设计新版的"冲雪者",给"冲雪者"绑上橡皮带以使用户对"冲雪者"有更强的控制。他后来在佛蒙特州成立了伯顿公司,这家公司现在已经成了滑雪板业的主要产商。从早期的少数几个具有反叛精神的冒险家们所做出的创造开始,滑雪板如今已经发展成了一个很大的产业。

制造商对用户创新源的利用,同对供应商创新源的利用一样,也包括四种:

(1) 只借鉴和吸收其创新设想,实施创新冠军法;

(2) 直接采用其现成的创新成果;

(3) 促进和引导其开展有利于本企业的创新;

(4) 同样地,介入最深的便是与用户合作,开展创新性设计。相应地形成了另一种新的创新方法,这便是著名的领先用户方法。下面对领先用户方法作专门介绍。

(二) 领先用户方法(Lead User Approach)

顾客的需要,企业通过调查或集中座谈可以获悉;顾客询问和投诉也有利于企业更好地发现新产品。很多大公司都很重视用户信息的作用,包括通用电气、3M等。美国手术医疗器械公司(United States Surgical Corporation)的绝大多数外科手术器械都是通过与外科医生的紧密合作研制出来的。现在,该公司关注的不只是外科医生,而是"总顾客",即还包括物资管理、采购、财务等医院的其他代理人。

1. 领先用户和领先用户方法的特征

尽管用户源的作用在各种职能源中最为突出,但其适用性和有效性并非尽如人意。传统的用户调查和市场研究方法,是将大群用户的需求进行随机抽样,分析获得的信息,然后将研究结果递交给产品开发者,如图3-1所示。

这种用户调查方法对于那些快速更新的高技术产品而言,效果并不理想。因为在很多领域,只有少部分用户对自己所需的新产品、新服务有较丰富的理解,而普通用户大都比较

---

① 不过现在仍有争议。

图 3-1　普通用户方法

被动，并不清楚自己到底想要什么样的产品。针对这种用户的市场调查，反而可能会误导产品的改进方向。为此，希普尔将领先用户（lead user）从普通用户中区分出来。"领先用户"应具有如下特征：

第一，他们所产生的对新产品或新技术的需求，在未来市场中会成为整个行业的需求，由于他们比一般用户更敏感，能更早地（提前数月或数年）意识到这种需求的存在；

第二，能从该新需求的解决中感受较大的获益，不能或不愿意等到新产品或新服务慢慢上市，常提前着手或要求开发技术或产品原型。

这两方面可以归结为，一个是时间指标，一个是收益指标。举例来说，如果一个制造企业当前对某新工艺产生一种强烈的需求，而这种需求是未来两年时间里很多制造商都将面临的，那么这个制造企业就是该工艺创新的领先用户。

上述两个特征，为新需求的判别和获得领先用户所拥有的解决方案信息，提供了有价值的参考。在新需求判别方面，拥有实践经验的用户是提供精确信息的最佳人选，因为新产品需求在快速变化，只有走在前头的用户才拥有真实的经验，尤其在高技术领域。在主导设计尚未确立的"前范式阶段"（preparadigmatic phase），对领先用户需求的深刻理解可以帮助降低市场因素带来的创新风险。而在获得解决方案方面，领先用户也能为市场研究者提供最丰富的方案信息，因为用户所希望得到的收益越高，他们为了获得解决方案所愿意付出的代价也越高。

领先用户所拥有的需求和解决方案的信息，在开发新产品和服务的早期具有特别重要的价值。制造商通过识别出这些领先用户，并邀请他们与制造人员联合开发新产品，能极大地推动创新的商业化过程。这也发展成为一种系统化的研究方法——领先用户方法（lead user method），如图 3-2 所示。

图 3-2　领先用户方法

传统的普通用户方法，一般仅适合于对现有产品进行改进和完善，用户与产品的改进在形式上是脱离的，对于很多行业并不是特别有效。与之相比，领先用户方法能更具前瞻性地理解用户的需求，更倾向于产生全新的产品或服务，而且由于用户在企业研发活动中的密切参与，使得创造的新产品或服务更容易得到用户和市场的认可。实践证明，在一些技术发展变化迅速的工业领域，领先用户方法比传统的方法在新产品开发的速度和成本方面有明显的优势。

2. 领先用户研究的步骤

将市场研究方法与领先用户假设结合起来,对新设想进行开发和检验,主要可以通过如下四个步骤(Von Hippel 等,1988):

步骤1,明确领先用户的指标。这一步骤又分为两步,第一步,识别判断市场或技术的趋势及其测量方式。确定领先用户的一个重要指标是其是否领先于市场,这个指标是随时间而变化的。因此,在特定产品种类中识别出领先用户之前,首先必须说明这些用户拥有领导地位的潜在趋势,并说明可靠的测量方式。第二步,确定潜在收益的测量指标。领先用户的第二个指标是对解决问题具有较高的收益期望,必须确定对这个变量或替代量的测量方式。

从目前来看,存在三种可替代的测量指标:

(1) 用户对产品开发或产品改进的投入。因为用户对创新的投资大小和其对收益的期望是相关的。

(2) 用户对现有产品的不满程度。在逻辑上,对现有产品的不满意程度与其从改进中获得收益的期望程度是相关的。

(3) 对创新的采纳速度。早期采纳和创新性常常意味着拟采纳者对收益的高期望。(Rogers and Shoemaker,1971)

步骤2,识别领先用户群。基于上述趋势和收益指标,通过问卷考察潜在市场,对调查所得的领先用户指标值进行聚类分析,识别出一个领先用户群。

步骤3,与领先用户一起产生概念(产品)。召集这些领先用户,与企业的工程技术人员和市场营销人员一起参与创造性的小组会议,可以用来汇集用户方案,开发新的产品概念。通过领先用户的真实经验可获得关于新产品特性和商业化收益的产品思想的数据。用户方案不仅代表一个概念,而且可能代表一个已完全投入实施的产品。用户方案的选择结果产生一个或多个领先用户产品或服务,既满足领先用户需求,也考虑了制造商方面的可生产性。

步骤4,检验领先用户概念(产品)。今天的领先用户不一定与未来主要用户的需求完全一致。事实上,有研究表明,一个新产品的早期采纳者与其后采纳的大群用户是相当不同的(Rogers,1962)。因此需要评估,目标市场中更多的典型用户是如何看待领先用户的一些参数,他们是否也承认其价值。

3M 公司作为一家全球知名的多元化经营公司,其产品从一次性尿布、创可贴、不干胶贴纸,到心肺治疗仪器,覆盖面达 60 000 多种产品领域。尤为令人关注的是,该公司的新产品开发频率相当高,每年都有 200 多种,公司年度销售额的 30% 左右是来自近五年内开发出的新产品。这种奇迹的出现并不是偶然的,而是得益于其有一个有助于创新的环境和运行机制,以及对众多创新方法的积极使用。领先用户方法就是其应用得较为深入和成功的方法,之一,见案例 3-5。

案例 3-5

3M 公司的领先用户方法

以医疗器械的创新为例,3M 公司的传统做法是:(1)主要从消费者和销售代表处获得市场信息。例如:公司科学家和技术人员现场访问外科医生和护士;销售代表与外科医生和护士接触、获得信息;每两年召集 30 个护士在一起,听取意见;听取消费者对现有产品的评价。(2)向一些小型的市场研究企业购买市场分析报告。这些做法虽然也能获得一定的市场信息、引发创新思路,但存在明显的缺点。例如,从中介服务机构处购买的信息并非为公司专有,不利于公司形成独到的创新构思;通过消费者和销售代表获取信息的方法较为被动,既不利于真正形成贴近用户的创新设想,更无法获得未来较长时期后的需求信息。而且,倘若用户尚不能清楚辨识自己的需要,这种访问用户获取信息的方法就显得比较被动。基于如上传统做法的缺陷,3M 公司应用了更为积极主动的领先用户方法。下面是一个防治皮肤感染的新产品开发的过程。

项目一开始,Sonnark 和 Churchill 在 Shor 召集的项目组会议上,向项目组提出了如"关于市场你想知道什么,你不知道什么?""皮肤作为感染源的重要性?"等一些问题。项目组每周开一次 4 小时的会,会后各成员通过互联网、文献和社会关系寻找有关信息,了解到感染中有 30% 来自患者自己的皮肤。然后,项目组花了 5 天时间分析所获得的信息,发展出新产品的如下参数:它应当比现在的产品更有效,更容易应用和转移。下一步,项目组不再关注文献,而是开始接触相关专家来获取产品开发方面的信息和思想,领域涉及兽医学到军队外科各个方面,包括一些传统领域,如美国政府疾病控制中心的顾问,以及一些似乎最不可能的领域。如一个项目组成员在看完狮子王后,与化妆师交谈起来,这位化妆师对用于皮肤的材料有深入的知识,对公司开发突破性产品非常有用。这个需求趋势确定阶段花费了一个半月。

项目组发现他们对发达国家以外的用户情况知之甚少。因发达国家感染引起的死亡已很少,假如公司希望发现一种突破性的感染控制产品,小组必须访问几个新兴市场区域,主要的新的增长机会将出现在这些地方。于是项目组分成两个小组,分别去访问南美和亚洲的医院。Shor 和 Pournoor 访问了马来西亚、韩国、印度尼西亚和印度。这是外科医疗市场部第一次派产品开发人员而非营销人员去访问用户。这使得项目组成员能亲眼观察外科医生如何处理感染问题。这个用户现场访问阶段耗时 6 个月左右。

经过市场调查、专家咨询和用户现场访问等程序,项目组进入导出产品概念阶段。Shor 召集了公司成员、外部专家、化妆师、外科医生等共同参与研讨会议,分小组召开了多次会议。尽管一开始,由于各类内外部成员之间的不一致,以及掌握的知识相当丰富,出现过混乱的场面,但通过充分交流,各类专长优势相互补充,最终形成了关键的产品概念。最后,应用一些定量标准对这些新产品概念进行排序,比如用户偏好、对事业部利润和竞争力增长的贡献、与本公司专有技术和专利保护的结合情况等,选出加权评分最高的产品概念进行开发。这个最终产品概念导出的过程大致花费了 3 个月。

3. 领先用户方法的缺陷和意义

领先用户方法是以如下几个基本的逻辑假设为前提的:其一,具有某类需求经验的用户比那些没有这种经验的用户能提供更精确的信息;其二,在某些存在相关需求趋势的领域,部分人体验的需求早于其他人——他们将"领导"这种趋势;其三,不同用户期望从需求方案中获得的收益是不一样的,根据此,他们理解和解决该方案的努力也有所不同。这样,该方法也可能存在一些局限性或需要进一步探讨的问题。例如,如何精确识别和判断需求趋势的问题。领先用户方法假设,领先用户的需求能代表一般性的需求,即普通用户的未来需求,随着市场的发展,非领先用户对产品的理解和喜好将与领先用户相似。但如果后来的市场发展证明,只有领先用户喜欢该产品而普通用户并不喜欢,市场的可推广性就有了问题。

此外,领先用户方法有特定的适用条件和创新类型,通常不太适合于基于科学的创新或过程型创新,而较适合于基于人的操作经验的产品的创新,如医生作为领先用户对医疗器械的创新就很有效,前述 3M 公司的应用领域就属于这样的适用领域。

然而上述局限性并不影响领先用户方法对创新活动的意义,表现在:

第一,该方法的提出打破了创新源自制造商的传统认识,将用户纳入创新过程中,使用户的角色得到发展,不再限于事前被动使用、事后反馈的单调角色。

第二,为制造商联合其他职能开展创新工作提供了新的思路和方法,包括联合供应商、用户、批发商、保险商等等。研究表明,制造商和其他职能共同参与对新产品概念开发是非常有效的。

第三,推动了团队工作的开展,强调了职能协作和文化(语言)融合的重要性。领先用户方法的一个额外的成果是,研发和市场营销小组之间的合作水平有了显著提高。当创新性用户的产品和绩效要求被立即转换成工程师和营销人员都能理解的语言时,一个共享语言环境就被创造出来,使得进一步的协作更为容易。这种企业内外之间、不同职能之间的协作,为发展更为开放的组织方法提供了思路。

第四节 技术创新的风险源

风险是指实际发生结果的不确定性导致利益损失的可能性。技术创新的风险源自多个方面,包括外部环境、企业本身、项目本身的因素等。总的来看,风险可以分为技术风险、市场风险、管理风险以及企业外部环境风险等几大类。

一、技术风险

技术风险是指技术因素的不确定性导致创新失败的可能性。新技术在一开始总是不完善的,其适用性和发展前景也都存在未知,因此创新项目往往存在相当大的技术风险。

产生技术风险的因素包括很多方面,主要有:

(1) 新技术不成熟。技术不成熟导致新产品性能不稳定。

(2) 新技术与现行的技术系统之间不兼容。如果更新技术系统以适应新技术,创新企业将需要一笔高昂的费用支出;但如果不更新,新技术将无法在企业中实行,研发等前期费用将付诸东流。

(3) 新产品原型与工程化或规模生产之间存在差距。如原材料不可得或原材料成本过高,导致无法规模化生产或生产制造成本过高等等。这就需要对产品原型重新加以改进,否则无法进入下一环节,最终阻碍走向商业化。

(4) 可能被模仿、被替代。新技术寿命不确定,尤其对高技术产品而言,周期短、更新快,当更新的技术比预期提前出现时,该技术就可能提前被淘汰,造成预期外的损失。

一般来说,在技术推动型和需求拉动型两类创新中,后者面临的技术不确定性要大大高于前者,因而技术风险要高得多。

二、市场风险

市场风险是指由于市场需求不确定导致创新产品不被充分接受的可能性。任一新产品的市场成长和成熟,除了受自身规律的制约以外,还受市场上竞争者情况、互补品的价格与质量、消费者心理预期等其他多种因素的影响,使得新产品投放到市场后未必能被消费者充分认可,影响商业利润。例如:成本过高导致价格缺乏竞争力;缺乏有效的营销,市场开拓困难,等等。其中以下两种行为尤需注意避免。

(1) 强调自己的喜好而轻视消费者需求,或片面追求技术的高精尖,使得新产品不符合市场的需要,见案例 3-6。

案例 3-6

新型福特金牛车的失败[①]

福特金牛车曾经连续几年打败日本丰田以及本田的同级轿车,获得美国"最畅销的轿车"的殊荣。在美国的轿车里,只有金牛在与日本轿车的竞争中获得过如此业绩。

---

① 案例来源:融资通 www.rztong.com.cn。

年销售最多的时候,金牛在美国一年就卖出40万辆,当年为帮助福特走出困境做出了卓越贡献。可是,去年金牛只卖出不到15万辆,以至于不得不退出历史的舞台了。2006年10月27日,最后一辆福特金牛车下了装配线。

福特金牛何以遭遇滑铁卢?说起来,金牛走下坡路有多方面的因素,一些因素是外在的,比如近些年来美国人对SUV的热爱增温,但最根本的还是福特本身犯了一个重大的错误,那就是1996年福特对金牛做了革命性的重新设计。当时,金牛的重新设计在媒体上引起了巨大的反响,福特为新的金牛投入了几十亿美元的资金。福特汽车公司希望全新设计的金牛会顶住丰田和本田的挑战,继续保持最畅销轿车的地位,但市场给了福特完全事与愿违的结果。1997年,金牛将最畅销轿车的位置拱手让给了丰田的Camry,金牛的销售从此不断下滑。

归纳起来,福特金牛全新设计所带来的失败,主要有两个方面。

一方面,金牛的新设计完全否定了原来的金牛形象,金牛原本是比较方正的外形,新的设计是彻头彻尾的椭圆,整车的外形是椭圆的,仪表盘是椭圆的,设计的思想就是按照福特的椭圆商标。福特对金牛外形彻底改变其实表现出一种商业思想上的傲慢,即福特相信金牛有资本做出这样的改变。也许福特太过自信,认为即便如此改变,热爱金牛的美国用户仍然保持忠诚。这显然犯了大忌。一般来讲,彻底否定前身的设计是一种挽救失败的重生之计,令人不解的是,当时的金牛正在顶峰之上,福特却对金牛的原有形象做了彻底的否定。

另一方面,由于设计费用的投入以及在新设计上增加的功能,福特提高了新设计的金牛价格,与1995年的车相比,1996年的金牛售价涨了2 500美元。福特的用意是想通过新的设计,提高金牛的档次,但这恰恰是福特另一个大的败着,因为福特金牛能够战胜丰田、本田等同档次车的主要原因就是,金牛不仅车体宽敞,而且价格优惠。福特提高价格后,这个最大优势就没有了,自然争不过丰田的Camry,事实证明这是福特对市场的误判,即福特认为买主能接受金牛的涨价,但却得到相反的结果。

什么是福特金牛最主要的经验教训?企业在成功的时候,千万不要对市场表示出傲慢,以为可以随意左右市场,最终决定企业命运的不是企业自身,而是市场。

(2) 新产品推向市场的时机不当。进入市场过早或过晚都会导致失败。"先发劣势"的一个经典例子是VCD行业的"先驱"中国万燕公司,在世人对VCD还所知甚少的情况下,该公司于1994年推出世界第一台VCD,当它冲锋陷阵开辟出市场后已精力耗尽,只能拱手让位于后来的"爱多""新科"等国内品牌及一些日本和韩国产品。产品推向市场过晚而导致失败的例子则更为常见。所谓"机不可失,时不再来",错过了最佳时机,也就与成功失之交臂。

一般来说,在技术推动型和需求拉动型两类创新中,前者面临的市场风险要大大高于后者。

三、管理风险

管理风险是企业在技术创新过程中由于经营管理因素导致失败的可能性。经营管理因素纷繁复杂,有组织制度、组织结构、组织文化、财务等多个方面。

(1) 组织制度因素。组织制度有两个层面:一是由产权制度决定的股东会、董事会及经理层之间的利益分配和权力制衡关系,属于公司治理的范畴;二是由组织管理制度规定的绩效指标、奖罚标准等制度,属于公司管理的范畴。两者都对创新项目的成败有影响。产权结构的变动,管理人员的调整,尤其是高层管理人员如董事长、CEO 等重要人员的更换,都会对公司经营状况产生影响,如战略的持续性、股市反应等。

虽然组织中其他风险因素的发生作用可能与组织制度的变动并不直接相关,但后者往往会导致组织文化、财务等各个方面产生变动。

(2) 组织结构因素。技术创新过程涉及多个职能部门,组织协调工作对确保项目的成功就显得非常重要。通常,企业需要针对不同的创新项目,在适当时机建立适当的组织形式,如为特定的产品创新项目成立事业部、内企业、临时项目小组等形式,为特定的过程创新项目重组生产流程、调整组织结构等。有的企业会设立专职协调部门或专职协调人员,以减小部门间的冲突以及可能给技术创新活动带来的风险。

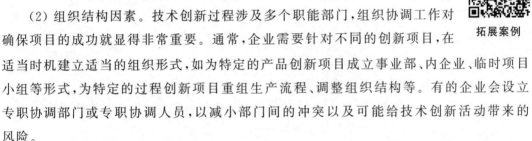

拓展案例

(3) 文化因素。一个企业的主导文化观念,主要是企业经营者的经营观和价值观,对技术创新项目的成败亦有很大影响。由于创新项目的成功率较低,其中根本性创新的成功率更低,很多企业经营者倾向于短期投资,不愿意开展突破性甚至一般的创新项目,这样虽然可以降低短期的研发风险,但却可能提高长期的风险。因为一旦其他可替代的行业出现突破性创新,现有行业可能迅速贬值。

(4) 资金因素。技术创新项目往往需要巨额的资金投入,一旦不能获得足够的资金支持,或者资金充足但到位不及时,都可能使创新项目失去先机。

四、外部环境风险

宏观政治、经济和社会环境发生一些预期外的变化,例如 2008 年的全球性金融危机,以及暴发于 2019 年末、后蔓延至全球的新冠肺炎疫情,都导致大量企业停工停产,势必妨碍诸多技术创新项目的正常开展。自然灾害或一些意外的发生很难预料,这种风险也很难规避,只能尽力做好管理防范。

此外,社会政治、法律政策的变化,如税收优惠、贷款条件等政策的消失,也会给高科技企业的技术创新活动带来风险。制度环境的变化有其强制性,企业一般也难以对抗,只能通过洞察提前规避,参见案例 3-7。

案例 3-7

百度 MP3 搜索技术①

2005 年 3 月 30 日,上海步升音乐文化传播有限公司(以下简称"步升公司")发现百度在其网站上向公众提供涉及胡彦斌、黑棒组合、许巍和花儿乐队演唱的共计 46 首歌曲的 MP3 下载服务,如《红颜》《漫步》《我是你的罗密欧》和《加减乘除》等。该公司认为百度未经许可通过互联网向公众传播上述曲目,已构成侵权行为,因此向北京市海淀区人民法院提起诉讼。

百度公司辩称:百度公司是一家中立的搜索引擎服务提供商,按照技术规则为网络用户提供全面有针对性的搜索结果,供用户查询和使用;百度公司没有提供涉案歌曲的下载服务,只是以链接形式为搜索用户提供动态的搜索服务;百度公司的搜索引擎服务系统依据技术规则对搜索结果自动生成链接列表,没有对任何被链接网站(页)进行非技术性的选择与控制;百度获利的方式是在页面的上方或右方设置广告,与是否链接被告歌曲无任何关系,由于互联网上的媒体文件极其丰富,以及百度公司支付的巨大成本,对于免费搜索服务,百度不可能(也没有义务)检查 8 亿中文互联网页上的所有公开信息,并精确地判断出它们是否侵权,因此百度公司的行为没有任何过错。

北京市海淀区人民法院经审理查明:用户在访问涉案"歌曲列表"网页时,可以用鼠标右键点击网页上的文字链接标识下载相关歌曲的 MP3 文件,在内容上与原告的上述 CD 中的歌曲已构成相同或实质上的相似,而且在下载过程中,网页上自动弹出下载框,注明相关的 MP3 文件来自"mp3.baidu.com",同时此网页右侧刊载有雀巢咖啡、摩托罗拉手机等商品的广告。判决指出:搜索引擎的服务范围限于搜集整理信息并向互联网用户提供查询服务,而不是利用搜集到的信息内容营利。而本案被告行为已超出了其所定义的"给出查询结果、提供相应的摘要信息"的搜索引擎的服务范围,其行为不是在介绍涉案歌曲的艺术价值并提供查询信息,而是直接利用 MP3 文件营利,在未能明确相关 MP3 文件的合法来源、未经原告许可的情况下,此行为阻碍了原告在国际互联网上传播其录音制品,应属侵权。

2005 年 9 月 16 日,一审判决被告停止提供涉嫌侵权歌曲的下载服务并赔偿原告的经济损失 6.8 万元。

在百度一审败诉后,包括环球、华纳在内的七家知名唱片有限公司,也以百度公司提供的 MP3 搜索下载服务侵犯其信息网络传播权为由,向北京市第一中级人民法院提起诉讼,索赔金额达 167 万元。

---

① 资料来源:作者根据步升诉百度案、环球诉百度案判决书(源于豆丁网)编写。

如果根据步升公司诉百度公司录音制作者权侵权纠纷案的判决结果,那么七大唱片公司很有可能胜诉,然而《信息网络传播权保护条例》的实施使事情的发展出现了转变。2006年7月1日,《信息网络传播权保护条例》实施,《条例》明确规定:"网络服务提供者提供搜索、链接服务的,如在接到权利人通知书后立即断开与侵权作品的链接,则不承担赔偿责任"。这被唱片业人士解读为搜索引擎提供了"避风港"。受该条例的影响,北京市第一中级人民法院认为,搜索引擎技术服务用于帮助互联网用户在浩如烟海的信息中迅速定位并显示其所需要的信息,并没有侵犯他人信息网络传播权的主观过错,并且原告未尽到通知搜索引擎服务提供商断开与其制品链接的义务,而且"从客观上讲,在搜索引擎技术发展的同时,保护信息网络传播权的技术措施亦得到了相应的发展和完善"。"法律在鼓励和保护技术发展的同时,亦要求权利人采取技术措施,以保护其信息网络传播权",权利人可以"告知网站禁止被搜索引擎收录的方法,如:网站可以通过创建 robots.txt 文件,声明该网站中不想被访问的部分,可以不被搜索引擎收录,或收录指定的内容"。因此,法院于 2006 年 11 月 17 日一审判决驳回七大唱片公司的诉讼请求。

开篇案例回顾

康泰克 PPA 事件显示了哪些风险源?

即练即测

思考讨论题

1. 为什么会愿意开展技术创新,存在哪些可能的动力来源激发技术创新?
2. 什么是技术推动说?
3. 需求拉动说的主要观点是什么?
4. 技术推动和需求拉动在技术创新中的作用分别是什么?
5. 什么是技术创新动力源的二元论?
6. 你如何看待政府行为在技术创新中的作用?
7. 企业家在推动技术创新发生过程中扮演了什么重要角色?
8. 技术创新动力源的五元论包括哪些动力源?在技术创新的激发过程中分别扮演什么角色?
9. 技术创新存在哪几类不同的信息源,分别有什么不同特点和作用?
10. 信息源发展目前呈现什么新的特征?
11. 什么是创新的职能源?谁最早提出了哪几种主要的职能源?
12. 什么是领先用户?相对普通用户有什么特征?

13. 如何识别领先用户？

14. 领先用户研究的步骤有哪些？

15. 领先用户方法有何缺陷和意义？

16. 本课程介绍了领先用户方法及其对创新的意义，请举例说明如何创造性地应用该方法来解决你工作或学习中遇到的某个问题。

17. 技术创新一般包括哪几类主要风险源？

第四章

研究与发展

学习目标与重点

了解研究与发展的概念及其对企业发展的意义,学习激发新设想的创造性思维和技法,掌握研究与发展的过程管理、组织管理、人员与团队管理等内容。

开篇案例

辉煌不再的贝尔实验室[①]

作为有史以来最牛的实验室,贝尔实验室的名字如雷贯耳。毕竟,敢说自己改变了人类命运(还不止一次)的实验室,并没有几个。但就是这么一个伟大的实验室,在进入21世纪之后就迅速销声匿迹了。现在几乎很难再听到这个名字,让人不禁怀疑,它是不是已经不存在了?

贝尔实验室到底经历了什么?它是如何辉煌起来,又是如何衰败的?让我们一起来回顾一下它的传奇故事。

一、贝尔实验室的诞生

贝尔实验室以贝尔命名,这个贝尔就是亚历山大·格拉汉姆·贝尔(Alexander Graham Bell),电话专利的获得者。1876年,贝尔呈交电话专利申请并获得批准,第二年便创办了贝尔电话公司。

1895年,贝尔公司将其正在开发的美国长途业务项目分割,建立了一家独立的公司,称为美国电话电报公司,也就是大名鼎鼎的AT&T(American Telephone & Telegraph)。随后的几年,AT&T的规模和实力反而超过了母公司。1899年,AT&T整合了美国贝尔的业务和资产,成为贝尔系统(Bell System)的母公司。1925年,AT&T时任总裁华特·基佛德(Walter Gifford)收购了西方电子公司的研究部门,成立一个叫做"贝尔电话实验室公司"的独立实体(AT&T和西方电子各拥有该公司的50%的股权),后改称贝尔实验室。

[①] 资料来源:作者根据小枣君"贝尔实验室是一个怎样的机构?"(https://www.zhihu.com/question/23181745,2018-07-19)改编。

二、贝尔实验室的辉煌

建立之初,贝尔实验室便致力于数学、物理学、材料科学、计算机编程、电信技术等各方面的研究。也就是说,除了电信技术的研发之外,它的重点在于基础理论研究。而正是基础理论的研究,开启了贝尔实验室的辉煌时代。两项信息时代的重要发明——晶体管和信息论是贝尔实验室在20世纪40年代研究出来的,太阳能电池、激光的理论和通信卫星则是其在50年代和60年代的重大发明。从成立之日起,贝尔实验室一共获得了30 000多项专利,平均每天一项,各种奖项更是拿到手软:

- 11位科学家获得诺贝尔奖;
- 16位获美国最高科学、技术奖——美国国家科学奖章和美国国家技术奖章,均由总统亲自颁奖;
- 4位获得了图灵奖(被称为"计算机界的诺贝尔奖");
- 还有更多科学家拿了其他国家的高等奖章,就连实验室都成为史上第一个机构获奖者(美国国家技术奖)。

总而言之,那个时代的贝尔实验室,代表了全球科技的最前沿,是先进技术和创新思维的源泉。

三、贝尔实验室的衰败

风光了70年之后,到了20世纪末,贝尔实验室的命运被彻底改变了。确切地说,是AT&T的命运被彻底改变,而贝尔实验室也只能随之发生改变。"盛极必衰"这个词,在AT&T和贝尔实验室身上得到了验证:从20世纪早期到1983年,AT&T一直是美国电信服务业的垄断企业。1984年,美国司法部依据《反托拉斯法》拆分AT&T,分拆出一个继承了母公司名称的新AT&T公司(专营长途电话业务)和七个本地电话公司,美国电信业从此进入了竞争时代。1995年,又从AT&T中分离出了从事设备开发制造的朗讯科技和NCR,只保留了通信服务业务。同时,贝尔实验室也被"剥离"出来,成为朗讯科技公司的组成部分。

之前贝尔实验室的主要经费来源,是AT&T公司电话费账单上的附加收费。被分拆之后,这笔经费就没有了,只能依靠朗讯来提供经费支持。但朗讯的情况并不容乐观,在激烈的市场竞争之下,朗讯疲于奔命,经营情况不断恶化,不得不缩减开支,裁减人员。拥有1万人的贝尔实验室,对朗讯来说是一个巨大的负担,以朗讯的利润,是无论如何也养不起的。十年间,朗讯的股票从高峰期的84美元跌至0.55美元一股,员工人数也从3万余人锐减为1.6万人,几欲到了崩溃的边缘。贝尔实验室也被迫以出售专利来平衡支出。

2006年年底,比朗讯大1.5倍的法国阿尔卡特电讯公司,越洋伸出橄榄枝,"合并"了朗讯。贝尔实验室,也随之归了合并后的"阿朗"(阿尔卡特朗讯)。实际上,在这之前,贝尔实验室已经进行了大规模裁员,整体实力大幅下降。而且,媒体还曝光了贝尔实验室研究员Jan Hendrik的论文造假,又令实验室声誉大受打击。

即便如此,厄运还是没有结束。阿尔卡特朗讯公司在市场经营方面仍然困难重重,在华为、中兴等竞争对手不断施加的压力下,阿尔卡特朗讯合并后从未实现盈利,市值蒸发了大半。迫于无奈,阿尔卡特朗讯不得不出售已经拥有46年历史的贝尔实验室大楼,由美国新泽西的Somerset房地产开发公司购得,将其改建为商场和住宅楼。

2008年金融危机后,贝尔实验室干脆彻底放弃了引以为傲的基础物理学研究,把有限的资源投向网络、高速电子、无线电、纳米技术、软件等领域,希望能为母公司带来回报。但是,这最终还是没能挽救"阿朗"。2016年,诺基亚完成对阿尔卡特朗讯的收购,贝尔实验室归诺基亚所有。

如今的贝尔实验室,基本上只是一个小研究机构,虽然也搞搞5G之类的新技术研发,但早已没有了往日的荣耀。

四、兴衰背后的思考

不到一百年的时间,贝尔实验室爬上了神坛,又跌到了谷底。往日辉煌已成过眼云烟,不禁令人唏嘘。它为什么会创造那么辉煌的成就,又为什么会衰败得如此之快?这是一个值得我们认真思考的问题。

也许你会说,还不就是因为"钱"嘛。以前有钱,就有成果,后来没钱,就歇菜。确实,对于一个研发机构来说,钱是一个很重要的因素。AT&T时期的贝尔实验室,基本上是不差钱的。在实验室成立之初,AT&T就占据美国电话领域90%的市场份额,给实验室的第一笔科研经费就达到1 200万美元,在当时简直就是天文数字。在垄断经营带来的雄厚财力支持下,贝尔实验室营造了非常宽松舒适的环境。而这样的自由环境,就是科研人员追逐梦想的天堂。其实,对于很多人才来说,锦衣玉食、荣华富贵并不是他们的人生目标,他们需要的是认同和尊重,以及能够实现个人价值的环境。对于研究人员来说,最大的乐趣莫过于按照自己的兴趣和专长来选择研究课题,并能够得到自由交流和探讨。而这些,在贝尔实验室都能得到最充分的满足。

容忍失败,鼓励尝试,是贝尔实验室创新能力的保证。那些科研人员,没有KPI,没有业绩考核,没有进度检查,没有任务汇报,没有各种束缚和监视。他们的每一层"领导",都是这个领域被认可的技术权威。上下级的关系,是非常平等的同事关系,而非隶属。上级也不会随意干预下级的研究项目。

当然,保持氛围离不开对人员流入的把关。贝尔实验室的人才选拔极为严格。贝尔实验室历届总裁都有博士学位,有几任总裁获得过诺贝尔物理学奖,在产业界、学术界具有很高的声望。贝尔实验室每年只招收极少的优秀人才,初级人员的重要素质包括对科学追求的理念和自我驱动的激情。资深专家的招聘根据其在科技领域的领导地位决定。在多方面因素的作用下,贝尔实验室才最终成为了研究型人才的乐园,研究成果的沃土。

思考讨论题

1. 贝尔实验室的没落有哪些原因?其从神坛跌到谷底的故事,给我们带来哪些启示?

2. 从贝尔实验室的案例看,研发的管理需要注意哪些问题?

研究与发展是许多创新产品的起点。如果没有华为、大疆等公司所设立的产品研究实验室的积极开发,信息与通信技术(ICT)、无人机等的进展可能就没有目前这样的神速。研究与发展对企业,特别是那些位于最尖端技术领域的公司来说,具有关键性的意义。

第一节 研究与发展概述

一、研究与发展的概念

1. 研究与发展的类型

研究与发展(research and development,R&D),又称"研究与开发"或"研究与试验性发展",也简称"研发",是为了创造新的科学知识而对事物或现象进行探索、并探寻其实际应用的创造性活动。

事实上,区分研究和开发经常是困难的,这也是"R&D"术语被如此频繁使用的原因。但研究和开发是可以作为不同的对象来考虑的。对研究与发展对象的分类,存在三分法、四分法(包括基础研究、应用基础研究、应用研究、试验性发展)、五分法(包括研究、开拓性开发、扩展性开发、工程开发、运行系统开发)等多种分类。我们这里采用国际上最通用的三分法,即包括基础研究、应用研究和试验性发展三个环节。

研究是为了获得某方面的新的科学知识,对事物现象进行大量的、反复的、系统的探索,来揭示出事物本质的创造性工作过程,分为基础研究与应用研究。基础研究(fundamental research 或 pure research),亦可称为纯理论研究,目的在于认识世界,为取得关于根本原理的新知识而进行的初步探索。这种研究没有特定的商业目的,不考虑具体的应用场景和应用方法,其研究成果一般是广泛的真理,普遍的原则、理论或定律。企业开展基础研究,往往有前瞻性考虑,是未来可能涉足的领域。

应用研究(applied research),是为了增加科技知识并为了某种特定实际目的而进行的研究活动,它运用基础研究所取得的科学知识,探寻有实用目的的新知识和可能的新技术途径,最终获得能够认识世界并改造世界的科学技术知识。在工业企业中一般与新产品、新工艺、新材料有关。可见,应用研究的成果比基础研究更专门化,影响也不如基础研究那样普遍和广泛。区分两者的标志是科研成果是否有应用目的性。

发展,或称开发,又称试验性发展,是运用基础研究和应用研究产生的新知识对基本思想、基本原理作进一步发展,以开发出一种新的物质形态(如新材料、新产品、新装置、新工艺或新系统),或对现有物质形态作重大改进的创造性活动。它包括原样制作与试验鉴定,但一般不包括批量试制。

2. 不同类型研发的评价标准和程序

前述三类研发活动,在目标、评价标准等方面都存在不同特征,见表 4-1。

表 4-1 不同类型研发的特征比较

研发类型	目标	投资标准（占所有研发%）	决策制定者	市场分析	风险	应用潜力	定位	外部联盟
基础研究	知识准备	一般管理费用开支(2%～10%)	研发部	无	小,为研究费用	普通、广泛潜力广阔	提高探求潜力	专业联系
应用研究	战略定位	"期权"评价(10%～25%)	CEO,研发部,分部	广泛	小,为研究费用	行业或专业领域,有一定潜力	提高探求潜力	研发合同,持股
开发	业务投资	"净现值"分析(70%～99%)	分部	专业	大,为所有投入的费用	一般为已明确的项目	降低现有价值	合资,多数控股

(1) 基础研究活动

以知识准备为目标的基础研究活动,是为了建立和发展一些专业领域的科学知识,以备未来可能产生的机会和威胁。公司的考虑是:"什么领域是公司目前没有掌握而将来可能需要掌握的?"因此,这是一种着眼于长远发展的战略考虑,需要稳定的投入,通常列入企业一般管理开支。

这类研究活动的决策,由研发人员(尤其是关注远期的公司高层),根据技术判断单独做出,而不需要市场分析。与外部的联系一般是专业导向的,如研究院所等,并可采取较为松散的联盟关系。

(2) 应用研究活动

这类活动包括应用研发和适当的认证,以减少技术的不确定性。对这类研发活动考虑类似于一种期权的思路:"开展该活动是否利于为今后创造一种可获利的投资的期权?"

是否开展这类研发活动的决策,主要由研发主管、CEO、部门经理做出。广泛的市场分析、多样化的评价方法利于获得科学的判断。同知识准备阶段一样,在关注目标上有较高的发散性,有长远的眼光,利于增加研究的潜力。该类研发活动投入比知识准备阶段要高,但仍然只限于研究费用。与外部的联系需要比知识准备阶段更紧密,例如,通过合同或持股。

(3) 试验性发展活动

这类研发活动与新产品新工艺的发展、生产和营销密切相关,直接关系到商业化的成败。该类活动的投入比前两类都高,决策要考虑的问题是:"该项目的潜在利润和费用怎样?"决策应由承担该项目的成本和利润的部门做出。由于成功与否直接受顾客群的影响,需要对特定目标市场作细致分析。

在这类研发活动中,长期定位和发散的考虑都会增加风险,降低当前项目的现值。与外部的合作,一般通过合资,且大多通过控股实现紧密联结。

二、研究与发展活动的过程和特点

1. 研究与发展的过程

研究与开发并不是单单研发部门的事情,正如贝尔实验室的研究人员所讲的那样:"创新是一种相互关联的过程,从研究到服务各部门都要参与。为了共同的目标……开展足够多的创新活动。"研究与发展的过程始于新设想的产生,经历了选题、方案准备、方案实施、控制和评价等阶段,到完成详细设计方案为止,涉及一系列环节和多个部门,每一环节都可能出现新问题,须反馈到前面阶段,做补充或修改,如图4-1所示。

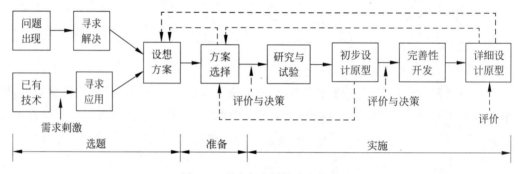

图 4-1 研究与发展的阶段过程

从研发的阶段过程可以看出,在多数环节都需要进行评价和决策,决定下一步工作走向,并进行相应的资源分配和进度控制,任一环节的管理出现失误,都会直接影响后续环节,可能造成极大浪费,甚至导致研发项目的最终失败。因此,研究与发展的管理,除了要关注结果,以成功研制出原型(或设计方案)为目标以外,还必须关注过程的管理,保障资源供给并合理配置,进行正确的评价和决策,减少风险,提高研发工作的效率。

2. 研究与发展活动的特点

研发活动是通过高强度的脑力劳动生产新知识的活动,是技术创新之"创新"性的根本源泉。

(1) 高强度的探索性与创造性。研究发展是探索未知、寻求新的技术路径的活动,其根本目的是要通过探索创造新的技术知识,而不是现有知识的转移。前述技术创新活动所具有的探索性与创造性、风险性与不确定性等特征,研发阶段同样都有,集中体现为技术层面,而且强度更高。

(2) 过程的不可控和不可预测性。回顾性追踪研究表明,研发活动往往不是从一开始就可以确定其能解决的问题和能满足的需求的,研发人员在研发过程中不但要考虑自己的问题,而且需要预测创新的最终接受者所面对的各种各样的问题。他们所在研发组织中其他成员的行为、竞争对手、政府政策制定者以及大量的其他因素,也都可能影响研发的成败或改变其进程。因此研发这一过程大多是在高度不确定的情况下由各方信息交流推动的,很多创新在一定程度上都属于意外收获。例如,鼠药华法林是世界上用得最多的灭鼠药,它的开发故事告诉我们,旨在解决某个问题的科学研究是如何意外且非常有效地解决另外一个风马牛不相及的问题的,见案例4-1。

案例 4-1

鼠药华法林的意外发现①

1934年,美国威斯康星大学的K.P.林克教授和他的助手们有一个研究项目,旨在找到导致牛大出血的甜苜蓿干草中的化学成分。那时,许多农民给牛喂食甜苜蓿,但用这些晒干的甜苜蓿喂牛时,牛有时会生病,如果不及时治疗,还会死于内出血。农民们称这种神秘的病为甜苜蓿病。

林克教授从变质的甜苜蓿中分解出了导致大出血的成分,即双香豆素。如果可以把这种物质作为一种潜在的口服抗凝血药物,那该有多好?要知道,在那个时期里医生们不得不使用肝素来抗凝,但肝素不仅品质控制成问题而且必须静脉注射给药,对于需要长期接受抗凝治疗的患者而言,肝素过于麻烦。在这样一个前提下,双香豆素的出现有着划时代的意义。可惜的是,当时医生们觉得这种物质应用到人身上可能会产生巨大的毒性,而且谁都不愿意冒险成为第一个临床试用者。灰心的林克转念一想,那何不就干脆把它研制成老鼠药呢?于是他向威斯康星大学的"共同基金"——威斯康星校友研究基金会(WARF)申请资金,以继续他的香豆素鼠药研究。为了让鼠药的药效更大,林克对双香豆素进行了结构改造,并于1948年得到了一种更强效的抗凝物质。根据威斯康星校友基金会的缩写WARF,他把它命名为华法林(Warfarin)。这种毒药获准用于商业生产,特许专利权税返还给WARF。

华法林鼠药对老鼠是致命的,因为华法林是利用引发内出血来杀死老鼠的。这些中毒的啮齿类动物会出来找水喝,这样它们通常不会死在洞穴里,农民和房主就能很容易地观察到华法林灭鼠的效果,从而提高了此项创新的可观察性。偶然服用了华法林的猫、狗或人没有危险。

至今华法林都一直被作为最畅销的老鼠药在使用,年销售高达350万吨,农民则使用了大约其中的一半。每年的华法林总零售额达五千万到一亿美元,因使用华法林灭鼠避免的谷物损失和财产损失,更是这个数字的几倍。来自华法林鼠药的专利权收入还资助了许多教授和博士生的特殊研究项目。

华法林命运的转折点,来自一次偶然事件。1951年,一位失意的美国大兵企图自杀,他听闻华法林牌老鼠药灭鼠效果很好,而且便宜,他决定一试,于是就按照老鼠药的食用剂量开始吃了起来。不过,不知道是幸运还是不幸运,连续加倍剂量吃了几天

---

① 资料来源:作者根据罗杰斯《创新的扩散》以及结合网络资料(解螺旋"抗凝药最初竟是老鼠药?华法林你不知道的故事(https://www.sohu.com/a/155275084_170798)")整理而成。

后,美国大兵依然没有等到死神的降临,只是身体有出血现象而已。

也许是后来想通了,大兵觉得天不亡我,于是决定去医院进行救治。在经过维生素K的治疗后,他居然完全恢复了。这个意外发现使临床医生开始思考:也许可以把华法林作为抗凝剂,进行临床治疗,毕竟,临床上也确实有很多患者需要抗凝血物质来预防血栓形成的。可是当时华法林作为老鼠药家喻户晓,哪一个病人敢吃老鼠药治病呢?

1955年,华法林进入了命运的第二个转折点。美国总统艾森豪威尔冠心病发作,在当时无药可用的情况下,特批试用华法林。试用后一直到1969年3月28日,艾森豪威尔在华盛顿病逝,终年79岁。

美国总统都敢使用,那还有谁不敢用呢?随着历史的推进,人们也就逐渐忘却了华法林作为老鼠药的身份。而华法林也终于作为口服抗凝剂被广泛地应用起来了。

林克教授通过调查"甜苜蓿病"开始他的研究,发现了抗凝血剂但当时未能得到应用,只好开发成鼠药,因着鼠药的成功意外助推抗凝剂得到广泛应用。这一研发过程是不确定和不可预测的,意外和偶然扮演了重要角色。

(3) 个体性、集体性与社会性的统一。作为一项创造性活动,个人的灵感火花和聪明才智在研究与开发过程扮演了重要角色;但作为一项探索和创造性工作,需要多学科的知识背景,必须通过团队合作、依靠集体力量才可能产生有影响力的成果;加上其较高的风险性,对整个社会的技术基础、人才、资金等资源条件都显示出来越来越强的依赖。

针对研究与发展的特点,对研究与发展活动进行有效管理非常重要:研发活动的不确定性和不可预测性,要求企业创造支持条件,不仅包括投入方面,还包括对失败的容忍;研发活动的个体性、集体性与社会性对管理提出了很高要求,既要尊重个人的自由,灵活安排组织管理制度,又要在必要时适度干预,发挥协调和组织的功能。

三、研究与发展的作用和意义

(一) 研究与发展是企业生存和持续发展的基础

企业要在竞争中生存和持续发展,能够获得持续的经济利润是基本前提,而持续的经济利润,对高技术企业而言,又是以技术领先和产品或服务有竞争力为前提和基础的。华为公司正是为了维持其在行业的领先地位,而高度重视对基础研究的投入,见案例4-2。

案例 4-2

华为为什么要做基础研究?[1]

任正非在一次采访中说道:"大家今天讲5G标准对人类社会有多么厉害,怎么会

---

[1] 资料来源:根据网络资料收集整理。

想到,5G 标准是源于十多年前土耳其 Arikan 教授的一篇数学论文? Arikan 教授发表这篇论文两个月后,被我们发现了,我们就开始以这个论文为中心研究各种专利,一步一步研究解体,共投入了数千人。十年时间,我们就把土耳其教授数学论文变成技术和标准。我们的 5G 基本专利数量占世界 27% 左右,排第一位。土耳其教授不是华为在编员工,但是我们拿钱支持他的实验室,他可以去招更多的博士生,我们给博士生提供帮助。我们在日本支持一位大学教授,他的四个博士生全到我们公司来上班,上班地点就在他的办公室,而且他又可以再招四个博士生,等于有八个博士帮他做研究,所有论文等一切都归属他,不归属我们。如果我们要用他的东西,需要商业交易,这就是美国的'拜杜法案'原则,我们就是通过这样的'喇叭口',延伸出更多的科学家。"

2014 年,任正非在与消费者 BG 管理团队午餐会上指出:"投入未来的科学研究,构建未来十年、二十年的理论基础,公司要从工程师创新走向科学家与工程师一同创新。"

2016 年,在白俄罗斯科学院会谈时,任正非解释了华为做科学研究的原因:"华为公司实际上还是一个工程技术公司,不是一个科学基础研究的公司,为什么我们要进入基础科学研究? 因为电子技术和信息技术的发展速度实在是太快了,我们等不及科学家研究完成果、发表完论文,根据论文理解去做工程实验,最后才指导工程,这个时间太漫长了;在科学家基础研究过程中,我们不得不在科学家提出问题时,就开始研究用工程的方法去解决,这样我们就能更快地响应社会发展的速度,我们才能生存下来。"

华为已进入无人区,为了保持领先,不仅要做基础研究,也要做理论创新。"如果我们在理论创新上不突破,就不可能有科研发明的源头,我们是不可能成功的。"任正非在接受新华社采访时回答说,"理论创新才能产生大产业,技术理论创新也能前进。一条基础理论,变成大产业要经历几十年的工夫,我们要有战略耐性。"

(二) 研究与发展是培养自主创新能力的根本途径

培养和提高自主创新能力有两种基本途径,一是通过内部研究与发展,二是通过引进、消化、吸收外部的先进技术来培养和提高(许庆瑞等,1997),如图 4-2 所示。

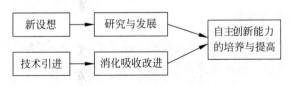

图 4-2 培养自主创新能力的两种途径

研究表明,内部研发活动对企业动态创新能力的培养起着决定性的作用(Helfat,1997; Marsh and Stock,2003)。企业的自主创新能力不仅取决于该企业拥有的机器设备的先进程度,更取决于它拥有的技术人才及其掌握的专业知识、技术诀窍、经验、方法等。而 R&D

部门集中了许多高水平的专家和技术人员,从事与企业产品和技术未来发展相关的研究工作,在知识——尤其是关键技能和隐性知识的吸收、转化、共享、创新中具有核心功能和地位,在很大程度上决定了自主创新能力的形成。研究发展活动不仅是对科学知识进行整合与再创造的过程,更是一个积累知识、培养自主创新能力的过程。

而即便是通过第二条路径,也必须通过研究与发展的实践活动和技术学习经验才能提高消化吸收知识的效率,并通过进一步的改进和创新活动培养自主创新能力。改革开放初期我国采取的"引进、消化、吸收"战略未能显著提高自主创新能力,一个重要原因就是我国企业在引进先进技术过程中缺乏相应的研究开发和技术学习活动,以致不能有效地加以消化、吸收知识,并形成自己的创新能力。

第二节 新设想的产生:创造性思维与技法

研究与发展活动始于一个新的设想。一个好的新设想,对研究发展活动的成功具有决定性意义。

新设想来源于创造性思维,创造性和创造力是研发和创新活动的源泉。为了更好地开展和推动研发工作,需要开发创造性思维,并应用恰当的创造性技巧和方法。

一、创造性思维的过程和特点

(一)创造性思维的过程

创造性思维过程一般包括观察和准备、酝酿和新设想产生、洞悉和证实三个阶段。

1. 观察和准备阶段

这个阶段主要是观察需求,发现问题与困难所在,并收集有用材料进行初步分析,提出初步假设。该阶段要求熟悉所要研究的问题和目标,准确定义问题,而不能急于发展思想和解决问题,因为所有的尝试都可能会遭到挫折。

2. 酝酿和新设想产生阶段

该阶段的主要任务是,对所提出的问题进一步发展,将各个分散的设想综合起来,最终产生具有创新性的新思想。因此要求思路不拘一格、灵活开阔。

3. 洞悉和证实阶段

洞悉阶段是人们进入把握事物本质,得到所求解问题的完整答案的阶段。但这个答案是否完全符合客观需要,还有待实证阶段来评价和证明。实证阶段要对个人创造成果是否具有新颖性和有用性进行检验。

以上创造性思维过程的阶段模式只是一般规律,现实中并非所有的研发活动都按这几个阶段线性顺序发生,甚至有时有些阶段并不发生或其顺序发生了变化,如前述鼠药华法林的研发过程。

(二)创造性思维的特点

1. 新颖性

新颖性是创造性思维最本质的特征之一。创造性工作是通过探索未知、创造新知识的过程,必然具有新颖性。尽管要以已有知识为基础,但不能囿于已有的思维逻辑,否则难以产生创造性成果。

2. 敏锐性

思维的敏锐性对创造性工作的早期阶段有特别重要的作用。敏锐意味着善于观察和捕捉新的现象,能够敏感地觉察到潜在的差异及其意义,从而有助于发现问题,提出好的研发设想。例如,青霉素是英国细菌学家弗莱明(A. Flemin)在研究葡萄球菌的变种时发现的。一天他偶然发现,在培养皿边沿生长了一种奇特的霉菌,这堆霉菌的周围不仅不能生长葡萄球菌,而且离它较远的葡萄球菌也被它所溶解。弗莱明敏感地意识到这堆霉菌里可能含有某种东西能抑制细菌的生长,并经过研究,分离出了青霉素。事实上,早在这之前,日本的科学家古在由直在实验室中也同样观察到了葡萄球菌被污染的霉菌所吞噬的现象,却没有意识到这是一种新的抗生素在起作用。

3. 发散性

提出问题后,能否产生创造性的解决思路和方案,需要运用发散性思维。通过创造性联想,实现思维的跳跃,能成功突破旧有思维框架的束缚,获得新的解决思路。这方面,阿基米德测量皇冠体积是一个典型例子。通过将"皇冠"和"水"这两种毫不相干的东西联系起来,解决了当时几乎无法解决的难题——鉴定皇冠的成分。

4. 艰苦性

创造性思维是对未知领域的探索,需要长时间的思考和艰苦工作,而且由于不确定性,需要反复检验和试错。轻轻松松就能得到的结果,往往不具备高的创造性。例如,微量元素铀,是居里夫妇数年如一日、在极其艰苦简陋的条件从数吨铀矿渣中提炼出来的。

二、创造性技法[①]

为了推动创造性工作的开展,除了培养和充分发挥人们的创造性思维以外,还必须运用一定的技巧和方法,即创造技巧和方法,简称创造技法。

---

① 本部分参考了许庆瑞.技术创新管理[M].杭州:浙江大学出版社,1990.的有关内容。

创造性技法分为两种形式。一种是以理智和概念为基础的形式逻辑,一种是以想象和直觉为基础的审美逻辑,两者应用于创造性分析,分别为分析技法和非分析技法。

(一) 分析技法

分析技法应用逻辑思维的方法激发创造力,通过系统的研究,发现新的途径、方法或新的组合来解决问题。由于世界的可知性和规律性,对那些看来是随机的事件,可找到基本的内在关系,并通过引申找出规律。如门捷列夫(Mendeleyev)便是应用了元素性质与原子量之间的关系发现了周期表。此外,管理科学中也通过系统方法来发展框架,如决策树、建模等的应用。

分析技法包括特性列举法、缺点/希望点列举法、排列组合法、类比发明法、情报分析法、检核表法、需求研究法、监视法、分析比较法等。下面介绍部分方法。

1. 特性列举法

特性列举法用于具体事物的创造发明和革新,其主要手段是对发明对象的特性进行分解,一一列出,据此探讨能否改革,怎样实现改革。

当研究问题设计太大时,很难着手开展,因为涉及的面太广,如革新一部汽车。但如将汽车分成各个部分,对汽缸、轮胎、发动机等逐一分析,就比较容易针对性地开展革新。应用特性列举法的程序如下。

第一步,选择一个目标比较明确的课题。课题宜小,如果是大课题则可以分解开来进行。课题选定后再列举出研究对象的特性。以某笔厂打算对自来水笔进行革新为例。一般说来,事物的特性主要是三类。

(1) 名词特性。采用名词来表征特性,如发明或革新对象的全体、部分、材料、制造方法等。例如,自来水笔的名词特性,全体为"自来水笔";部分有"笔尖""笔圈""吸墨水管""押簧""笔套""杆身",制造方法有"焊接法""冲压法"等。

(2) 形容词特性。表征研究对象的性质、状态等特性。例如,自来水笔的性质有"轻""重"状态有"美观""清洁"等。

(3) 动词特性。表征研究对象具有的功能特性。例如,自来水笔的功能有"写字""画画"等。

第二步,对各个特性进行提问,诱发出多种革新的创造性设想(这时也可采用头脑风暴法,参见下文"非分析技法"),再通过检核、评价,挑选出效益好的可行设想。

对特性的分析越详细,越利于从各个角度提出问题,获得更多启示。

2. 缺点/希望点列举法

缺点列举法与特性列举法相似,但是针对革新或发明对象的缺点进行的。通过列举存在的缺点,决定课题。例如,针对篮球运动员奔跑打滑的问题,受到鱿鱼脚上的吸盘启发,依其原理做成了不会打滑的篮球鞋。

希望点列举法是根据列举者的意愿提出各种各样的新设想。如可将各人提出的希望公布,选出可行的若干项目开展研究。

缺点列举法与希望点列举法的不同之处是,前者的改进设想是围绕原型提出的,而后者不受原型的限制,更为积极主动。

3. 排列组合法(也称形态学分析法)

该法适用于某一组织范围或区域,包括确定一个问题的主要功能和参数,以及用来实现这些功能或参数的各种方法,然后对各种方法进行组合,每种组合即代表一种可能的方案。其步骤如下:

(1) 确定问题;

(2) 列举主要参数内容,确定可行性;

(3) 建立形态矩阵;

(4) 对各参数内容进行组合,寻求解决问题的方案;

(5) 对各方案进行评价和选择。

4. 类比发明法

类比方法有很多种,例如以下几种。

(1) 因果类比。要点是根据两个事物的各属性之间可能存在同一种因果关系,从而根据某一个事物的因果关系,推出另一事物的因果关系。例如,合成树脂中加入发泡剂以后,会出现无数微小孔洞,可以达到节省材料、减轻重量、增强隔音隔热的效果。日本人根据此因果关系,联想到在水泥中加入一种发泡剂,发明出气泡混凝土,使水泥变轻,且有隔热隔音性能。

(2) 对称类比法。即根据事物之间的对称性来发明创造新东西。如英国物理学家狄拉克(Dirac)在自由电子运动方程中得出正负对称的两个能量解,一个能量对应于电子,根据电荷有正负的对称性,狄拉克提出存在正电子的观点,并于四年后被安德逊(Anderson)的实验所证实。

(3) 象征类比法,即用具体事物来表示某种抽象概念或思想感情。

(4) 直接类比法,即直接从自然界中或熟悉的某些事物中寻找与问题类似的东西。

(5) 拟人类比法,即将自己或自己的某一部分器官设想成要解决问题的某一要素,并想象其在给定条件下会如何反应等。

类比法的缺点是,通过类比提出的设想,成功的可靠性不高,有时甚至会把人引入歧途。但这并不影响其在创造发明活动中的广泛应用。

5. 检核表法

检核表法是根据要解决的问题或需要发明创造的对象,列出有关的问题,然后一个一个地核对讨论,从中获得解决方法和创造发明设想。

创造学家们各有自己的检核表法,以下列举一种最著名的奥斯本检核表法。该法从下列 9 个方面来检核：

（1）现有发明有无其他用途，或稍加改进即可扩大的用途。

（2）现有发明能否引入其他创造性设想或发明创造，发明出新的东西。如泌尿科引入微爆破技术消除肾结石。

（3）现有发明可否改变形状、制造方法、颜色、声音、味道等。如 1898 年，亨利·丁根将滚柱型轴承改成滚珠型轴承。

（4）现有发明能否扩大使用范围、延长使用寿命等。如在玻璃中加入某种材料，制成防霉、防碎、防弹的玻璃。

（5）现有发明能否缩小体积、减轻重量等。如手机体积和重量变小。

（6）现有发明有无代用品。如用其他有色金属代替黄金饰品。

（7）现有发明能否更换型号或顺序。如品种杂交产生新的优良品种。

（8）现有发明能否逆转使用。如向空中发射的火箭改为地下发射，发明探地火箭。

（9）现有几种发明可否进行组合。如美国物理学家科马克和英国电子学家亨斯菲尔德将 X 射线与电子计算机结合，为医学发展做出巨大贡献，为此获得 1979 年诺贝尔医学奖。

可见，检核表法有助于突破旧的思维模式，帮助正确有效地把握创造发明的目标与方向。而且因为能大量地开发创造性设想，且适用于任何类型与场所，故有"创造技法之母"之称。

（二）非分析技法

分析技法通过科学训练可以被掌握，管理者们也习惯于用数量技术和正规计划程序来分析解决问题。但这类方法有时显得过于死板，而且某些情况下仅靠这类方法并不能成功地解决问题。这时就需要发挥想象力的作用。

非分析技法就是按非正统的思想方法，激发人们的想象力，使人们的思想脱离逻辑思维的框架。常用的方法包括头脑风暴法、强行结合法、仿生学法、语义直觉法、联想发明法、模仿创造法等。

1. 头脑风暴法（又称智力激励法）

该法由奥斯本（Alex Osborn）于 1941 年提出，曾成功地应用于美国一些大公司。它是一种通过小组会互相启发、互相激励来解决问题的非结构化方法，尤其适用于新产品、消费品等的发明创造。

头脑风暴法的一般规则和做法是：(1)每人提自己的建议，对别人的想法和建议不做评论；(2)提倡自由奔放的思考，鼓励大胆设想和独创，记录每一个构想并置于醒目的地方；(3)尽可能多地提出方案，不允许私下交谈；(4)鼓励在改善和综合别人意见的基础上提出自己的见解。

2．强行结合法（又称综摄法）

该法由麻省理工学院教授戈登发明、其同伴普林斯发展而成。与头脑风暴法相比，强行结合法是一种较为结构化的方法，主要思路是通过把在逻辑上看来完全无关的东西联系在一起，来发现事物间的未知联系。

戈登的强行结合法一般分两步：一是把问题分解为若干小问题，再找出解决小问题的办法；二是暂时离开问题，从陌生的角度去思考，得到启发后再回到原问题上来，通过强制联想结合得到解决原问题的方法。

所谓"从陌生的角度去思考"，即在强行结合法中运用两条原则：一是异质同化原则，即借用现有知识来分析研究不熟悉的东西，启发出新的设想来。如利用现有的使物体分离的技术知识，发明脱粒机（将稻谷和稻草分开）。二是同质异化原则，即运用新的知识或从新的角度来观察、分析和处理现有发明，启发出新的创造性设想。如将热水瓶改小成茶杯状大小，就成了保温杯。

3．仿生学方法

这是一种模仿生命系统的形状、结构、功能、机理、能源、信息系统等来解决非生命系统的技术问题的方法。最经典的例子是飞机的发明，1903年莱特兄弟在观察了鸟的飞行后，制造了后边可折起的机翼，这就是现代飞机机翼的雏形。

4．语义直觉法

语义直觉法是德国学者施利克祖佩提出的，基本的出发点是，将表面上不相关的概念或词汇联系起来，产生一个名称，再寻求解决的可能性和细节。例如，要发明一种新型厨房洁具，可采取如下步骤：(1)首先可列举诸如锅、勺、叉、碗柜等名词，再列出搅动、冲洗等动词；(2)在这两类词中找出几种可能的组合，如搅动—锅，冲洗—碗柜等；(3)对上述组合设想具体方案，如在锅盖下安装一根由弹簧马达驱动的搅棒，可对锅内的东西自动翻炒；在碗柜的架子上安装洗碗机等。

上述创造技法及其应用可归纳为表4-2。

表4-2　创造技法及其应用领域

应用领域	可使用的方法
新产品、新服务	综摄法、头脑风暴法、排列组合法
老产品改进	价值工程[①]、特性列举法、头脑风暴法、综摄法
降低产品成本	价值工程、头脑风暴法
广告推销活动	头脑风暴法
用新的方法和新的思想去解决老问题	仿生学法、综摄法、头脑风暴法

---

① 价值工程方法的具体介绍，可参见一些技术经济学或工程经济学的教材。

第三节 研究与发展的过程管理

一、研究与发展的基本过程

(一)研发项目的选题

如图 4-1 所示,研发项目的选题,最初设想来自两种途径:一是问题导向,针对企业在实际经营过程中出现的问题,产生解决问题、寻求解决方案的需要,即需求拉动;二是应用导向,技术开发人员受某种需求刺激、在对已有技术寻求应用的基础上产生新的设想,提出方案建议,即技术推动。

不管哪种导向,都必须遵循两个原则,一是必要性原则,二是可行性原则。必要性原则是指要根据市场的需要以及生产中的薄弱环节,结合国内外科技发展动态和趋势选择课题。可行性原则是指必须考虑现有技术力量(人力、技术水平和实验装置)、物质、资金、场地及经济效益预测等综合效果选择课题。因此,有必要在立项之前做好充分的调研工作,包括市场可行性、技术可行性、经济及成本可行性、知识产权等内容,开展可行性研究。研发项目的选题尤其要注意市场可行性,要充分考虑将来市场和客户的认同程度,而不是一味追求技术性能的完美。调研工作可以由各部门分担,也可以外包给专业的调查公司。

在调研基础上形成的选题,还必须经过充分论证,才能被列为正式研究课题。在论证过程中,研发部门必须准备好研究计划书。研究计划书内容一般包括如下方面。

(1)课题来源;
(2)研究目的和意义;
(3)国内外同行的水平和发展趋势;
(4)技术关键和主要技术经济指标;
(5)研究内容、途径及技术工艺路线;
(6)起止年限和计划进度;
(7)所需要的主要工作条件(设备、仪器、场地和原材料等);
(8)需要追加的条件;
(9)经费预算和效果预测;
(10)承担单位和主要协作单位及分工。

(二)研发项目的准备

这个阶段的任务是完成研究和研制的前期准备。主要环节包括组织力量,组建研究小组,确定研究方案,进行试验设计和完成试验准备等。准备工作是否充分、细致,将对全局产生重要影响。

(1) 组建研究小组。这是开展研发工作的组织保证，包括三个要点：一是要求人员结构合理，即骨干人员与辅助人员，在不同的技术等级、不同的工种和专业等方面比例适度；二是要选好研究小组的负责人，要求既懂得把握技术方向，又能够协调好研究过程的各种关系；三是要保持研究小组成员的相对稳定，使研究工作保持较强的连续性。

(2) 确定研究方案。合理的研究方案是保证研究工作成功的关键。研究小组成员要根据调研情况和现有条件提出若干研究方案，由主管部门组织有关专业技术人员论证比较，在审查方案的可行性、先进性及经济合理性的基础上，经过筛选、补充、完善，确定一种较好的研究方案。

(3) 试验设计。研究小组成员根据确定的研究方案，设计具体的研究途径、内容及方法，如需采用的试验装备和原材料、试验数据，应控制的试验条件，应测试的技术指标，使用的测试方法及仪器、施工方法等。

(4) 试验准备。根据研制方案及试验设计，进行各项具体的试验准备工作，如落实协作单位、资金、试验设备、仪器、试验场地、动力、原材料、技术安全措施及试验记录表等；并对研究过程制定进度计划，确保研究工作有步骤、按计划完成。

（三）研发项目的实施

研发项目的实施可以分为以下几个主要环节。

(1) 小型试验研究。通过试验、测试、并记录试验数据，以取得试验结果，获得反映客观事实的材料。

(2) 性能试验。对产品的物化性能进行系统测定，记录测试数据，严格掌握测试方法，力求测试数据和计算方法的可靠和完整。

(3) 阶段成果。正确分析和处理试验数据，是摸索试验规律、得出正确试验结论的保证。当研究工作告一段落时，研究小组成员要及时总结本阶段的工作，检查试验方法，查看试验记录，处理试验数据，分析整理试验结果，观察样品，总结试验规律，得出阶段成果，并根据实际情况，决定是否需要调整试验进度或改进试验工作。

(4) 中间试验。中间试验是研究成果从实验室阶段转到工厂生产所必经的中间扩大阶段，是考核阶段成果(产品配方及工艺)是否可行的重要环节。经过小型试验成功的产品，为考核其性能和经济指标，必须在中间试验线或生产线上进行一段中间试验，参照小型试验来调整配方及工艺参数，考核产品质量、产量、原材料、动力消耗及劳动力配备等，取得主要技术经济指标，为生产提出较成熟的工艺方法，从而保证研究成果能在生产中迅速见效。

(5) 用户试用。研究人员将已达到预定指标、性能基本稳定的新产品送有关用户试用，并建立完整的试用情况记录，以进一步考核产品的性能及使用效果。

(6) 改进性能试验。根据产品性能及试用情况，进一步进行补充试验，调整产品配方或有关的工艺参数，改进产品性能。

（7）重复试验。经改进性能试验确定的配方及工艺,可确定产品更新换代工艺规程草案及质量标准草案,根据工艺规程组织试产,按照质量标准检验产品质量。通过重复试验、批量试产,进一步考核各项技术经济指标,为大规模的投产准备必要的工艺参数。

（四）产品开发的模块化设计方法

模块化设计(modular design)方法在产品开发阶段的应用,可以有效提高研发活动的效率,缓解企业大批量定制生产模式与多样化市场需求之间的矛盾。

1. 模块的特征及设计原则

模块就是具有独立功能的标准部件。模块化产品设计是运用系统工程的原理,对不同功能或相同功能却不同性能、不同规格的产品进行功能分析,并在此基础上,划分并设计出一系列功能模块,通过模块的选择和组合构成不同的系列产品,以满足市场不同需求的方法。模块化设计与产品标准化设计、系列化设计密切相关,即所谓的"三化"。

模块作为模块化设计和制造的功能单元和标准化部件,具有三大特征:

（1）相对独立性,可以对模块单独进行设计、制造、调试、修改和存储,便于不同的专业化企业分别进行生产;

（2）互换性,模块接口部位的结构、尺寸和参数标准化,便于模块间的互换,从而使模块满足更大数量的不同产品的需要;

（3）通用性,有利于实现横系列、纵系列产品间的模块的通用,实现跨系列产品间的模块的通用。

模块化设计的原则一般包括:（1）力求以少量的模块组成尽可能多的产品,并在满足要求的基础上使产品精度高、性能稳定、结构简单、成本低廉,模块间的联系尽可能简单。(2)模块的系列化,其目的在于用有限的产品品种和规格来最大限度又经济合理地满足用户的要求。

2. 模块化方法的应用

自20世纪50年代欧美一些国家正式提出"模块化设计"概念以来,模块化设计的思想迅速渗透到很多领域。客户个性化需求的增加和产品生命周期的不断缩减,迫使企业寻求产品的多样化与迭代更新,这势必对新产品开发与生产环节的成本控制、技术复杂性克服、制造期压缩以及产品创新性提升等提出更高要求,为此越来越多的企业采用了技术、产品或制造流程的模块化战略来应对这些压力,计算机、汽车制造、软件开发、电子设备制造、航空航天、金融服务与家用设备制造等行业尤其被广泛运用。

研究表明,产品模块化有利于提升新产品开发速度、降低开发成本、提升产品定制水平;产品技术模块化能够通过技术模块间的混合与匹配(mix-and-match),对技术及市场层面的动态需求变化做出有效回应;产品制造流程模块化利于缩减新产品制造、装配时间,降低生产成本,提升定制化产品潜在利润率,见案例4-3。

案例 4-3

吉利汽车[①]

近年来,为了迎合大众消费者的口味,提升细分市场份额,并能够利用速度占领市场,吉利公司每年都推出十多款新车型投放市场,覆盖轿车、SUV、MPV和新能源领域,平均每个月至少有一款新车上市。新车高频率上市的背后,很多人却不知道吉利公司每个车型都需要40个月的开发周期,所以现在可以看到的所有型号其实筹备于四年前。

吉利在2013年调整了研发体系,从传统的矩阵式转变为参考沃尔沃VPDS研究流程设计的大型项目团队NPDS研发模式。在这一模式的推动下,吉利先后建立了RMA、BMA、NL、CV等项目团队和其他大型研究项目团队,每个团队都负责开发不同的平台模型,并负责升级。公司通过应用现代化的计算机辅助设计和控制系统,一方面注重提高车型平台扩展变型能力,以便为市场提供更丰富的车型配置;另一方面,也强调提高车型平台间的通用化程度,以降低新车型研发和制造成本,缩短产品开发周期。

第四节 研究与发展的组织

一、社会的研发组织模式及其演变

自文艺复兴和工业革命以来,社会对研发活动的组织可以归结为培根模式和斯密模式两个大类。培根模式是指著名思想家培根在其1605年的著作《论学术的进步》中提出的以国家为主导投资研发,首先进行近乎纯理论的学术性研究,再以此为基础开展应用性研究的模式。相应地,社会的研发主体主要是大学和国立科研机构。为此,英国创立了皇家学会(1622年),法国设立了科学院(1666年),奠定了现代以国家为主导实施研究开发的体制。拉瓦锡、牛顿、居维叶、爱因斯坦等人和他们的成就均是培根模式的产物;中国两大科学院和国家自然科学基金、社会科学基金的资助也是培根模式的典例。

而之后的1776年,亚当·斯密在《国富论》中指出,为了获得更为丰厚的利润,私人或私有部门会自发投资从事研发活动。私有部门虽然也会从事一些基础研究,但其核心一般放在应用性研究和技术开发上。斯密模式的早期例子包括1760年的瓦特蒸汽机、1764年的珍妮纺纱机等。企业内部的研究实验室,也叫工业实验室,最先起源于19世纪70年代德国的化学工业,19世纪末美国一些化学和电力设备工业企业也设立了类似的研发组织,承担了全国绝大部分技术开发任务,其中托马斯·爱迪生于1876年设立的门罗公园实验室成为美国企业研发的开端。之后有一些科学家和发明家,在电气、电话、石油、化学等行业建立

[①] 资料来源:根据网络资料整理编写。

了大批工业实验室,成为工业公司研究机构的基础。比较著名的包括伊斯曼柯达摄影公司实验室(1893年)、B.F.古德里奇橡胶实验室(1895)、宾夕法尼亚铁路公司实验室(1895年)、通用电气公司研究实验室(1901年)等[①]。到第二次世界大战前,杜邦化学公司、西屋公司、美孚石油公司等也都建立了类似的实验室,美国工业实验室的数量已达2 200个,集中了7万多名优秀的科学家和工程师,工业领域的科学研究飞速发展。同时,一些著名的航空公司如道格拉斯、洛克希德、北美航空公司等都在政府的支持下建立了先进的研发组织。

第二次世界大战期间,美国政府动员了国内各方面的力量实施"曼哈顿计划"等重大科技项目,其中企业的工业实验室发挥了巨大的作用,也因此赢得了前所未有的声誉。但这一阶段,研发活动的性质同前一阶段相比有了明显不同,不仅仅是基于科学的研究,而是为了将现代科学知识应用于工业中。时任通用电气公司工业研究实验室的主任W.R.惠特尼指出:我们的研究实验室是以这样的思想发展,即大的工业组织可以通过对科学技术的研究为它们本身的生命保险。这代表了当时美国大型工业企业的一种新认识:科学技术是公司存在和发展的最安全保障,它不但投资少、收获大,而且在所有的投入中最为安全和有效。"二战"之后,美国企业的研发组织得到进一步发展和完善,尤其在飞机材料、电子学和通信设备等领域的规模进一步增加。

日本在"二战"之前也已有少数企业建立了专门的研发组织,战争期间通过转为研究军工用品,研发能力大大增强;"二战"后,更多的日本企业开始建立自己的研发组织。原日本科学技术厅在1969年所做的一项调查表明,开展研发活动的企业中,70%已在管理和财务上独立于生产部门并按照专业化原则建立了研发组织。他们后期新建的研发组织,多采用集中程度较高的中央研究院的形式,目的是为了集中力量引进和消化吸收发达国家的先进技术,尽快追赶欧美发达国家。

到20世纪70年代以后,日本企业逐渐认识到企业研发活动必须接近市场、接近顾客,重视研发部门同销售部门的沟通和协作,因而进入了第一次改编和重组时期,改集中管理为集中与分散相结合,适应了企业从"技术推动型"向"市场引导型"战略转变的需要。

到20世纪80年代,在日元升值、泡沫经济、新技术革命等环境形势下,日本开始了第二次改编和重组,主要特征是在加强基础研究的同时,重视研发组织的分工,提高研究机构的专业化程度。通过两次大规模的改编和重组,日本企业的研发组织更趋合理,数量和规模也获得空前发展,企业成为名副其实的技术创新主角。

二、企业内部的研发组织形式

企业内部R&D活动的组织,除了体现为研发活动的物理场所以外,还包括资金提供方面。物理结构涉及其在企业中的隶属关系、与企业各职能部门的关系等;资金一般由可能

---

① 资料来源:V.K.Narayanan.技术战略与创新[M].程源,杨湘玉,译.北京:电子工业出版社,2002.

获得潜在利润的地区或部门来提供。在大中型企业中,研发系统的组织有如下三种形式:

1. 集中型

即将企业的研究开发力量集中在公司层次,由公司向各事业部(分厂或车间)提供研究开发成果,如图 4-3 所示,贝尔实验室就是实行集中开发的典型例子。

这种组织形式的优点是有利于科技力量的集中使用,通过聚集来自不同经营部门的科学家和工程师,发挥协同效应;缺点是不利于研发同生产经营,尤其是同企业所面对的市场的联系。我国企业在传统上常常采用这种组织形式。

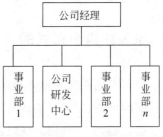

图 4-3　R&D 系统隶属企业

2. 分散型

这类组织形式是指除了在公司一级保留一部分研发人员从事协调、计划和组织工作以外,其余绝大部分研发力量均下放到事业部(分厂或车间),针对各部门的具体需要成立研究课题组,如图 4-4 所示。国外的事业部制大多采用这种组织形式。

适用这种组织形式的企业是科技力量较为雄厚,各事业部(分厂或车间)的产品具有技术上的相对独立性和完整性,对产品的研发和生产、销售间的配合程度要求较高。

这种组织形式的优点是利于各经营部门开发出更贴近特定部门需求的新产品或新工艺,有利于研发同市场营销结合,缩短新产品研制和投入市场的周期。其缺点是可能导致因过于重视短期的产品开发,而忽视基础性研究工作,另外也可能存在重复投资的风险,研发力量的分散还可能使研发的规模经济和学习曲线效应得不到体现。

3. 混合型

混合型组织是指研发系统分化为公司层和事业部层两级,由各事业部保持同产品开发密切相关的开发性研究,而由公司层负责基础性的研究工作,如图 4-5 所示。

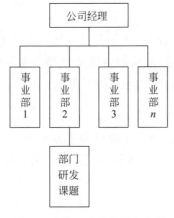

图 4-4　R&D 系统隶属事业部

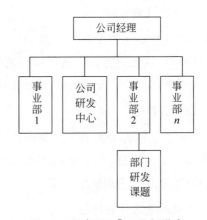

图 4-5　混合型 R&D 组织形式

这种组织方式兼具了集中型和分散型组织形式的优点。如 ABB 公司,在分布于不同国家的小公司的科研实验室中进行一系列分散的技术开发工作,同时通过专职机构或人员(执行副总裁和高级协调官员)将这些分散的 R&D 工作融合为一个整体,形成一个适应公司分散的市场和快速推广新产品要求的生产线。

三、R&D 组织形式的选择

公司不同层次所感兴趣的研究与开发活动,有不同特点。事业部层次感兴趣的,一般是时间跨度短、学习反馈环节快、内部联系(与生产和营销)强的研发项目;而凡有长远战略考虑的企业,其公司层的研发部门往往对那些时间跨度长、学习反馈环节慢、与外部知识源联系强的项目感兴趣。选择 R&D 组织形式的考虑因素包括:

1. 技术的成熟度

一般来说,一旦企业进入一个全新的业务领域或从事的是探索性的研发活动,可能需要一个长期的试验、试错和学习过程。这种早期的"孵化"阶段,宜采取第一类组织形式,即 R&D 直接隶属于公司的中央实验室,将这种学习过程从直接的商业压力中独立出来。当新技术开发出来后,再转移到事业部(已成立的或新建的)的以市场为导向的框架中进行利用。如果是支持现有业务的研发,则应考虑在已有的事业部中。

2. 涉及事业部的多少

如果某个研发项目涉及的事业部很多,或某一种技术对若干部门都很重要时,对该技术集中进行研究可能是一种更明智的选择。因为由公司直接管理 R&D,比较容易协调各部门的关系、整合各方需求,提高研发工作效率,避免推诿和扯皮。

3. 事业部的能力

若事业部能力很强,技术的引进又与事业部有直接的关系,可以采取第二类或第三类层次结构。

4. 公司的战略导向

当公司的战略主要受现有产品的短期财务业绩驱动时,或需要更多地接近顾客,实施本地化战略时,或想要更有效地利用当地的科技人才时,公司的研发活动更多地倾向于在部门层次开展,即关注"市场驱动"型研发项目,则宜采取第二类结构形式。

5. 公司的规模

大型公司往往都至少有一个集中的研发中心,为公司多个部门和业务服务,集中于长期、高风险的研发项目,并注重专门知识和技术的开发;同时各战略经营部门可以建立各自的研发机构,从事改进型研发工作。

6. 公司所处的行业特性

公司层次的研发活动在以化学为基础的(尤其是制药)产业极其重要,因为在这类领域科学成果直接适用于技术的发展。而对基于复杂产品和复杂生产系统的产业(如飞机和汽车)而言,由于研发和设计之间、研发和生产之间的界限比较严格,公司层次的研发工作并不一定是必要的,产生的利润不明显。

在具体实践中,两种层次在形式可以衍生混合。例如,可以有管理权限上集中但地域上分散,研究工作一部分集中、一部分分散,新业务的研发集中、老业务研发分散,等等。具体形式应根据不同企业的具体特点和需要来确定,并根据环境形势的变化而做出调整。

第五节　研发人员与团队的管理

一、研发人员的特性

因所从事的工作具有创造性,研发人员在心理和行为上具有不同于一般个体的特征。这些特征势必影响到对研发人员的激励和管理方式。

研发人员是知识型员工。所谓知识型员工,是指创造财富时用脑多于用手的人,他们通过自己的创意、分析、判断、综合、设计给产品带来附加价值。知识型员工拥有如下几种从事创造性工作所必需的资源:

(1) 智力。尽管富有创造力同高智商之间并非等同关系,但若一个人的智商低于120,则不利于产生新的思想。

(2) 知识。尽管一个人未必需要样样通晓,但至少在其专业领域需要知道别人做过什么,在此基础上开展创造性工作。

(3) 思维方式。一定程度上,因循守旧、循规蹈矩,不利于开展创造性工作。

(4) 个性。具有创造力的人常常需要挑战现状和常规,因此往往会让普通人感到惊讶,甚至在最初提出一个颠覆性想法时可能会被当作疯子或傻子。

有关知识型员工的早期研究指出,知识型员工特别是先驱型的科学家具有这样的特征:不喜欢科层制,厌恶管制和约束,对自主和自治有强烈的需求,希望获得专家而不是上级的认可,对工作带来的精神上的满足(如自尊和自我实现)比物质报酬更为看重,等等。一般地,作为知识型员工,研发人员具有如下特征:

(1) 动机。研发人员虽然也受薪资、奖金和职务升迁等外在刺激的影响,但也非常看重能否被他人尊重和认可,以及从事有挑战性创造性工作带来的个人成就感。当研发工作的成绩得到肯定时,他们也经常更愿意继续进行研发工作而不是去从事管理工作。因此,对于研发人员实行多种激励方法的有效组合,一般比单独使用某种方法效果更好。

(2) 同行的认可。知识型员工的身份与其专业相联系,因此其对专业领域的参照群体较为敏感,并依赖参照群体所建立的规范和价值。知识型员工的忠诚度也更多的是针对自己的专业而非雇主,因此流动性可能相对较高。

（3）投入与回报。谷歌公司前 CEO 埃里克·施密特（Eric Schmidt）曾指出："创新通常都是由那些有闲暇时间思考新想法并实施它的人或团队推动的，靠强迫是无法创新的。人类思维的创造性是没有时间表的，要有放松的时间，这一点对创新来讲是非常重要的。"知识型员工（尤其研发人员）的工作时间无法估算，常常比正常上下班时间多得多，而且工作过程难以监督，劳动成果也难以量化，工作业绩不容易被衡量。同时他们也往往有着较高收入。

（4）专长和自主性。知识型员工一般都经过长期、系统的专业训练，在特定专业领域有一定特长，有自己的判断和见解，并追求不断形成新的知识成果。这也使得他们在工作任务上要求有一定的挑战性，决策关系上希望有较大的自由度和决定权，在工作氛围和办公环境上要求有人性化和个性化，在工作时间和地点上希望有一定的灵活性和人文关怀。

（5）独立性和自我价值感。创造性工作的特点要求研发人员能够具有追求真理的独立精神，而不能人云亦云、随波逐流，更不能趋炎附势、惧怕权威。相反，他们会因执着于对知识的探索和整理的追求而蔑视任何权威。同时，由于他们的专业能力可以对上级、同级和下级都产生影响，因此传统组织层级中的职位权威对他们也不具有绝对的控制力和约束力。他们希望能够发挥自己的专长，实现自我价值。

二、研发团队的管理

随着社会和组织的发展，团队的作用也日益重要，尤其技术创新工作作为高层次的团队合作活动，团队合作具有特殊的价值。研究与发展的绩效取决于企业是否有一支优秀的工作团队，有什么样的团队就有什么样的研发成果，对研发团队的管理因而十分重要。

1. 研发团队的激励机制

对研发团队成员的激励主要是激发对企业价值的认同感，激发团队的创新能力和积极性。由于研发人员具有独立自主性，而劳动具有创造性，其工作过程难以直接控制，劳动者劳动成果难以衡量，具有较强的成就动机、流动意愿强等特点。企业激励机制和制度设计应包括如下特点：较宽的职责范围和权限，充分授权和高度信任；鼓励创新和冒险、容忍失败的组织氛围，鼓励成功的组织制度；灵活的绩效考核机制，等等。尤其是如下两个关键方面：

（1）设立有挑战性的团队目标

组织的目标对员工行为具有强烈的引导和激励作用，而设置一个具体、明确、适宜的目标是目标发挥激励作用的基本前提。对研发人员而言，这个目标必须符合两个要求：一是符合他们的价值观，二是具有挑战性。

（2）完善以团队为基础的报酬制度

对研发工作的奖励以团队工作为基础进行，有利于将个人工作与团队业绩联系起来，促进团队成员的合作精神及科研队伍的素质提升,对提高创新效率有着长期的积极影响;同时还可以鼓励那些能力较高的成员去帮助落后的成员,使团队成为真正意义上的互助学习型组织,见案例 4-4。在此前提下,团队奖金可以在团队成员之间进行二次分配。

案例 4-4

联想如何管理研发人员[①]

如何管理好研发人员一直是 IT 企业员工管理的重点。联想 QDI 研发中心总经理万长青在管理研发人员方面积累了丰富的经验。

很多公司在招聘员工时,如果哪个员工说他带来了技术成果或者客户资源来应聘,这些公司都会喜出望外,似乎拣了个大便宜。针对这种现象,万先生带着联想人的"性格"说:"我们不希望个人带着成果来公司,这将是一种误导,是一种容易使员工犯错误的行为。如果你的企业的核心优势是靠这些渠道而得来的,那就永远不会形成自己的核心竞争力。一个好的技术团队培养起来非常不容易,尤其是在国内市场经济氛围刚刚培养起来的环境里。"

在 IT 企业里,研发人员的管理问题是非常令人头疼的,万长青颇有感慨,他说:"有些技术人才因为掌握了一些核心技术就不知道如何摆正自己的位置。我认为,应该让技术人才找到实现自己价值的舞台,让他找到自己的定位并培养良好的职业道德。同时培养大家在一个团队里工作的意识,不管你的个性如何,都能跟别人相互合作。"

那么,究竟如何让这些很有个性的研发人员和谐共处、进行团队合作呢?万长青说:"一些技术人员有保守的倾向,因为他要利用自己的技术优势保持自己的地位和待遇。这种倾向会伤害技术人才之间的合作关系。根据我们的经验,企业应该在人才的认可标准上进行调整,这种标准不仅仅要以技术水平的高低来评判。比较科学的认可标准应该是这样的:建立一个技术职称体系,让这些技术尖子把自己所知道的技术讲出来,还要让他们能带徒弟,即对技术尖子而言,你不光是手里有绝活,还应该有能力把团队带起来。在联想,我们的内部讲座很多,让这些人把自己的东西写成规范的教材,这样让他在信息共享的情况下形成权威人物。另外,我们在职位体系上也推行了弹性的职位体系,给研发人员足够的发展空间,让他们不断地接受新的挑战,并寻找最适合自己发挥能力的岗位。"

2. 研发团队的文化建设

研发团队文化是企业整体文化的组成部分,因此研发团队文化既有企业文化的共有特性,又有它的独特性和自身要求,表 4-3。

[①] 案例来源:作者根据网络资料整理。

表 4-3　研发团队的文化

研发活动的特点	对研发团队的文化要求
创新性	鼓励原创性的工作
协同性	鼓励随时随地通畅地交流
风险性	重视细节和不同意见
时间性	强烈的时间观念和责任意识

　　研发团队文化与研发项目所需要的专业知识和技能无关,但是它却深刻地影响着研发工作的质量,甚至可能会导致研发过程出现一些莫名其妙的严重失误。在很多美国公司,高级研发领导人甚至没有技术背景,但他们依然可以卓有成效地领导产品研发,其中一个重要原因就是他们有能力塑造一个优秀的研发团队文化。高管对企业文化的形成有重要影响,塑造团队文化的最好方法是企业高层管理者的率先垂范和团结一致,而不是期待基层开发人员的自觉。专栏 4-1 是一些经理人员的观点。

　专栏 4-1　一些经理人员的观点

- 一家公司的高层采购经理认为,产品开发所需新原料的采购在他的工作中并不重要,重要的是现有原材料的采购维护;
- 一家公司的生产总监认为,新的生产工艺会破坏现有的生产秩序,所以需要抵制;
- 一家公司的技术总监认为,他的责任只是产品开发成功,至于主动组织新产品知识培训则不是他分内之事;
- 一家公司的总经理抱怨:为什么开发人员总是不切实际,异想天开?

　　这些企业的经理人员抱有这样的观点,其研发团队的文化也就可想而知了。德鲁克指出,在研发部门这种创新性组织中,"管理当局最首要的职责在于把不切合实际的、不成熟的、粗略的想法转变成为具体的创新实际,高层管理的职责就是倾听并认真对待各种看法,他们知道,新看法总是'不切合实际的',只有提出了许多愚蠢的想法以后,才能得出一个成功的主意,而在早期阶段,无法区分愚蠢的想法和天才的灵感。这两者看来都一样的不切实际或一样的极为出色。因此,高层管理不仅应该像所有的企业管理当局那样'鼓励'提出各种想法(参见案例 4-5),并且不断地提出这样的问题:'怎样才能使这个主意切合实际、现实可行、发挥作用?'并积极、迅速地对最粗略和显然最愚蠢的想法进行深入考虑,从中发现某些新东西,以便能对其可行性进行评价。"① 当然德鲁克认为并不是所有的"想法"组织都应该支持,管理机构对于"不成熟想法"具有基本的筛选原则。

---

① 德鲁克.管理:任务、责任和实践[M].刘勃,译.北京:华夏出版社,2008:254-255.

案例 4-5

鼓励尝试和冒险

美国亚拉巴马州天然气经销商阿拉加斯科(Alagasco)的董事长向员工发放各式各样的卡片,鼓励他们做一些不一样的事情。他告诉他们,每一张卡片就好比《大富翁》里的免罪卡,如果员工尝试做某件事情最后失败了,只要上交卡片就能得到原谅。

3. 团队管理的误区

受中国传统文化和思想的影响,对团队管理还存在一些误区,比较典型的包括:

(1) 团队应避免冲突。我国传统的文化主张"和为贵""和气生财",认为冲突是不利的,具有破坏性,因此采取各种措施来避免团队中的冲突。但实际上,冲突对团队绩效有两面性,适度的冲突反而有助于消除分歧、提高认同感;"对事不对人"的冲突也能刺激团队的创造性,提升团队决策质量。由于研发项目具有的探索性和不确定性,尤其需要通过对不同方案的讨论来降低决策风险。

(2) 突出个性有违团队精神。很多企业认为,培养团队精神就是要求团队的成员都要牺牲自我、放弃个性,否则就有违团队精神,就是个人主义。毋庸置疑,团队精神的核心在于协同合作,强调团队合力和整体优势,远离个人英雄主义,但团队不仅仅是人的集合,更是能力与个性的结合。团队精神的实质不是要成员牺牲自我去完成一项工作,而是充分利用和发挥所有成员的个体优势去做好工作。而研发项目的创造性特点尤其需要以研发人员个人的灵感、天赋、兴趣为基础。如前所述,只有尊重并合理配置成员各自的专长和个性,使每个成员都能在适宜氛围中充分展现自我、最大限度发挥个体潜能,才能真正形成团队的凝聚力和综合竞争力。压制和湮没成员个性创造和个性发挥的团队,不具备持续创新的能力。

(3) 优秀团队的成员都应由精英组成。很多企业在组建团队时都希望挑选最优秀的员工集中到团队中,认为精英成员越多,团队作用越大。但实践证明,精英组成的团队并不一定表现出令人满意的绩效。团队的力量来自成员之间的协作与配合,成员在技能和水平上的互补才是决定团队绩效的关键。一般一个合理的团队,要在专业水平、学科结构、职能结构甚至年龄结构上都形成互补。

(4) 团队合作优于成员单干。团队确实能够实现个人能力简单叠加所无法达到的成就,但团队合作也存在不可避免的干扰和成本,包括协调成本。此外团队工作也存在社会性浪费效应,团队规模越大,成员个人表现可能越差。因此,并非所有工作都适合由团队完成,应仔细分析工作的特点和团队工作的优势后再作选择。同时要注意团队规模扩大带来的种种管理和激励问题,包括团队迷失问题,见专栏 4-2。

专栏 4-2 "团队迷失"

团队迷失是指团体成员在集体主义精神感召下,积极追求团体的和谐与共识,却忽略了团体的真实决策目的,从而无法进行准确判断的一种思考模式。这是美国心理学家 Irving Janis 根据其所从事的团体决策研究发展起来的一项理论,其理论基础是现实的人类社会行为。

根据 Janis 的研究,人们团体决策过程中,往往会为了维护团体的和谐和凝聚力,而弃事实真相于不顾。随着人们对团队迷思情况越来越重视,这一概念被广泛地应用于团队决策、领导管理、市场分析等领域。

出现团体迷失的原因包括:(1)团队领导过于权威;(2)对群体决策正确性的过度自信;(3)党同伐异的成见、对不同意见的打压;(4)缺少自我反省。

防止团体陷入迷失境地的方式包括:(1)设立独立的讨论团队,并细分为讨论小组;(2)邀请团队以外的人参加讨论;(3)组织讨论的领导者应保持中立的立场;(4)在团体里安排一个故意唱反调的角色;(5)鼓励匿名反馈意见和建议。

开篇案例回顾

贝尔实验室在研发管理方面有何好的经验?

即练即测

思考讨论题

1. 什么是基础研究?其研究成果一般是什么?
2. 什么是应用研究?其研究成果一般是什么?
3. 什么是试验性发展?其成果表现一般是什么?
4. 基础研究、应用研究和试验性发展各有什么含义,有哪些不同的作用?
5. 研究与发展活动跟企业一般的经营活动相比有什么特点?
6. 怎么理解研究与开发活动是个体性、集体性与社会性的统一?
7. 你怎么理解企业开展研发活动对企业自身以及产业或国家的意义?
8. 为什么说研究与发展是企业持续发展的基础?
9. 你认为我国当前应重点实行自主创新还是偏重"引进、消化、吸收"战略?为什么?
10. 你认为我国目前应怎么应用自主创新和引进再创新战略?
11. 创造性思维过程包括哪几个阶段?
12. 创造性思维的特点有哪些?
13. 创造性技法有哪两类基本技法?
14. 什么是头脑风暴法?其一般规则和做法有哪些?

15. 你怎么理解企业开展研发活动对企业自身以及产业或国家的意义？
16. 研究与发展过度的基本过程包括哪些环节？
17. 研究与发展的组织形式有哪几种？
18. 选择研究与发展的组织形式，一般需要考虑哪些因素？
19. 研发队伍的结构需要哪些方面？
20. 研发团队的激励有哪些需要注意的地方？
21. 在研发团队的文化塑造方面有哪些需要注意的？
22. 研发人员同其他人员相比有何独特性？
23. 在研发人员管理中如何正确处理团队与个性的关系？
24. 什么样的团队文化有利于研发和创新？高层经理应注意哪些问题？

第五章

新产品的试产与上市

学习目标与重点

了解新产品的试产与上市有何区别于一般产品的特征,包括:新产品试产的工作流程,组织结构的特点,存在哪些不确定因素,有什么管理技术,新产品成功上市的前提或基础有哪些,上市的时机和定价如何选择。

开篇案例

IBM 银湖计算机的上市①

IBM 罗彻斯特产品开发实验室地处美国明尼苏达州偏远地带。附近浅缓的小山坡上种植着玉米,春天一片低矮的绿色,七月份时有膝盖那么高,到了晚秋则像纸一样苍白。相比于那些生产大型机的分支企业来说,罗彻斯特基地只不过是 IBM 家族中的一个小不点,何况此时正值 1986 年,IBM 在计算机市场中的地位已危机四伏,表面上看起来他们仍然握着行业内的大客户,但实际上市场正发生翻天覆地的变化,越来越多的小客户形成了另外 75% 的市场份额。快速成长的小型机竞争对手从四面八方袭来,而一直执着于用技术思维思考问题的 IBM 罗彻斯特基地甚至还不知道如何计算不断下降中的市场份额。

而 28 个月后,这些地处偏远的"乡巴佬"们不但通过创造了一种最畅销的小型计算机 AS/400 保住了自己的工作,而且因为它所取得的市场份额和赢利能力于 1990 年摘获了当时美国商界最具声望、令人垂涎的马尔柯姆金绶带国家质量大奖。

一、危机中的变革

罗彻斯特基地作为 IBM 的一个产品开发实验室,任务是设计、制造计算机并为计算机编程序。当汤姆·傅雷过来就任实验室主任时,面对的是一系列问题和挑战:IBM 原有的 5 个系列小型机互不兼容,为解决兼容问题而上马的 Fort Knox 项目又告失败,失去了一个产品开发周期的宝贵时间;DEC 的 VAX 的攻击;原有产品线老化,市场份额下降;中心成为 IBM 的包袱,面临被切除,员工士气低落,等等。

---

① 资料来源:Roy A. Bauer,Emilio Collar,Victore Tang,The Silverlake Project:Transformation at IBM. Oxford:Oxford University Press,1992(中文版:罗伊·A. 鲍尔等. 银湖计划——IBM 的转型与创新[M]. 陈红斌,等,译. 北京:华夏出版社,2004)。本书作者作了改编。

绝望中只有奋力一搏,罗彻斯特基地决定设计、制造一种全新的计算机,代号"银湖计划",名字取自附近一个风景秀丽的水库,他们只有两年的时间来完成这个计划,只有1/1 000 的胜算——这个时间还不到正常情况下开发一个计算机产品并最终上市所需时间的一半。傅雷决心把实验室转变成一个市场导向的企业,开始像经营一个企业一样运作它,将越来越多的注意力不只放在技术上,还放在计划、财务、营销、用户支持和服务,以及最重要的客户需求上。为此,傅雷从设立新的愿景、重建组织,到深入了解客户需求、对外发展伙伴关系、对内授权等等,针对一系列工作进行了系统的变革。

傅雷的组织重建工作包括:(1)建立了一个管理委员会,分别负责市场规划/战略/产品定位、现有产品、银湖计划、行政/人力资源/流程、用户满意度,其中银湖计划采用跨部门团队——市场、财务、软件、硬件、服务等人员组合,利用各个部门独有的对问题的洞察和经验,各部门并行开发,显著缩短开发周期,使得 AS/400 得以在全球 27 个国家地区同步上市;(2)专门成立了一个用户满意小组,这个小组由来自营销、计划、制造、工程和服务等部门的 8 个人组成,真正实现以市场为导向——细分市场,选择合适的市场区间定位自己的产品,打破了 IBM 的"大型机情结",准确定位小型机用户的需求,并与供应商、分销商、客户以及其他外部人员结成伙伴关系,利用他人特长更好地节约时间和资源;(3)还在总部高层确认了一名联络员,以及时了解总部的重大决策等信息,并在需要的时候维护本部利益。

二、上市

AS/400 计算机如期完成了开发和生产,但恰当的"市场导入"是决定其最终成功的关键。产品导入的最佳时机在哪里?应该用长镜头来看这个问题,而不是仅仅近距离地聚焦于"千呼万唤始出来"的产品新闻发布会。银湖团队的看法是,产品导入应该被看成是一个过程,它的开始早于产品的正式上市时间。更为重要的是,它还可能保持与产品寿命一样长的时间。也就是说,要从自身的整体配合着手。

当然,这个看法不是一开始就有的。他们对 IBM 罗彻斯特以往的做法做了一个形象的比喻,即"捆绑着计算机的双脚把它推向市场的汹涌波涛之中"。这就是说:开发过程完成 3/4 之后,才开始准备推出产品的工作;在计算机问世之前,直到很晚才让销售人员、维修、服务人员介入这一过程中;直到发布会那天,商务伙伴才会被告知有关的情况;发布会那天,将以热烈的技术词汇同召集来的新闻界和顾客们讨论我们的计算机,其中许多词汇都需加以解释;几个月后,将产品运到国外市场……这种惯常做法显然无法再应用于银湖的推出。

银湖计划实行了全新的"新品导入"流程,除了前期通过组织、流程、人员等各个维度的变革做好铺垫以外,在后期的产品导入市场过程中,几乎所有能够想象到的会产生影响的因素都被各个部门一一识别出来并加以妥善应对和处理。

(1)"演习小组"。借鉴美国空军模拟战斗的方法,组建"演习小组",成员是 20 名久经沙场的销售"老兵"。在 3 个月的时间里,就对手可能做出的进攻进行研究分析,制定回击策略。同时指出自己产品确实存在的缺点,给出了很多建议与提醒,从而为对付传媒报道和其他诋毁者做好了准备。

(2) 早6个月的送货检查。在发布会前,4755台产品一下装配线,就发到顾客和商务伙伴手中。一旦他们遇到问题,可以向IBM专门设置的"帮助台"打电话,由服务工程人员提供帮助。

(3) "整体提供"。在过去,客户通常是从不同工厂分别接收计算机各部件,然后一一打开包装、联结、装软件、连上借口,有的还需要办理租用许可、软件许可、长期服务证明。通过"整体提供",计算机一到达顾客手中就可以运行了,在工厂里就预装了软件,外设都已装好或放在一个包装盒里,只需一个简单的连接器就可以把它们连起来。

(4) 事前吹风。在银湖正式露面之前,为一批最具影响力的、将要跟踪银湖的记者、专栏作家和顾问们召开新产品简要介绍会。参加介绍会的人承诺在产品正式露面前封锁消息。会上由一位特意挑选的工程师把技术术语换成日常用语。

(5) 留到最后的微笑。前期的产品导入工作使得AS/400一露面就获得了前所未有的成功。但这还不够,罗彻斯特基地发誓要挑战美国最知名的商业企业标准——玛尔柯姆金绶带国家质量大奖,并经过整整两年的不懈努力,于1990年10月成功摘得金绶带大奖,在AS/400的头上再罩上了一个大大的光环。

银湖计划是罗彻斯特产品开发实验室面临被切除的时候,由卓越的领导汤姆·傅雷带领1 000余人的开发团队在"一片玉米地"中创造出的计算机产品史上的一个奇迹。它的成功带动IBM完成向市场导向型企业的革命性转型,使得"蓝色巨人"得以继续活跃在历史的舞台上。因此,银湖计划是IBM罗切斯特基地的自救,更是IBM的自救。

思考讨论题

1. IBM罗彻斯特基地面对危机是如何成功自救的?他们为银湖计算机(即小型机AS/400)的设计与生产做了哪些组织重建工作?

2. 银湖计划实行的全新的市场导入流程是怎样的?同以往做法相比有何不同?对其他新产品的上市有何启发?

第一节　新产品试产

研发工作完成后,技术创新活动就进入了新产品的生产阶段。新产品的生产包括试产环节和批量生产环节,其中试产环节的组织管理相比于后期的量产环节更具挑战性,也更能反映新产品生产的特征,因此本节重点介绍试产环节。

新产品试产是指将研发出的新产品原型在制造工厂进行验证,目标是生产出符合量产需求的良率、可组装性、可测试性、产能的样品,为将来的高质量批量生产做好实验和准备工作。

一、新产品试产的工作流程

新产品的试产项目立项之后，一般要经过三个验证阶段，即工程验证测试（engineering verification test，EVT）、设计验证测试（design verification test，DVT）和小批量验证测试（process verification test，PVT），才能进入量产（mass production，MP）阶段。每个验证测试阶段都可以做多次，也可以直接跳过，视实际需求而定。试产过程各阶段的主要工作内容如下：

1. 项目启动

经过决策团队的核准立项，新产品试产项目正式上马，随之组建项目团队、确定项目经理。项目经理同团队成员召开项目启动会议，讨论产品描述、风险评估、项目预算和预计试产计划和数量等相关内容，经决策团队评审通过后，项目即进入测试验证阶段。

2. EVT：工程验证测试阶段

一般这个阶段所生产出来的样品只有电路板，而且是那种很大一片的板子，称为"big board"。研发工程师通常会先把他想要验证的想法或无法决定的设计摆在这种板子上面，因此这种设计通常是硬体电路的工程验证，仅用来除错（debug）而已。很难想象这种电路板会成为日后轻巧的手机或是产品。如果开发的是全新的产品，第一次设计出来时一般都还有很多问题，有些甚至只是实验性质，工程师对采取哪种可行的设计方案可能都没有底，所以可能会有多次的 EVT 生产，要给工程师足够的时间和样品来验证他的想法。

该阶段的任务是将所有可能的设计问题都提出来一一修正，所以重点在考虑设计的可行性，并检查是否有任何规格被遗漏。

3. DVT：设计验证测试阶段

这个阶段会把机构的外壳加上来，另外电路板也要达到实际的尺寸大小，这样才能把电路板整个放到机构壳之中。此时外壳可能只是用一块树脂雕刻出来的样品，目的是在真正的模具发包生产之前，验证机构外壳的设计是否符合要求，因为真正的模具很贵，要先验证才能开模。

这个阶段要验证整机的功能，重点是把设计和制造的问题找出来，以确保所有的设计都符合规格，而且可生产。

4. PVT：生产验证测试阶段

此时产品设计已经全部完成，所有设计的验证也告一段落，因而这一阶段试产的目的是要做大量产前的制造流程测试，所以必须要生产一定量的产品，而且所有的生产程序都要符合制造厂的标准程序。另外还要计算所有的设备工具、测试及生产设备的数量是否能够符合大量产的产能。

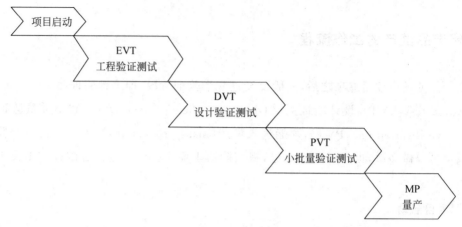

图 5-1　新产品试产流程

二、新产品试产的组织结构

整个试产过程需要研发设计工程师、制造工艺工程师、采购团队、测试团队、厂务团队等跨部门的支持与合作,还有供应商、第三方检测部门等外部的协作。通常的做法是以生产部为中心,生产部、研发部、采购部、品质部、市场部各自抽调出一部分人员组建临时试产项目团队;由生产部的项目经理作为项目负责人,负责协调各个部门的资源,对新产品试产整体的进度进行控制和推进。待试产工作完成、移交到生产部后,临时项目团队即可取消。试产过程中各部门间的职能关系如图 5-2 所示。

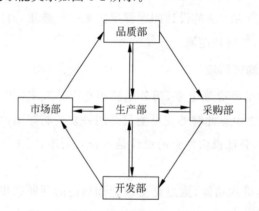

图 5-2　新产品试产项目中各部门间关系

各部门间的职能关系可分为生产部(核心部门)与其他部门的关系,以及其他部门之间的关系两类。

1. 以生产部为中心的核心流程

(1)生产部和研发部。研发部研发出来的新产品原型,需要通过生产部在生产线上进行试产,由生产部负责协调好日常生产和试产对于生产线、工人的资源调配。生产部的工艺工程师需要评估新产品的工艺制造难度,起草生产作业指导书,对采购得来的新的设备和工装模具进行验证。根据试产中的产品质量、生产效率和不良率,工艺工程师可以向研发部提出设计变更的要求,目的是能在量产后满足工厂的正常生产要求。试产中若研发部因客户需求或性能改善目的需要工程变更的,也应当尽早与生产部沟通。

（2）生产部和采购部。采购部负责采购试产样件的零部件。生产部需要提前告知新的零部件的数量和型号,采购部负责采购新零部件的样件完成首件监测,随后生产部则需要在试产以前完成检测。如果新产品引进了新供应商,需要采购部在试产前完成对新供应商的考核。

（3）生产部和品质部。品质部根据客户要求对试产样品进行功能性测试和生产过程数据跟踪。如果品质部发现产品有质量问题,由生产部进行进一步测试和验证。

（4）生产部和市场部。市场部根据市场需求提出新产品上市时间要求,生产部需要根据项目的复杂程度和自身资源的安排做出合理回应。如果生产部不能满足市场部对新产品日程的要求,就需要事先及时沟通。

2. 其他职能之间的关系

（1）市场部和品质部。市场部搜集用户体验的反馈中有关产品质量问题的,及时反馈给品质部,品质部将据此调整对各部门的品质规范要求。

（2）品质部和采购部。品质部负责对试产所用的零部件进行检测,如果发现不合格则通知生产部和采购部,协商是否继续使用或停止采购。采购部联系供应商进行返工或换货。

（3）采购部和研发部。采购部需要尽早参与到研发部的新零部件和新供应商选择工作中,如果零部件采购困难或采购成本较高,需要及时和研发部协商是否可用其他零部件代替。

（4）研发部和市场部。市场部会根据客户需求分析和市场调研结果,向研发部提出下一代新产品的功能要求和上市时间规划。市场部应做好充分的市场调研工作,确保提出的新产品需求符合当前和未来一定时期里的需要,避免研发过程中频频更改设计要求的情况。研发部也可根据自己的资源和能力,对市场部提出的要求进行沟通和协商。

三、新产品试产中的不确定因素

新产品试产不同于正常的量产,有很多独特性和不确定性因素,相应会带来很多风险。新产品试产的常见风险因素和挑战有:设计变更频繁对整个项目的影响、新设计导入对工厂工艺能力的挑战、新工艺应用对工厂生产能力的挑战、引进新材料和新供应商对质量和交货期的影响等等。

1. 设计变更频繁

新产品在试产之前通常只是经过了理论计算和研发实验室阶段的样机生产和测试,设计并没有完全定型，因此很可能会出现一边试产一边更改设计的情况，给整个试产项目带来影响。因此试产团队必须有着极高的灵活性和快速反应能力，制定好尽量完备的替补方案，将设计变更对项目的影响降至最低。

2. 新设计的导入

新产品自然有功能上的新设计，这些新的功能设计对于新产品的试产而言可能都意味着风险。新设计是否超出工厂的工艺能力，能否在试产阶段完成新设计的验证，都可能导致在试产的中后期出现设计变更，对整个项目带来巨大的、甚至可能是灾难性的影响。

3. 新工艺的应用

新的设计往往要求采用新的设备、引进新的生产工艺。新设备新工艺是否超出工厂的生产能力，操作工能否安全准确地完成制造，新工艺是否会降低良品率等等，这些风险都需要在项目之初就予以充分考虑并给予时间、资源上的协助。

4. 引进新材料和新供应商

引入新材料和新的供应商是基于新设计和新工艺的要求，或是成本控制的需要。新材料能否实现设计功能，新供应商的质量管控是否合规、提供的原材料的功能稳定性以及交期是否达到要求，这些都需要在试产阶段完成考核，以确保量产阶段的材料供应不会出现问题。

上述这些新产品试产阶段特有的不确定因素，会对试产项目的进度、成本，以及产品质量等管控工作带来风险和挑战。

四、新产品生产阶段的一些管理方法

如何快速地响应市场需求，以最低的成本生产出能最大限度满足客户需求的新产品，是企业赢得市场竞争优势的关键，为此往往会应用一些生产过程管理的技术和方法。本节介绍两种新产品生产过程中常用的方法，即敏捷制造（AM）和失效模式和影响分析（FMEA）。

（一）敏捷制造

1. 敏捷制造概述

敏捷制造（agile manufacturing，AM）是制造企业改变传统的大批量生产，利用先进制造技术和组织管理方式快速配置各种资源，对用户需求做出快速响应的一种生产方式。美国 Agility Forum（敏捷制造的研究组织）将敏捷制造 AM 定义为：能在不可预测的持续变化的竞争环境中使企业繁荣和成长，并具有面对顾客需求做出迅速响应的能力。

20 世纪 90 年代，信息技术突飞猛进，信息化的浪潮汹涌而来，许多国家制定了旨在提高自己国家在未来世界中的竞争地位、培养竞争优势的先进的制造计划。为重新夺回美国制造业的世界领先地位，美国政府把制造业发展战略目标瞄向 21 世纪。美国通用汽车公司和里海(Leigh)大学在国防部的资助下,组织了百余家公司,由通用汽车公司、波音公司、IBM、德州仪器公司、AT&T、摩托罗拉等15家著名大公司和国防部代表共20人组成核心研究队伍,历时三年,于1994年底提出了《21世纪制造企业战略》。在这份报告中,提出了既能体现国防部与工业界各自的特殊利益、又能获取他们共同利益的一种新的生产方式,即敏捷制造。

2. 敏捷制造的基本思想

敏捷制造的基本思想体现在以下几个方面。

(1) 全新的企业概念。为了完成某一项特定任务,通过信息高速公路在网络上寻找合适的设计师和生产协作企业,建立动态联盟——"虚拟企业"或"虚拟公司"。这种动态的联合体共同承担职责与义务、共同冒险、共同获利,一旦该特定任务完成,该动态的联合体随之解体。下次新的任务来临,又进行一次相似的联合与解体过程。

(2) 全新的产品概念。产品设计采用柔性化和模块化的方法,使不断投入市场的产品功能和使用性能完全根据顾客需要不断改变或完善,并要求具有快速开发新产品即创新设计的能力。

(3) 全新的管理观念。敏捷制造精简组织机构,提倡以"人"为中心,用分散的决策替代集中控制,用协商机制替代"金字塔"结构的控制机制,敏捷企业的基层组织是多学科群体,是以任务为中心的一种动态组合。动态的虚拟公司可将国内或世界范围内的资源集成在一起,以最短的时间、最好的质量、合理的价格、优质的服务来完成任务。

(4) 全新的生产概念。敏捷制造认为产品成本与批量无关,从产品看是单件生产,而从具体的设计和制造部门看,却是大批量生产;强调企业必须完全服务于社会,要全面消除企业生产可能给社会造成的不利影响。

3. 敏捷制造的三要素

为了能够快速响应市场的变化,实现敏捷制造的企业应具有技术研发能力、柔性生产能力、个性化生产、企业间的动态合作、激发员工的创造精神、新型的用户关系等能力和特性。其中,以信息技术和柔性智能技术为主导的制造技术、具有创新精神的组织和管理结构,以及有技术有知识的劳动力,是支撑敏捷制造的三个基本要素。

(1) 柔性、先进的制造技术

制造技术的柔性和先进性体现在以下几个方面。

第一,具有高度柔性的生产设备是建立敏捷制造企业的必要条件。例如,由可改变结构、可测量的模块化制造单元,构成可编程的柔性机床组、"智能"制造过程控制装置;用传感器等与智能诊断软件相配合,对制造过程进行闭环监视。

第二,在产品开发和制造过程中,用数字计算方法设计复杂产品,模拟产品的特性和状态及产品制造过程,确保各项工作同步进行。

第三,信息在敏捷制造企业与其供应厂家之间,以及制造、市场研究、工程、财务、采购、销售、仓储等部门之间,连续地流动。在敏捷制造系统中,每一个产品都可能要使用具有高度交互性的网络。

第四,同一家公司在组织上分离的人员,彼此合作,并且可以与其他公司的人员合作。

第五,依靠通用数据交换标准,许多人能够同时使用同一文件的软件、宽带通信信道,传递需要交换的大量信息,将企业中分散的部门集中在一起。

第六,将所有技术综合到现有企业的集成软件和硬件中去。

(2) 柔性的管理技术

在管理上,敏捷制造最创新的思想之一便是虚拟企业。它使分布在不同企业内的人力资源和物料随意互换,将它们综合成靠电子手段联系的经营实体,即虚拟企业,以完成特定的任务。而制造企业日益需要满足各个地区的客观条件,例如,根据工作任务的不同,采取内部多功能团队形式,请用户和供应者参加;采取与其他公司合作的形式;采取虚拟公司形式,等等。若能有效地运用这些手段,就能充分利用公司的资源。

(3) 熟练掌握生产技术、有知识、有自主性的员工(skillfull, knowledgeable and empowered employees)

敏捷制造在人力资源管理中的基本思想是,在动态竞争的环境中,关键因素是人员,任何先进的制造系统都离不开实施人员的努力。员工不光要有熟练的劳动技能、专业知识,更重要的是要有责任心和自主意识。在敏捷制造企业中,有知识的人员是敏捷制造企业中最宝贵的财富。不断提高人员素质,不断对人员进行教育,是企业管理层应该积极支持的长期投资,管理者与员工之间必须建立起相互信赖的关系。

敏捷制造比起其他制造方式具有更灵敏、更快捷的反应能力,其优点是:生产更快,成本更低,劳动生产率更高,机器生产率加快,质量提高,提高生产系统可靠性,减少库存,适用于 CAD/CAM 操作;缺点是实施起来费用较高。

(二) FMEA

1. FMEA 概述

FMEA 即失效模式和影响分析(failure mode and effects analysis),是在已有知识和经验的基础上系统地评估和预测生产工艺、设备设施等可能存在的失效模式及其产生的影响或后果,并采取措施进行事前或事后改进的一套结构化分析方法和技术,目的是改善产品和流程的可靠性。

FMEA 是美国国家宇航局 NASA 开发的一种风险评估方法,最早应用于阿波罗登月工程,后来被美国军方确定为军用标准。目前该方法在世界上许多制造业中都普遍应用,如汽车和电子产品制造业用该方法进行生产流程设计和生产过程管理。我国于 1987 年也制定了国家标准 GB/T7826—1987《系统可靠性分析技术和效应分析(FMEA)程序》,成为很多领域最有效的可靠性分析工具之一,版本在持续更新中。

2. FMEA 的原理和评估过程

FMEA 的基本原理是基于产品开发或过程开发的全部内容,将相关的各个因素按照逻辑顺序逐一抽出,运用非常严密的分析思路对可能存在的各种风险进行全面系统的分析,从而能够依靠增加工具或检测手段将风险消除或者减少到可以接受的水平,以提高产品或过程的可靠性。具体的评估过程包括:

(1) 确定待评估对象应达到的功能或质量特性等目标;

(2) 将待评估对象分成模块或阶段,按照模块或阶段的特点和技术要求制定流程图;

(3) 确定评估涉及的工艺技术和工作范围,召集相关人员,分析可能出现的不良事件;

(4) 针对各模块或各阶段操作步骤,确定可能出现的不良事件及导致这些不良事件的原因、不良事件发生的概率、不良事件发生后产生的影响及严重程度,以及现有的检测和控制手段是否能进行检测不良事件的发生;

(5) 将识别出的不良事件进行风险等级评定;

(6) 根据风险等级的高低确定应重点控制的不良事件,制定预防、改进措施预防不良事件的发生或降低发生的频率,或将不良影响降到最低;

(7) 跟踪监控所采取的控制措施的有效性。

FMEA 的主要输出结果是一种失效模式,包括不良事件发生的失效机制及其发生后对待评价对象功能或质量的影响、失效发生的可能性及其导致的风险程度和可测性等,见表 5-1,并显示上述失效模式组合后与其他失效模式相比的重要性进行排序,也能显示不良事件对整个系统待评价系统的影响方面的信息。

表 5-1 FMEA 分析模型

待评价工作	可能发生的不良事件	SEV/严重性	失败原因	OCC/可能性	控制措施	DET/可测性	RPR/风险级别
工作阶段 n	不良事件 n	不良事件发生后对待评价工作的影响	不良事件发生的原因	不良事件发生的可能性、频率	为防止不良事件发生采取的措施	不良事件发生被检查、检测到的程度	不良事件控制级别

一旦确定了可能的失效模式,就可以针对性地采取改进或补偿措施来降低或控制潜在的危害。而失效模式的确定依赖于对产品和工艺的理解,因此 FMEA 多用在分析设计、设备设施或操作过程,通过识别薄弱环节,指导设计和生产管理人员制定有效的预防措施。如果在项目初期就能够实施 FMEA 这种预防性的分析技术,并根据风险大小确定预防和改善措施的优先顺序,则可以避免在项目实施后因风险发生而造成的后果,大大降低后期进行弥补改善的成本,如图 5-3 所示。

3. FMEA 的应用领域

FMEA 根据不同的应用领域通常有系统、设计、过程三种类型,本质相同只是针对的评

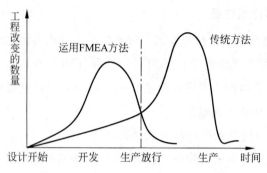

图 5-3　FMEA 对工程及设计改变的影响

估对象不同。系统 FMEA（又叫 SFMEA）用于早期构思设计阶段,分析系统和子系统的潜在失效模式,分析不同系统单元间的相互作用和失效功能间的逻辑关系。设计 FMEA（也叫 DFMEA）适用于产品交付生产之前的设计开发阶段,重点分析由设计缺陷引起的产品潜在失效模式,主要是"事前"而非"事后"的分析。过程 FMEA（即 PEMEA）则适用于制造与装配阶段,重点分析由制造或装配过程缺陷引起的潜在产品失效模式,主要由负责制造/装配的工程师采用。

第二节　新产品上市

一、新产品上市概述

新产品上市是个令人兴奋的事件,意味着技术创新工作终于迎来收获的时节。然而这也是极富挑战的环节。每年有大量的新产品投放市场,但只有少数能够存活下来。据科特勒和凯勒(2012)的估计,新产品的失败率在美国高达 95%,在欧洲高达 90%[①]。Gourville(2006)研究发现,美国每年推向市场的新产品达到 3 万种,其中 70% 以上生存时间不超过 12 个月,这一比例在过去 25 年里没有变化[②]。

如此高的新产品失败率不仅浪费了大量研发资金,还有设备与产能上的消耗、渠道与宣传促销等费用,更会打击经销商的信心、内部的士气,乃至企业的股价。哈佛商学院的一项研究表明,如果一个新产品在生产过程中发现问题造成的损失为 100 美元的话,那么上市前发现问题的损失大约是 1 000 美元,上市后才发现问题的损失则高达 10 000 美元。因此,新产品上市的最终成功,绝不只是取决于进入市场时的行为表现,更不等同于召开一场新品发布会,而是涉及上市前、上市后各个阶段,乃至企业日常的资源能力储备都是重要的影

---

① 菲利普·科特勒,凯文·莱恩·凯勒.营销管理[M].亚洲版.第 5 版.洪瑞云,梁绍明,等,译.北京：人民大学出版社,2012.

② Gourville John T. Eager sellers stony buyers[J]. Harvard Business Review,2006(6)：99-106.

响因素。有太多的新产品在开发阶段就欠缺深入的思考与评估,诞生伊始就带着诸多缺陷。因此,新产品上市之前具备良好的前期基础,对正式上市的成功有重要影响。

1. 新产品上市的前期基础

(1) 新产品开发和生产的市场导向

新产品开发和生产的市场导向是指在新产品的开发和生产阶段就能考虑到顾客需求和竞争者反应。有学者认为新产品若在开发环节过于注重市场导向可能会产生负效应,例如导致企业关注短期利益,过于关注顾客需要而忽视了根本性创新,严重者甚而危及其行业领先地位(Christensen & Bower,1996)。但显然,只关注技术导向而忽略市场导向的新产品开发也很难获得市场成功。以新能源汽车为例,虽然很多支撑技术的突破使得汽车的开发获得成功,但因其造价太高或设施不完善未能符合大众消费需求,很长一段时间里都停留在样品和展品阶段。事实上,市场导向也有响应性市场导向和前瞻性市场导向之分,视企业关注的是顾客的现有需求还是未来需求。研究表明,前瞻性市场导向对新产品绩效的促进作用更显著(李全升、苏秦,2019)。因此,要使新产品快速有效地获得市场收益,就要对新产品开发和生产进行高端定位,以市场为导向并平衡技术和市场要素,推出具有长期竞争力的产品或服务。华为的铁三角销售法,就是一种对顾客需求的极其迅速的响应机制,而多年来华为的稳步前进也许可以证明,这种响应绝不仅仅只是对顾客现有需求的响应,见案例5-1。

案例 5-1

华为的"铁三角"销售法

华为的"铁三角"工作法开始于2007年,源于2006年苏丹项目的一次惨败,华为苏丹代表处痛定思痛,总结出了铁三角的运作模式,并推广到全公司。强大的铁三角是华为做到今天的成就的关键,华为的销售团队也被称为"华为奇迹"。2020年,在席卷全球的新冠疫情和剧烈变化的国际形势面前,华为依然逆势取得了8 914亿元的销售收入,同比增长11.2%,对此"铁三角"销售法功不可没。

"让听见炮声的人来决策。以客户经理、解决方案专家、交付专家组成的工作小组,并不是一个三权分立的制约体系,而是紧紧抱在一起生死与共、聚焦客户需求的共同作战单元,它的目的只有一个:满足客户需求,成就客户的理想。"这是任正非对华为铁三角的阐述,也是华为铁三角的精髓。

华为铁三角的底层逻辑是对企业商道最根本的实现。企业商道里非常重要的一点是,如何让企业的组织,从老板到一线员工,前、中、后台都能实现以客户为中心?华为铁三角的本质是让组织的权力赋予在一线,而一线就是以客户服务为中心,真正把公司的技术产品服务给客户讲清楚、让客户理解、为客户服务好。这个权利赋予一线后,就能驱动整个公司,以客户为中心来构建整个组织管理逻辑。通过快速达成客户的需求和响应来驱动公司的规则制定,完成以客户和公司之间的交易、约定,真正实现客户价值创造。

在常规企业中,往往有两个权力中心,即老板的权利和客户的权利。如何找到两者间的平衡点,权利是靠向老板一边,还是客户一边?以前的市场和客户相对稳定和确定,老板根据既有的经验经历,可以与员工对市场的把握达到高度的吻合,因此早年间以老板为中心的导向同以客户为中心的导向之间的矛盾和冲突还不大。而今企业面临的情况发生了重大变化,市场环境复杂多变,客户需求也不断在变化,老板也无法及时跟进所有细节变化,为了实现对客户的服务,对客户深入理解、达到客户需求的满足,就只能把最终的决策权放在前台。这样一个权力的重新分配,不再是自上而下的,而更多的是自下而上的,让前线听得见炮火、能呼唤到炮火。

华为"铁三角"体系由三个角色组成,如图5-4所示。

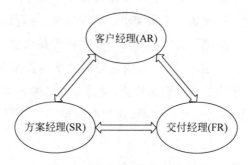

图5-4 "铁三角"销售法示意图

第一个是客户经理,或者称为销售经理,简称为AR(account responsible,客户负责人),主要负责客户关系、业务需求管理、商务谈判、合同与回款。

一个真正优秀的客户经理,应该将80%的时间花在客户身上,要保持与客户的密切接触和联系,甚至可以直接在客户那里上班,时刻了解客户的需求,而不是深居总部办公室,给客户打打电话就算完成任务。在"铁三角"销售体系中,对客户经理的要求是每天都在客户身边出没,时刻关注是否有新的机会点产生。

第二个是方案经理,简称为SR(solution responsible,产品方案负责人),主要负责产品需求管理、产品与方案设计、报价与投标、技术问题解决。

在"铁三角"销售体系中,方案经理的角色绝不是客户经理的简单辅助,而是作为一个项目的战略分析者和策划者,负责分析市场和客户的方方面面,拉通各方面的资源,以求最大概率获得项目成功。方案经理最核心的角色定位,是产品格局的构造者、品牌的传播者以及盈利的守护者。其中,最关键的三个核心点是:营、赢、盈。

第三个是交付经理,简称为FR(fulfill responsible,交付负责人),主要负责从订单、制造、物流、安装到交付验收的项目管理。

在"铁三角"销售体系中,华为要求交付经理一改以往的弱势形象,全程参与项目从立项到合同签订的过程,全面了解项目的前因后果,并且发表自己的专业意见。

客户经理、方案经理和交付经理,三个角色共同构筑了一个三角形的攻坚团队,彼此支持、密切配合,通过极其迅速的响应机制,能够在最短时间内,端到端及时响应客户需求,为客户提供全面的解决方案,将销售工作最需要的进攻性与协同性融于一体。

关于"铁三角"的组织建设,可以根据市场线索及机会点多少,按照以下原则进行组织设计:

(1)"铁三角"项目组由客户负责人(销售)、方案负责人(方案)、交付负责人(交付)作为核心成员,同时任命项目经理,还要任命相关支撑人员。

(2)多产品、多品牌运作客户,可以根据产品、品牌项目建立多个"铁三角"项目组。

(3)"铁三角"项目组组长(项目经理)可以根据项目进展阶段、项目的性质、人员能力情况确定,可以分阶段任命。

(4)每个"铁三角"项目组的上级设置项目经营小组长,对口支持"铁三角"项目组的工作与问题解决。

(资料来源:范厚华. 铁三角工作法[M]. 北京:中信出版社,2021. 作者稍有改编。)

如图5-5所示,当关键技术获得突破后,在新产品的概念设计、可行性分析和初步设计、工艺设计和原型开发、新产品的试产及量产的每个阶段,都结合了对市场的考虑。

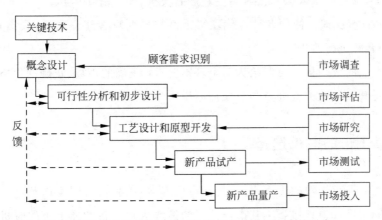

图 5-5　新产品开发和生产过程中技术与市场要素的平衡

资料来源:黄亚丽,赵敏. 基于市场导向的新产品开发流程研究[J]. 经济视角,2011(12):68-70. 本书作者有较大修改。

(2)资源转换和协调能力

开发和生产新产品需要对原有资源进行转换使用,对各种内外部资源进行协调使用。资源的转换使用是改变现有资源的用途,或识别现有资源的新用途,也相应改变了资源使用的范围、难度和成本。资源的协调使用,涉及对内外部资源进行重新配置和整合,寻找新组合,以求实现更大功能。这些都有助于企业面对新市场机会和挑战时能够及时开发出新产品并成功导入市场。在多变的市场环境中,能够根据市场和顾客需求的变化对组织资源与流程进行相应的调整和配置,也即战略柔性,是一种重要的能力(Sanchez Ron,1995)①。

开篇案例回顾

IBM银湖计算机获得最终市场成功的前期基础有哪些?同华为的"铁三角"工作法有何异曲同工之处?

2. 新产品正式上市的步骤

一般地,将新产品正式地导入市场需经过如下步骤。

(1) 明确市场定位。开展市场调查和研究,了解类似产品和竞争者情况,确保拟开发的新产品能够填补市场上的某个空白,或为消费者解决某个问题。即确保存在真实的需求。

(2) 确定目标顾客。识别并追踪目标顾客群,避免把时间、金钱和精力浪费在错误的人身上,否则将不可持续。

(3) 竞争性定价。考虑新产品的自身成本,考虑同类产品的价格,确保新品价格具有竞争力,并根据市场变化而适时调整。

(4) 开展营销。营销和做好产品同样重要,确定营销目标,精心选择营销渠道和策略,包括试点推广、媒介宣传、效果评估等。

(5) 做好规模扩张的准备。一旦首批新产品推向市场后被顺利接受,要保证有充足的备货能够跟上,延迟交货或缺货很容易使新产品夭折,导致前功尽弃。

(6) 收集顾客反馈。使用各种现代联络手段与早期顾客建立联系,收集并处理好顾客反馈,分析问题并进行改进。

一个新产品的成功推出可归结为三个基本要素:正确的市场、正确的价格,以及正确的时间。下面对其中一些关键环节和事项加以说明。

二、新产品上市的时机选择

导致新产品上市失败的因素很多,包括市场因素、产品自身因素以及许多其他因素,而新产品上市的时机选择直接影响其市场推广的最终成败。新产品上市的时机选择,首先需要确定的是先期进入还是后期进入。下面以先期进入者的优势劣势为例进行分析,后期进入者的优势和劣势也可类似分析。

1. 先期上市的优势

先期进入市场的优势在于抢占先机,快速建立一些进入壁垒阻止后期进入者或模仿者。

(1) 形象和声誉的壁垒。先期进入者能够在市场上树立第一品牌的形象或开拓者的声

---

① Sanchez,Ron. Strategic flexibility in product competition[J]. Strategic Management Journal,1995,16:135-159.

誉,这是竞争者难以夺取的。同时,还可以先入为主地给消费者灌输新的消费观念,使后进入者在引导与之不同的消费观念时要付出艰辛的努力和较大的代价。此外,对于需要配套系统的产品而言,顾客从老产品转向新产品更是需要重新置办配套系统,增加了转换成本。

(2) 核心市场壁垒。新产品进入市场初期,因市场形势不够明朗,很多竞争者和模仿者持观望态度,此时企业可以第一时间快速有效地占领核心的市场区域,左右消费者的期望值,再通过销售队伍快速铺货,不给竞争者和模仿者留下大的市场空缺。例如"脉动"功能型饮料在2004年上市后,由于产品储备不足出现断货,导致模仿者蜂拥而上,功能性饮料市场全面爆发的局面,极大地损失了早期利润。

(3) 技术标准和法规壁垒。市场先进入者开发的技术有机会成为技术标准,后进入者必须遵守;先进入者还可利用专利、许可证制度保护已获得的优势,使后进入者处于不利地位。

(4) 资金和成本壁垒。先期进入者凭借早期的垄断地位,可以获得巨额的早期利润。麦肯锡公司的一项调查发现,超出预算但准时地将产品投放市场比符合预算但推迟上市的策略可以使厂商获得更高的利润。价格战通常是后期进入者同先期进入者抢夺市场的主要手段,先期进入市场可以先于竞争者确立并提高生产量,积累生产和销售经验,实现规模经济从而降低新产品成本和价格。

2. 先期上市的劣势

然而速度并不能成为制胜的唯一法宝,最早进入市场的新产品往往会遭遇诸多未知因素和不确定性。

(1) 需求的不确定性。率先行动者必须承担未来需求不确定性的风险,后来者却可以把决策建立在更新的信息基础上。

首先,用户可能不能准确地表达需求。很多富有创新性的产品,例如电灯、电话、火车、汽车、飞机、计算机等,在诞生之前大多数人不会想到要这些产品(参见专栏5-1[①])。即便可能存在需求,用户有时也无法自我识别,即这个需求是隐性需求。因此当一个新产品进入一个全新的市场时,市场是否真实存在、用户是否真实存在需求还有待检验。

> **专栏5-1 顾客不知道自己想要什么**
>
> 乔布斯有句名言:顾客不知道自己想要什么(People don't know what they want)。他在1998年说的原话是这样的:"我们拥有庞大的客户群,且对固定的客户进行了大量的调查研究,同时密切关注产业发展趋势。但这一切并没有那么简单,到最后,还是很难通过这些来设计产品。通常情况下,人们并不了解自己需要什么,直到你把产品呈现在他们面前。"福特汽车创始人亨利·福特也曾经说过类似的话:"如果我问顾客想要什么,他们可能会说自己想要一匹快马。"

---

① 来源:Businessweek.com,1998年5月25日。

其次，新产品厂家难以找到确切的用户。即便需求是真实存在的，但可能新产品厂家并不知道确切的用户是谁、在哪里。例如日本索尼公司早年曾开发出一款磁带录音机，虽又大又笨重，但工艺精良、性能稳定、音质极佳，推销过程中发现人人赞赏却无人购买，费尽周折，最后找到法庭记录员和英语教师，才算找到当时真正的买主。

此外，市场规模和市场成长速度难以估计。即便新产品的市场需求已经被证实是真实存在的，但因不能准确识别新产品的潜在用户，或者不能准确预测到新技术的发展态势，导致无法准确估计新产品的市场规模。例如IBM公司的创始人托马斯·沃森，1948年在成功向一家国家科研机构推销掉一台大型计算机后，曾满怀雄心地判断"我认为存在大约五台计算机的世界市场"。而乌卡（VUCA）时代，新产品的市场成长速度相比其市场规模的大小更为重要，但也同样难以估计。

（2）巨大的开拓成本。率先行动者必须承担巨大的开拓成本，如开发的各种投入，市场的培育等。

（3）容易受到竞争对手的"攻击"。木秀于林，风必摧之，华为公司等行业领头羊近年屡屡遭受美国政府的制裁就是例证。

上述这些对新产品的厂家而言都构成了"先发劣势"。对于后期进入的企业而言，可以通过观望吸取其他企业的经验教训，或通过搭便车避开上述不确定性和大量市场开拓成本，代价是不得不面对先期进入者构筑的壁垒。

到底选择先期进入还是后期进入，必须视其目标市场需求、企业发展状况、竞争对手企业情况而定。适当的时机不等同于最早进入的时机，实践中，最早进入市场并能在市场整合中存活下来的企业屈指可数，最终获胜的大多不是最早进入市场的先驱企业，例如，通用电气没有创造CT扫描仪市场，但却收获了市场中的大部分利润。它们的成功正是因为没有急于行动，而是选择了恰当的时机行动，而那些失败的先驱企业并没有获得真正的"先发优势"和大规模市场的基础。

三、新产品上市的定价选择

新产品定价是否合理，不仅关系到其能否顺利进入并占领市场，而且关系到企业的经济效益和发展。新产品的定价也非常困难，因为它需要面对旧习惯的改变、新期望的培养，以及新标准的建立；需要投石问路，摸着石头过河。因此，虽然新产品的定价自由度很大，但由于缺少参照，不确定性很高，一招不适，可能再无回头之路。

新产品的定价一般有三种策略可供选择。

（1）高价策略，也称撇脂定价（skimming price），即采用比常规价格高的价格，在短期内谋求高额利润，以弥补研究开发成本和产品促销成本。这种定价策略适合于市场竞争不激烈、产品的科技含量较高，或目标顾客群体有支付溢价能力的情形。在消费品市场，以及技术含量高、资金需要量大的工业产品市场，这种策略被广泛采用，见案例5-2。采用这种先高后低的价格策略,除了保持好的经济效益,还可强化企业声誉和树立产品高质量的形象,以利于新产品的不断推出,并通过不断的价格调整和推出新产品来控制每一款产品的生命周期,达到引领市场的目的。

案例 5-2

圆珠笔的定价

美国一位名叫米尔顿·雷诺兹的企业家,1946年到阿根廷去谈生意,偶遇市场上的圆珠笔,虽早已问世,但由于没有批量生产而鲜为人知。他认为圆珠笔有很好的市场前景。回到国内以后,一个月的潜心研究,就拿出了样品,利用人们当时原子热的情绪,取名为"原子笔",虽然生产成本只有0.5美元,根据人们追新求异的心理,将价格定在12.5美元一支,零售价20美元,以显示原子笔的非凡之处。一段时间后,这种笔以其新颖、奇特和高贵的形象风靡美国,订单像雪片般飞向雷诺兹公司。半年时间,不仅收回了2.6万美元的投资,而且获得了155万美元的丰厚利润。随着其他厂家的介入,竞争加剧,产品生产成本降至0.1美元,零售价卖到了0.7美元一支,但此时雷诺兹早已大大捞了一把。

(2) 低价策略,也称渗透定价(penetration pricing),即为迅速提高市场份额而采取薄利多销的定价原则。这种策略常用于产品的价格弹性较大,或企业生产经营的规模经济效应明显,能够通过薄利多销获取利润的情形。采用渗透定价策略有利于迅速打开市场,而且由于价低利薄,可以从市场占有率和微薄的利润两方面建立门槛,阻止竞争对手进入市场,见案例5-3。但由于低价所吸引的顾客往往缺乏忠诚度,可持续性较差,因此必须尽快渗透市场,实现高销售额。

案例 5-3

小米公司通过整合上下游资源,推出千元版手机,迅速挤占了市场份额,市场销量的增加,又进一步降低了产品的单位成本与价格,这种循环使小米手机在价格上长期保持竞争优势。

(3) 满意定价(satisfaction pricing),即新产品的价格介于撇脂定价和渗透定价的价格中间,能够兼顾厂商、中间商和顾客的利益,使大家都感到满意。满意定价法适合价格弹性较小的生活必需品和重要的生产资料。前二者的市场竞争优势分别是质量领先与成本领先,都是以市场抢占者的身份参与竞争,市场攻击性较强,而满意定价的态势较为保守,追求稳妥和合理,没有很强的市场攻击性。

三种定价策略中,撇脂定价经常是新产品价格策略的首选。一方面,顾客其实并非传统经济学中所称的理性"经济人",而是"有限理性"的"社会人",对价格的感受并不客观。另一方面,新产品的上市价格往往对市场具有标杆和导向作用,除了直接影响企业开发新产品的积极性之外,还会严重影响企业的生存和发展、影响企业家的创新精神。因此,通过高价策略获取最大的边际效益有其合理性和可行性。但具体到不同类型的新产品,有不同的定价标准,例如替代型竞争型产品要参考被替代产品的价格,而不是成本加利润的衡量方法。

案例 5-4

大疆与其前高管的一场"恩怨"纠纷

中国有位"80 后"青年,就像马斯克和乔布斯的复合体,在科技界掀起了惊涛骇浪。他就是大疆创始人——汪滔。从小埋下"直升机自动飞行"的种子,学业有成后赴深圳创业,仓库起家,苦熬七年,以全球首款消费级航拍一体无人机震惊业界。而后,汪滔带领大疆先轻取欧美,再转战国内,最后拿下了民用无人机市场武林盟主的宝座。截至 2022 年 3 月,大疆在全球民用无人机市场占据超 80% 的市场份额,估值超 200 亿美金,建立起一个拥有 1 万多名员工的无人机帝国。作为创始人的汪滔,身价也超过 400 亿元人民币,位列中国"80 后"富豪榜第三。

然而大疆的成长之路也并非一帆风顺,除了近 6 年来一直被美国政府围追堵截,屡遭限制和制裁,在商场上也饱受战争的洗礼,其中还包括与大疆前高管的一场"恩怨"纠纷。

2011 年 8 月,汪滔在美国印第安纳州曼西市举办的无线电遥控直升机大会上结识了科林·奎恩(Colin Guinn),后者当时经营着一家从事航拍业务的创业公司。奎恩为实现无人机稳定拍摄,与正在研发云台的大疆一拍即合。执行力超强的天才销售员奎恩,直飞深圳大疆总部,说服大疆设立北美分公司。科林获得北美分公司 48% 的股份,负责大疆在北美地区的销售和部分英语国家的营销工作。

科林堪称营销天才,他为大疆想了那句著名的口号"未来无所不能"(The Future of Possible)。他还借助明星资源在社交媒体上宣传禅思云台和"大疆精灵"无人机,成功引爆了社交圈上的传播。

科林一开始与汪滔的关系不错,汪滔曾回忆说,他是一位"了不起的销售员,他的一些想法有时让我深受启发"。也部分得益于科林·奎恩的营销工作,2013 年,大疆推出的 Phantom 无人机(大疆精灵)在北美市场大获成功。不过两人的关系却开始渐行渐远。

科林·奎恩在社交媒体上以大疆 CEO 自居,将所有开发"大疆精灵"无人机的功劳揽到了自己身上。更糟糕的是,他还在汪滔未同意的情况下擅自答应了大疆与运动摄像机厂商 GoPro 的合作,允许 GoPro 获得 2/3 的利润,而作为产品提供者的大疆只得 1/3,这是汪滔所不能接受的。面对这位失控的美国高管,汪滔很快做出了反击。

2013 年底,在双方关于股权赔偿的谈判未果后,大疆锁定了北美分公司所有员工的电邮账户，并将所有客户订单重新导向中国总部。2014年初，许多大疆北美分公司的员工遭到解雇，奥斯汀办事处的资产也被清算。科林随即将大疆告上了法庭，后经庭外调解，科林拿到1 000万美元和解费。科林和很多遭解雇的前员工后来加入了大疆当时的竞争对手3D Robotics，这家由《连线》杂志前主编克里斯·安德森创办的明星公司，曾一度是大疆在消费级无人机领域最大的威胁。

可惜科林入职后的第一款产品Iris就没能达到预期，寄予厚望的Solo则频繁出现GPS系统连接问题，连稳定飞行都很难保证。产品上市的时候甚至连防抖云台的量产都还没实现，直到几个月之后才把云台部件给补上。最终Solo在和大疆"精灵3 Pro"的对决中溃不成军。3D Robotics备货10万台，最终只卖出去2万台，直接导致公司宣布退出消费级无人机市场。

大疆则在和GoPro谈崩、踢出科林之后，很快发布了"精灵3"，用上了其实早有布局的自研相机，加上"飞控、云台、图传"中的最后一项"图传"也不再使用外包的模拟图传方案，而用上了自己研发的数字图传，大疆完全实现了从硬件到软件的全方位的自主化。

大疆所积累下来的技术实力，为自己铸成了厚厚的竞争壁垒，竞争对手一时半会很难动摇他的根基。

（资料来源：老局长. 美国制裁了六年，大疆为什么还活得好好的？公众号"星海情报局"，2022-03-20.）

思考讨论题

你怎么看汪滔和科林的分歧？对一家公司而言，产品技术和营销分别占据什么样的角色？

思考讨论题

即练即测

1. 新产品的试产过程同一般产品量产阶段相比有何区别？
2. 新产品的上市过程同一般产品的销售相比有何区别？
3. 新产品试产的工作流程是什么？
4. 新产品试产的组织结构有何特点？
5. 新产品试产阶段存在哪些不确定因素？
6. 新产品试产阶段有哪些典型的管理技术？
7. 新产品成功上市需要什么前提基础？
8. 新产品上市的时机如何选择？
9. 新产品上市的定价如何选择？

第六章

技术创新的扩散

学习目标与重点

了解什么是技术创新的扩散,技术创新扩散体系包括哪些要素,影响创新扩散的因素有哪些,技术创新扩散有什么模式,创新扩散存在哪些可能的负效应。

开篇案例

秘鲁小村落的烧开水推广风波[①]

秘鲁的公众健康组织打算向村民介绍一些新的观念以提高他们的健康水平。该组织鼓励人们盖公共厕所,每日焚烧垃圾,消灭室内苍蝇,定期报告传染病病例并且饮用开水。由于当地村民不知道不洁会导致疾病,这些新观念必然会导致他们思维方式和行为的重大改变。饮用开水就是提高秘鲁村民健康的重要措施。村中诊所的传染病患者治愈后往往一个月内就因同一疾病又回来就医,原因就在于村民饮用生水。

洛莫林是秘鲁沿海地区一个村庄,有 200 多户。大部分洛莫林村的居民是在种植园里生活的农民。打水一般用罐子、桶、葫芦。水源则有三处:一处是村子附近的季节性灌溉水渠,一处是 1 英里外的泉眼,还有一处是村民不喜欢的公共水井。所有三处都遭到污染,每次检验都不合格。其中喝水渠水的人最多,因为它离人们的住处近,而且据说味道也好些。

虽然在村里安个净水系统并不可行,但是仅仅通过把水烧开之后再喝也会在很大程度上减少伤寒和其他由水源传播的疾病。因此公众健康组织安排当地医工尼丽达进行如下简单工作:劝说洛莫林村的主妇平日里烧开水。尼丽达在洛莫林的推广活动历时二年,曾对村中居民多次造访,又特别对其中 21 户下了功夫,登门达 15~25 次之多,然而两年的艰苦努力最终失败,仅其中的 11 户家庭主妇被说服接受了这一新知,仅占人口总数的 5%。

这些数字都代表了一些什么样的人?可以把村里的主妇分为 3 类,一种是依从原有的习俗把水烧开,一种是接受了医工的劝导而烧开水,一种是那些占多数的拒不接受新观念的人。

[①] 案例来源:韦林(1995),间接引自罗杰斯《创新的扩散》,本书作者作了改编。

A 太太：遵从习俗的接受者。A 太太大约 40 岁，患有关节炎，村里人称她"病婆"。每天早晨 A 太太都烧一壶水，一天下来都用开水。她不懂尼丽达所讲解的细菌学说，她烧开水的动机来自于当地习俗中"冷"与"暖"的差异性。这种观念的基本原则是所有食物从本质上分为凉性和暖性，这种属性与物体的实际温度无关，而是被用来预防和解决一些在怀孕、分娩和对付其他疾病时遇到的问题。

开水与疾病在洛莫林村是密切相连的，只有得病的人才喝煮过的、"热"的水。要是有人得病了，肯定不能吃猪肉（极冷的）或饮白兰地酒（极热的），病人应避免这类食物。所以，生水被认为是极冷的，当然是烧过之后才适合给病人喝的。

村民们从小就养成不爱喝开水的习惯。大多数人只有加些糖、桂皮、柠檬、香草之类佐料后才肯下咽。A 太太喜欢喝带点桂皮味的水。村里的认知体系里没有水被细菌污染的概念。从传统上讲，把水煮沸是为了消除生水中的"凉性"，而非有害细菌。A 太太觉得自己是病者，喝开水是遵从当地治病的习俗。

B 太太：被说服的接受者。B 家人是上一代迁来洛莫林村的，但至今在文化取向上强烈倾向安第斯山脉的出生地。B 太太觉得村里满是低地怪病，为此她忧心忡忡。一定程度上这种担忧促使她接受了尼丽达关于烧开水的劝说。对 B 太太而言，医工尼丽达是友善的权威，传授新知，提供保护。B 太太不仅把水烧开，她还修了一个简易厕所，并把最小的一个孩子送到医疗中心做体检。

高原特色的发型和生疏的西班牙语注定了 B 太太在洛莫林社区是一个外来户。最终也只能在村里交往中处于边缘状态。由于社区对 B 太太不算有大影响的团体，她才偏离了村里的观念而接受了有关健康的新知。B 太太听从尼丽达的话而获得了个人的收益，同时她在社交方面没有什么损失，她的边缘状态也不受影响。她很感谢尼丽达教她消除低地不洁水质带来的危险。

C 太太：拒绝者。在创新组织推行二年的烧开水计划中，这位主妇代表了洛莫林的大多数固守旧俗的家庭。尽管尼丽达反复解释，C 太太还是没弄懂细菌学说：水里的微生物怎么能在淹死人的水里生存呢？它们是鱼吗？如果细菌小到看不见摸不着，它们怎么会伤害一个大活人？除了这些不能看、听、摸、嗅到的小精灵，世上还有更多要担心的真正的危险——贫穷和饥饿。C 太太固守村里的传统观念，不赞成喝烧开的水。作为一个关于凉性暖性迷信说法的忠实信徒，她认为只有病人才喝烧开过的水。

这些潜在的接受者怎样看待创新机构想大力说服她们接受新观念这件事的呢？在洛莫林，尼丽达属于中产阶级，中下阶层的主妇对尼丽达有不同看法。下层的大部分家庭把监控机构的工作人员看作被派到洛莫林的"侦探"，是"可恶的检查者"，四处打听什么地方不干净，敦促已经很忙的家庭主妇保持房屋清洁。因为下层的主妇们很少有自由时间，她们不愿意与尼丽达讨论烧开水的事情。她们与社区外的联系很有限，结果她们只能以洛莫林传统的观念和社交眼界看待技术权威尼丽达。她们并不信任这位陌生的外来者。

思考讨论题

1. 为什么烧开水的新观念推广会失败,根本原因是什么?
2. 尼丽达的推广方式有什么问题吗?你有什么建议?

技术创新扩散是技术创新过程的最后一个环节,也是必经的重要环节。一个企业通过技术创新获得超额利润之后,其他企业就会纷纷效仿,使创新产品或创新技术在本行业和相关行业中普遍扩散,甚至被不相关行业借鉴、改进和再创新,从而推动社会经济的发展。因此,创新的扩散对社会的发展起着重要的推进作用。

第一节 什么是技术创新扩散

一、技术创新扩散的含义

美国新墨西哥大学的传播与新闻学埃弗雷特.M.罗杰斯教授(Everett M. Rogers)是创新扩散理论的集大成者。1995年,罗杰斯研究了3 000多个有关创新扩散的案例,出版了《创新的扩散》[①]一书,提出了著名的创新扩散"S曲线"理论。

1. 技术创新扩散的定义

不同学者对技术创新扩散含义的理解不尽相同,表述也各有侧重。斯通曼将"一种新的技术"的"广泛应用和推广"称为技术创新扩散。熊彼特将技术创新的大面积或者大规模的"模仿"视为技术创新扩散。罗杰斯则认为,创新扩散是指某种创新活动在一定时间内,通过一定的渠道,在某一社会系统的成员中传播的过程。

借鉴罗杰斯的定义,技术创新扩散(diffusion of technology innovations)可定义为:创新技术(产品或工艺)通过特定渠道在一个社会系统的成员中随时间而传播并推广应用的过程。创新扩散过程是微观上各个个体采用创新的过程和它们之间相互作用的展现。这里的"创新",与它是否客观上为新、是否第一次应用无关,而是由个体或团体的反应决定;当一个观点、方法或物体被某个人或团体认为是"新的"的时候,它就是一项创新。

2. 技术创新扩散的作用

同技术创新的起源一样,技术创新扩散的发生一般也受技术推动、需求拉动或其他各种因素的驱动。对企业而言,技术创新的扩散包括企业内的扩散和企业间的扩散。企业内技术创新扩散的过程是指从某企业第一次使用新技术开始,直到该新技术在企业的应用达到饱和为止的整个时间过程。

企业间的技术创新扩散过程是指扩散企业将自己的创新技术通过特定的渠道和方式

---

① [美]埃弗雷特·M.罗杰斯.创新的扩散[M].辛欣,译.北京:中央编译出版社,2002.

传播到其他企业的过程,它是最有意义的扩散形式,是技术创新取得社会经济效益的根本来源。

对于创新企业来讲,当它成功地实现了一项创新后,往往意味着它在这一领域取得较强的竞争优势(技术领先),甚至可能具有很强的垄断势力。但是,除了具有特殊壁垒之外,技术扩散是不可避免的。

二、技术创新扩散的过程

1."S"形曲线

个体采纳创新的累积,在宏观上就形成了创新的扩散。创新在特定社会系统中的传播过程呈现出"S"形的扩散曲线,如图 6-1 所示。

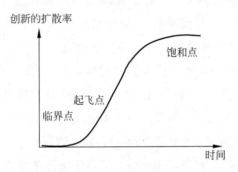

图 6-1 创新扩散的"S"形曲线

一开始只有一个或少数几个企业采用技术创新,这个(些)企业就是技术创新者。当一种技术创新刚刚开始在系统中扩散时,人们对它的接受程度比较低,因此采用者很少,扩散的进程缓慢;当人数增加到一定数量(即"临界数量")后,扩散过程突然加快(即起飞阶段),曲线呈迅速上升趋势,有越来越多的企业模仿和采用原创企业的技术创新。这个过程一直延续,直到系统中有可能采纳创新的人大部分都已采纳创新,在接近于最大饱和点时扩散速度又逐渐放慢,S形曲线趋近于渐进线,扩散过程结束。以横轴表示时间,纵轴为采用技术创新成果的企业个数,即为创新扩散的速率,会得到一条S形的结果分布曲线。

2. 扩散曲线中的特殊点

(1) 临界点。罗杰斯认为,一种创新在一个社会系统中的扩散,只有使用者达到系统总人口的某一比例后,整个扩散过程才可以自续(self-sustaining)下去,这一比例(有时也用其绝对数量,即已采用者的数量),就是临界数量(通常这个数量是人口的 10%~20%)。这个临界点,在营销者看来,就是新产品的"上市门槛"。只有跨过上市门槛,新品才能成功上市。

(2) 起飞点(take-off)。而当采用者比例一旦达到临界数量,扩散过程就会加快,出现起飞,以致系统中大部分最终会采用创新的人都在这一阶段采用该创新。这个起飞阶段,对营销者而言,就是新产品上市的"成长期",原有的消费者会进行重复性购买,新的更多的消费者会来尝试购买,该阶段销量快速上升。

(3) 饱和点(saturated point)。饱和点的概念是指创新在社会系统中一般不总能100%扩散。事实上,很多创新在社会系统中最终只能扩散到某个百分比。当系统中的创新采纳者再也没有增加时,系统中的创新采纳者数量(绝对数量表示)或创新采纳者比例(相对数量表示),就是该创新扩散的饱和点。此阶段,营销者认为是产品进入了成熟期,销售额和利润额都达到了历史最高点。

三、技术创新扩散过程的本质

对于创新扩散过程本质的理解,学术界有多种观点,比较有影响的有以下几种:

(1) 传播论。以罗杰斯等人为代表的传播论认为扩散是创新在一定时间内,通过某种渠道,在社会系统成员中进行传播的过程。我国学者傅家骥、许庆瑞等持有相同观点。该理论的本质是扩散过程的核心是潮流效应,即创新潜在采用者的创新采用决策取决于已采用创新的消费者数,由此得到随时间呈S形的扩散曲线。

(2) 学习论。该理论认为扩散之所以需要时间,关键因素是创新技术本身在一开始并不完善,创新的采用需要一个学习的过程。"学习效应"对扩散过程的影响主要是通过"干中学"(learning by doing)实现的。斯里弗博格(Sliverberg,1988)指出,任何创新的扩散都涉及对创新的调整问题,技术进步便是将"干中学"植入创新扩散的自组织模型中实现的。对于创新扩散过程中的学习机制,曼斯菲尔德提出了基于模仿学习的模仿模型;戴维(P. David)和戴维斯(S. Davies)提出了学习的"刺激—反应"机制。

(3) 替代论。以梅特卡夫(Metcalfe)等人为代表的替代论认为创新扩散过程是新技术对老技术的替代过程,因为"在创新扩散的任何研究中,我们关心的是新技术形式与经济相结合而使经济结构发生变化的过程"(Metealfe,1991)。替代论的本质在于其强调扩散过程的不均衡特点,即扩散是一种均衡(老技术的使用)转移到另一种均衡水平(新技术的采用)的不平衡过程。

(4) 博弈论。近来一些学者(Reinganum,1981)将博弈论引入到创新扩散的过程研究,该理论认为随着创新的扩散,创新收益将会发生变化,创新收益与成本相等的均衡决定了创新的扩散速度。进而该理论指出,从本质上看,技术创新扩散是垄断性博弈对策的结果,新技术的潜在采用者通过博弈对策确定使用新技术的时间。博弈论为创新扩散的过程研究提供了新的视角,但总的来说它尚处于理论探索阶段。

第二节 技术创新扩散系统的构成

技术创新扩散是一个复杂的技术与经济相结合的过程,一个技术创新扩散体系至少应该包括4个必不可少的基本要素:(1)作为扩散对象的技术创新本身;(2)技术创新信息的传播渠道；(3)技术创新扩散所处的社会系统；(4)描述扩散速度和过程的重要参数——时间。

一、技术创新特性

正如图 6-1 所示，不同的技术创新，其扩散速度可能很不相同。导致一项创新能否扩散以及扩散速度快慢的原因很多，其中技术创新本身的特性是一个非常重要的因素。从潜在用户的认知角度，创新特性包括相对优势、兼容性、可理解性、可试用性、可观察性。

1. **相对优势**（comparative advantage）

所谓相对优势，是指一种技术创新相对于竞争产品（主要指被它替代的老技术）具有的优势，通常表现为经济上的可获利性、时间的节约、给予用户的社会地位、方便性等。

通过采纳创新，用户可以从成本节约、产出增加、产品质量提高等多个方面获得经济上的收益。经济因素在很多情况下是影响技术创新扩散的最重要方面，尤其是当采纳创新的成本较高或者收益较高时。格瑞里奇司在研究杂交玉米在农户中的扩散时，认为 30%的农户采纳行为可以用采纳该创新的经济获利性来解释。

时间的节约和不舒适感的下降也是有些创新可以带给用户的重要内部效益。

另有许多创新之所以能够扩散，更重要的原因在于采纳该创新可以给用户带来一定的社会地位。新款手机在市场中的扩散就是一个很好的例子。单从可以完成的功能、使用的方便程度来看，新款手机同其他款式的手机并无太大的差别，但是，由于它可以带给使用者一定的社会地位和满足感，因此即使其价格比其他款式的手机高很多，也能较快地在特定的用户群中扩散。

一般地说，产品的相对优势越大，其被购买的可能性也越大。在创新过程中，通过改进创新的相对优势，如对研究开发活动进行补贴、减少转换成本，能够推动创新的采用和扩散。

2. **兼容性**（compatibility）

兼容性是指创新产品和潜在用户的价值观、过往经验、需求的匹配程度。兼容性强的创新产品，对潜在用户现有的技术、设备、工艺、运作规范等的适用性也强，同潜在用户的现有价值观、过去的经验和需求的一致性较高，意味着用户采纳创新产品的转换成本低、风险小，因此易于被用户掌握和接受。

兼容性对最终决策的做出有重要的影响作用，直接影响创新的扩散速度。例如，QWERT 键盘诞生之后出现了很多键盘，如 DVORAK 键盘、MALT 键盘等等，打字效率都远高于 QWERT 键盘，见案例 6-1，但近 150 年来始终无法替代它，其中一个重要原因就是因为人们已形成了习惯。正如手指触摸式触摸屏键盘 DotKey 的发明者、杨百翰大学（Brigham Young University）计算机科学助理教授弗兰克琼斯（Frank Jones）所说，"我们陷入一种循环:我们教孩子们如何使用 QWERT,因为它无处不在。为什么 QWERT 无处不在?因为我们教孩子们使用它。"

案例 6-1

150 年独孤求败的 QWERT 键盘①

我们用 QWERT 键盘来打字已近 150 年了。QWERT 取名源自键盘第一行的前几个字母按键。最初打字机的键盘是按照字母顺序排列的,但如果打字速度过快,某些键的组合很容易出现卡键问题,于是发明家肖尔斯(Christopher Latham Sholes)将最常用的几个字母安置在相反方向,以最大限度放慢敲键速度、避免卡键,这就是 QWERT 键盘。肖尔斯在 1868 年申请专利,使用此布局的第一台商用打字机 Sholes&Glidden 于 1873 年成功投放市场。到世纪之交,QWERT 成为了打字机标准。

事实上,1986 年布鲁斯·伯里文爵士曾在《奇妙的书写机器》一文中表示:"QWERT 的安排方式非常没效率",比如,大多数打字员惯用右手,但使用 QWERT,左手却负担了 57% 的工作;两小指及左无名指是最没力气的指头,却频频要使用它们;排在中列的字母,其使用率仅占整个打字工作的 30% 左右,因此,为了打一个字,时常要上上下下移动指头。

讽刺的是,这样一种以放慢敲键速度为目的的键盘排列方式,近 150 年来延续至今。这么多年难道一直没有可替代的键盘吗?事实是,想取代 QWERT 的竞争者从来没有停歇过……

1. 比 QWERT 键盘效率高得多的 DVORAK 键盘

1930 年,华盛顿大学教授德夫瑞克(August Dvorak)发明了一种更优越的 DVORAK 键盘系统,将 9 个最常用的字母放在键盘中列,这种设计使打字者手指不离键就能打至少 3 000 多个字,而 QWERT 只能做到 50 个字。DVORAK 是通过减少手指的运动量来降低工作强度、提高工作效率的。DVORAK 键盘让右手负担 56% 的工作,最有力的手指工作量最大,70% 的打字工作是在中列进行而不必移动手指。使用 DVORAK,打字者的手指平均每日运动 1 英里,而 QWERT 则是 12 到 20 英里。

"二战"期间,德夫瑞克曾集合 14 位海军打字员练习 DVORAK,1 个月后,他们的速度惊人地提高了 68%。但当时正逢二次大战,作战物资缺乏,这种新键盘还没问市就停产了。

2. 更先进的 MALT 键盘

比 DVORAK 更先进一步的是莫尔特(Lillian Malt)发明的 MALT 键盘。它改变

---

① 资料来源:Evan Cohen,"键盘发展简史:144 年独孤求败的 QWERT 键盘",MIT Technology Review,中译本来源:译指禅(yizhichan007)(https://tech.sina.com.cn/csj/2018-11-13/doc-ihnstwwr3717628.shtml),2018 年 11 月 13 日,本书作者进行了改编和更新。

了原本交错的字键行列,并使拇指得到更多使用、使"后退键"(Backspace)及其他原本远离键盘中心的键更容易触到。但MALT键盘需要特别的硬件才能安装到电脑上,所以也没有得到广泛应用。

3. 手持设备Tap及之后的键盘

David Schick和他的妻子发明了手持设备Tap键盘,为每个手指制作了带加速计的小工具,可以将不同类型的敲击转化成字母和标点符号。他们确信随着计算机变得更具移动性、可触摸性和可穿戴性,并且随着强大的虚拟现实的普及,可以通过新的方法将单词输入到机器中。

不管Tap的实际使用效果如何,它提出了一个关于技术发展的重要问题。我们有很多方法可以输入数据——语音,触摸屏,手写笔,所有你听过的,然而我们仍然非常依赖于QWERT键盘,尽管它落后得像150年前发布的第一批在商业中大获成功的打字机。

之后还有单手Twiddler键盘,等等,但它们和Tap一样都没能成功削弱QWERT的统治地位。可见,对技术创新扩散而言,有技术优势并不代表就能够成功。

3. 可理解性(communicability)

可理解性是指潜在用户理解创新的容易程度。通常,潜在用户越容易理解一项创新,接受该创新的可能性也就越大。

技术创新的扩散速度往往是同其可理解性成正相关的。如果一种创新比较复杂、不易理解,潜在用户需要较长的时间去认识和学习它的功能和性能。另外,复杂的、不易理解的创新往往对采纳者的专门技术能力等有较高的要求。当采纳者的技术能力达不到相应的要求时,采纳创新带给用户的收益就会下降,从而造成一种负面的示范效应。为了克服可理解性的影响,可以采取两种措施:一是提高用户的技术能力,即提高用户的理解能力;二是通过完善产品设计而降低复杂性,提高产品本身的可理解性。提高用户的技术能力是一项长期而艰苦的任务,因而最可行的措施就是完善技术或产品的设计,使其面向用户的界面简单而友好,同目标用户群的总体素质和能力相协调。

4. 可试用性(exploitability)

可试用性是指一项创新可被用户小范围适用的程度。对潜在用户而言,"先试后买"能够增进了解,降低购买风险,因此创新的可试用性越大,潜在用户接受该创新的可能性越大。但当该创新产品存在很多缺陷并且被用户在试用过程中发现时,可试用性对创新的扩散就起到了反作用。因此,可试用性促进创新扩散的前提是对该创新产品有信心。

对于较早采用创新的用户来说,创新的可试用性非常重要,因为在他们之前采纳创新的用户很少甚至没有,因而他们无法从别人的采纳实践中获取关于创新功能和性能的有效信息。对创新进行试用是他们判断其性能的重要依据。而对较晚采纳创新的用户而言,他们可以从与自己类似的用户那里得到有用的信息。

对于成本不太高的新产品来说,向用户免费赠送一些样品供其试用是一种很常见的促进创新扩散的策略。而对于那些高成本的技术创新而言,通过在典型环境和条件下的试点和示范,可以在一定程度上克服因其可试用性较差而对创新扩散产生的不利影响。

5. 可观察性(observability)

可观察性是指一种技术创新的采用效果可以被用户观察到的能力。同可试用性类似,当创新产品的特征、包括采用效果容易被观测到时,潜在用户较容易接受该创新。

对于大部分的技术创新而言,采纳的效果通常表现为易于观察到的货币效益、劳动强度的减少、劳动时间的缩短等,因而可观察性较好。但对有些创新来说,其采用效果则表现为不易观察的形式。研究表明,潜在用户通常愿意与已经采用创新产品的用户进行接触,这类接触活动有助于推动创新的扩散。

二、创新信息的传播渠道

创新本身并不具备自我传播的能力,创新的扩散倚赖于信息的传播渠道,即有关信息从一个决策个体传播到其他决策个体的途径和方式。

创新的信息传播渠道可以分为大众传播媒体和人际交流网络两大类。它们在技术创新扩散中的作用是不相同的。大众传播媒体,如广播、电视等可以同时向很多人传播同一信息,但是,潜在用户一般只相信来自这些渠道的关于创新存在的信息,而不会完全相信其传递的关于创新性能信息的真实性。与之相反,人际交流方式由于包含了两个或者多个决策个体之间面对面的交流,因而信息传递效率比较低,但信息的可信度高,适合于传递关于技术创新具体性能的信息。根据受到这两种影响方式的不同,可将潜在接受者分为受到大众媒体影响(外部影响)的"创新先驱",即领先采纳者,和仅受到口碑影响(内部影响)的"模仿者"。

1. 创新采纳者的类别及其应用

按照采纳创新的时间早晚,罗杰斯将创新采纳者分为领先采纳者、早期采纳者、早期追随者、后期跟随者以及落后者五类,如图 6-2 所示。其特点如下。

(1) 领先采纳者(innovators)。这个群体是能最先接受新产品的用户群体,一般比较年轻,见多识广,接受新事物能力强,也有较强的经济能力,大约占消费者总量的 2.5%。

(2) 早期采纳者(early adopters)。这个群体接受新产品的能力仅次于领先采纳者,是可以领导潮流的群体。通常地位受人尊敬,是社会系统内部最高层次的意见领袖(opinion leader),因此也是新产品营销的主要群体,只有抓住这一部分用户,才能有效地推动新产品扩散进程。这个群体占据了用户数量的 13.5%。

(3) 早期追随者(early majority)。深思熟虑,经常与同事沟通,但很少居于意见领袖地位。

(4) 后期跟随者(late majority)。疑虑较多,之所以采用创新,通常是因为出于经济需

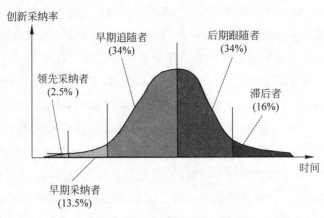

图 6-2 创新采纳者的分布情况

要或社会关系不断增加的压力。

(5) 滞后者(laggards)。因循守旧,思维模式和生活方式受地方习俗或传统观念影响较大,一般经济条件有限,很多人信息比较闭塞,参考资料是以往的经验。

当然,上述分类是基于特定创新而言的,对于不同的创新,有的人可能分属于不同的采纳者类型。

每一类采纳者都有其较为显著的行为模式,可为新产品上市推广活动提供非常有用的参考依据。早期的采用者为后来的普及提供了必要的帮助,他们愿意率先使用新技术、新产品等新事物并甘愿为之承担风险。他们不仅能够接受新产品初期的局限性,还经常通过人际传播的方式劝说别人采用某项新技术,使他们所处各群体的意见领袖们相信并且采用新产品。之后,意见领袖们又向处在他们人际传播范围中的受众扩散影响,于是更多的人接受新产品。

以这几类采纳者为目标用户,企业可以针对其不同特点,制定专门的营销策略。

领先采纳者是前卫型的潜在用户,喜欢冒险,追求刺激和新奇。营销者要善于利用这部分用户群体,采用对他们行之有效的沟通方式,去刺激他们做出尝试性购买。

早期采用者是时尚型的人群,对新兴事物比较关注,也愿意尝试新的生活方式。他们容易受大众媒体的影响。若有空中广告支持,再配合地面销售的话,销量上升会较快。

早期追随者,是典型的主流人群,对新兴事物有一定兴趣,大众媒体对他们的影响很明显,也容易受到促销利益的诱惑而做出购买决定。晚期跟随者,则更容易被周围人群打动和影响,口碑传播效果比较明显,营销者要善于利用前期购买者对他们的心理影响,采取以公关活动和小众传播为主的推广形式,来加速晚期多数消费群的购买。

滞后者,关键是要对这部分群体形成心理压力,并用直接的促销信息去刺激其做出购买决策。

2. 两级传播理论

传统的传播理论认为大众传播媒介对民众具有很大的影响力,并称之为"皮下注射论

(hypodermic needle theory)",或"魔弹论(bullet theory)"。即大众媒介向民众传达信息对人们的影响,就好像皮下注射针剂对人们的身体即刻起到作用,或像被子弹击中一样。在这种模式下,大众被描述为只能被动地等待接受信息并受其左右。

但后来,传播学研究的先驱者之一拉扎斯菲尔德(Paul F. Lazarsfeld,1940)研究发现,在总统选举中选民们政治倾向的改变很少直接受大众传媒的影响,人们之间直接的面对面交流似乎对其政治态度的形成和转变更为关键。通常来自收音机或报纸上的信息,不直接影响一般的大众,而是首先影响一个核心子群,然后再由他们影响其亲朋好友。这个核心子群就是意见领袖。前者作为第一个阶段,主要是信息传达的过程;后者作为第二阶段,则主要是人际交流的影响。这就是著名的两级传播假设(two-step flow hypothesis)。尽管传播学界对两极传播模式仍有质疑,但不影响其重要意义:它突破了皮下注射论、魔弹论的传统观点,使受众被动接受信息的角色得以改变。

受众对创新的采纳由以下阶段组成:认知、说服、决策、使用和确认。在两级传播模式的诠释下,大众传播在人们的认知阶段具有重要作用;而在说服和决策阶段,人际传播的影响更显著。尽管在新技术传播时,受众同时既处身于大众媒介的覆盖中,也处身于人际传播的扩散网络中,但两者对于受众采纳创新的影响是不同的,既有采纳过程阶段上的不同,也有更为复杂的传播行为差别。大众媒介能够较为有效地提供相关的知识和信息,但在说服人们接受和使用创新方面,人际交流则显得更为有力。因此,创新推广的最佳途径是将大众媒介和人际交流结合起来加以应用。

而今,互联网加载下的自媒体时代,涌现出了很多"网红""大V"[①];2020年新型冠状病毒引发的疫情,更是把中国带入"全民直播"时代,"直播带货"成为零售业一个新的业态模式。作为个人媒体却兼具了大众传播媒体的信息受众,传统的大众媒体和人际传播的界线呈现模糊化趋势。尽管在信息传播效率大大提高的同时信息可信度未必能同等程度提高,但总体传播效果已远非早年人际交流主要通过面对面交流的模式可以相提并论。这就为加速创新扩散提供了可能的捷径。

3. 意见领袖和创新推广人员

在人际交流网络中,成员之间相互传递创新信息,并互相影响着对方对待创新的态度,但其中往往存在一些领袖人物,在影响其他成员对于创新的态度方面起着举足轻重的作用。一些研究者认为,技术创新扩散曲线之所以呈S型和有"起飞点",正是由于一旦这些领袖人物采纳了技术创新,单位时间内采纳创新的用户数便会猛增。因此,为了促进技术创新的扩散,应该重视用户群中的领袖人物并尽可能充分发挥其影响作用。

意见领袖就是这种能够通过非正式渠道影响他人态度和行为的人。一方面,意见领袖与组织领导不同,其"领袖"地位并非借助其所担任的公职或其社会地位而得到,而是社区成员的自主选择;另一方面,意见领袖也未必是系统中创新精神最强的人,因为最具备创新

---

① 指在新浪、腾讯、网易等微博平台上获得个人认证,拥有众多粉丝的微博用户。

精神的人,往往被其他系统成员视为离经叛道、不可信任,因而在影响他人行为方面作用其实非常有限。意见领袖之所以能成为意见领袖,与其在系统中的正式地位和身份没有关系,而是由其专业技术能力、社会亲和力,以及对社会规范的服从而获得和维系的,其行为和系统的规范一致,自身会成为其他成员的行为楷模。例如,中国农村在农业技术传播中比较接近意见领袖的人群有示范户、农民技术员、老把式等几类,都是农民中自然形成的。

作为意见领袖,同其"追随者"相比通常有以下特点。

(1) 与系统外部的交流和参与较多,包括与大众媒体、创新推广者的接触,都比追随者高,交流能力较强,信息较为灵通,思想观念较跟得上时代;

(2) 知识面较广,社会经济地位相对较高;

(3) 创新精神较强,通常更容易接受新事物,但仍受制于当地、当时的社会规范。

必须指出的是,意见领袖不是一个固定的角色,在推广一项新技术时是意见领袖的人,在推广另一项新技术时不一定能成为意见领袖。

由于意见领袖在系统的人际交流网络中起着核心作用,而人们的创新采纳决策又和其人际交流活动密切相关,因此意见领袖是推动创新扩散的一个重要力量。

同意见领袖在系统内部发挥影响力不同,创新推广机构的工作人员则是在系统外发挥影响力。创新推广人员是为了实现创新推广机构设定的目标,通过直接的方式影响用户做出创新决策的人。其工作是让更多人采纳创新,当然也可能是为了减慢某创新的扩散速度,甚至防止他们不希望见到的创新扩散。

创新推广人员往往具备很强的专业知识,其专业素养、社会地位意味着他们和客户属于异质化沟通,因而对创新的推广会产生不利作用。实证研究表明,在经济、社会、教育等各方面有较大差距的个人之间,信息的传递会遇到很多困难,传播速度慢且效果差,而在各方面背景比较相近的个人之间,创新信息的传播较为有效。因此,这种情况下创新推广人员通常会收揽系统内的成员作为自己的推广助理。这些助理的专业水平没有创新推广人员高,但他们和客户背景大致相同,可以通过与客户的频繁接触影响客户的创新采纳决策,为创新推广人员和客户搭起沟通桥梁。意见领袖就是这样一个合适的助理角色。置身于系统中的意见领袖能够把来自创新机构的信息有效地传递给普通受众。在技术传播已开始的情况下,这种信息往往通过他们的率先实践而具有可操作性。他们的作用不同于创新机构人员,也是不能被创新机构人员代替的。因此,在一个创新推广计划中,发现、培养意见领袖人物是创新推广机构的重要工作。

当然,也可以临时招聘那些与潜在用户背景比较接近的个人作为正式的创新推广人员,见案例 6-2。

案例 6-2

我国可再生能源技术的推广

在我国的可再生能源技术推广实践中,一般都针对各种技术的不同特点在县、乡

（镇）等基层单位设立相应的技术销售服务公司。这些公司人员大都是经过针对性较强的专门技术培训的当地人员，他们既对所推广的技术有比较深入的了解，同时也对当地情况比较熟悉，在当地拥有比较广泛的人际交流网络。因此，他们一方面同潜在用户相比拥有技术上的优势，另一方面又在文化、经济、社会背景等方面与潜在用户比较接近，同潜在用户沟通起来比较容易。这种多级培训的可再生能源技术推广体制，使得技术推广的参与人员数目和影响逐级增大，经实践证明是一种比较成功的技术推广体制。

开篇案例回顾

为什么烧开水的推广计划会失败？

三、扩散系统中的时间参数

创新扩散系统除了包含前述三个影响创新扩散的重要因素之外，还包含一个重要的参数即时间。扩散系统中的时间参数主要用于描述如下三个方面：一是创新决策过程中，潜在用户从获知创新的存在到做出采纳或拒绝决策的时间；二是相对于系统中其他用户，某个用户的创新精神即采纳创新的早晚；三是某系统对创新的接受程度，通过某时间段内该系统成员采用某创新的比例来衡量。

1. 创新采纳的决策过程

潜在用户面对一项技术创新时的采纳决策过程，一般经历了如下几个阶段：

（1）获知阶段（awareness stage）。个体获知创新存在，并获得关于该创新基本功能的信息，但还知之甚少，无法判断这种创新是否能够解决自己面临的一些问题，或者能否为自己带来一定的效益。

（2）关心阶段（interest stage）。个体对创新发生兴趣，想要获得关于创新性能的更多的信息，从而减少对采纳创新后效益判断的不确定性。

（3）评价阶段（evaluation stage）。个体在头脑中，构想新方式现在和将来的状况，联系自身需求，考虑是否试用，即"假想试用"。

（4）试用阶段（trial stage）。为探明该创新的效果，先以小规模形式适用之，获得关于创新性能的最直接信息。即一种可行性的测试，或"预备演习"。

（5）采用阶段（adoption stage）。如果对创新性能比较满意，则用户决定正式采用该创新；如果对创新性能不满意，则用户不再采纳创新。

但实际采纳决策中，并不一定完全遵循上述过程，有的会跳过中间某些阶段，有的甚至有不同的阶段排序。即便是同一用户，面对不同的创新，决策时间和过程也往往有差异。

2. 创新用户的类型

一个社会系统中的成员采纳同一种技术创新的时间也是有先后差别的。可以认为，那些在采纳时间上比较接近的用户具有某些共同的特征,而那些采纳时间相差较大的用户则具有不同的特征。五类创新采纳者的划分——领先采纳者、早期采纳者、早期追随者、晚期跟随者和落后者,在采纳创新的时间上存在先后顺序。

3. 创新扩散的速度

绝大多数技术创新的扩散都遵循了类似 S 形的轨迹,但不同创新的 S 型曲线的斜率可能不同。有的创新扩散速度很快,因而其曲线形状比较陡;有的创新扩散速度较慢,其曲线形状要平缓得多,如图 6-3 所示。曼斯菲尔德对工业技术创新扩散的研究发现,有的工业技术从引入市场到被 90% 的潜在用户使用只需要 5 年的时间,而有的创新完成同样的过程需要 50 年的时间。即使是同一项创新,在不同社会系统中的扩散速度往往也是不同的。因而单纯考察个体决策者的行为是无法解释这些现象的,需要对潜在用户所处的社会系统进行考察。

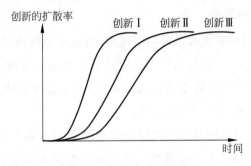

图 6-3　不同曲率的扩散曲线

四、扩散所处的社会系统

任何创新采纳决策者都处于特定的社会系统中,并有自己的扩散边界。这个社会系统在不同方面影响着创新的扩散,包括社会结构、社会规范、创新决策的模式等,所有这些因素都影响着扩散过程。

1. 社会结构对扩散的影响

社会结构对扩散的影响,独立于个体特征对扩散的影响。一个社会系统里成员的行为不完全相同,因而会形成不同的结构。一个成熟的社会结构包含等级制度,处于高等级的个体可以向低等级的个体发布命令,一般都可以被顺利执行,这种形成正式的社会结构。此外还存在一种非正式结构,存在于人际交往中。在一个完全缺乏沟通结构的社会系统内,每个个体获得沟通的机会均等,但在这个系统的网络下,很快会出现沟通结构,这个结构的出现就可以预测个体成员的行为,包括对创新的采用程度。传播学家伊莱休·卡茨(1961)曾指出,没有社会结构知识就去研究扩散是不可想象的,就像没有静脉动脉的知识就去研究血液循环一样。个体的创新精神受其个体性格的影响,也会受到他所在社会系统的气质的影响,见案例 6-3。

案例 6-3

朝鲜计划生育扩散

在罗杰斯和金凯德(Rogers & Kincaid,1981)对朝鲜计划生育扩散的研究中,有两个家庭、个人情况相似的朝鲜妇女,她们都是29岁,文盲,已婚已育,她们的丈夫都是高中毕业并且家里都有5亩农田。我们会认为她们具备如此接近的特征,应该会对某个创新方法采取相同的决策。但这两个妇女分别住在A村和B村,A村有57%的适龄夫妇接受了计划生育,村长也特别倾向于计划生育,而B村这个比例只有26%。虽然政府向这两个村庄推行同样的政策,但两村社会结构和沟通结构的不同决定了其妇女对避孕的接受程度大不相同。

2. 社会规范对扩散的影响

社会系统的规范既包括明文规定的制度规则,也包括系统成员之间约定俗成的行为准则,定义了可容忍的行为范围、成员的行为指引和标准等等。美国苹果公司的iPhone手机问世之后却迟迟不能正式进入中国市场,正是当时中国同欧美社会相关规则和政策的差异所致,见拓展案例。

拓展案例

一个社会系统的非正式规范也可能会对创新的扩散造成严重阻碍,如秘鲁村庄推广饮用开水的情况。规范通常由文化或宗教原因形成,可能存在于一个民族、宗教团体、组织甚至一个村子里。

3. 创新决策的模式

根据创新采纳的决策取决于个体还是系统,可以将创新决策模式分为几种类型:

(1) 个人决策模式,即系统中个体可自由独立地决定采纳还是拒绝某创新,个人对决策负全部责任。

(2) 意见收集决策模式,即由系统中所有成员的意见来决策,个人有一票话语权,一旦决策形成,其成员也需遵守该决策。

(3) 权威决策模式,即由系统中少数权威来决策是否采纳某创新。权威性一般来源于权力、社会地位、专业技能等,个人在此模式中话语权比较小,只能执行决策。例如,为了阻止那些有害环境的技术创新的扩散,政府会有相应的制度条款来对该种创新的采纳行为进行约束。社会系统中有着较大权力的代表整个系统总体利益的决策主体,如政府等,会通过各种手段和方法对技术创新扩散进行干预。

此外还有混合决策模式,即由两种或两种以上决策模式混合在一起。一般而言,扩散速度最快的是权威决策模式,个人模式又比意见收集模式扩散要快。尽管权威决策模式扩散得最快,但在实施过程中,系统成员可能会设法绕开创新,见案例6-4。

案例 6-4

汽车安全带的采纳决策

汽车安全带最早是由车主自费自由选择安装,属于个人决策模式;到 1966 年,美国联邦法律要求所有新车都要安装安全带,这时就发展为集体意见决策模式(这不是权威决策模式,因为法律是由议会商议达成共识才通过的);1974 年,美国联邦法律要求每辆新车都必须安装安全带锁定系统,司机和前排乘客如果不系安全带,汽车将无法启动,后来公众对如此严厉的法律意见很大,法律只能重新修正,系安全带又成了个人决策模式。到 20 世纪 80 年代晚期,美国很多州的法律都要求使用安全带,如果警察发现驾驶员没有使用安全带将视其为违章。这样,安全带的采用就多少有点权威决策的味道了。

第三节 技术创新扩散的模式

了解扩散模式有助于选择一个最合适的途径来具体组织实施创新的扩散,使扩散的有效性提高。

一、技术创新扩散的模式类型

按照企业技术创新扩散过程中知识产权转让的方式与程度,可以归纳为三种主要类型。

1. 内部扩散模式

内部扩散是指技术创新成果在企业内部扩散。这些企业往往是指大型的企业集团或跨国公司,它们有许多家分厂、分公司或子公司。技术创新成果在企业内部扩散没有发生知识产权的企业间转让,只是扩大了知识产权的使用范围。

内部扩散模式具体包括三种形式:一是让其所属的国内外分厂、分公司或子公司直接使用技术创新成果;二是通过并购扩大企业规模,然后让并购进来的企业直接采用其技术创新成果;三是在国内或国外直接投资建厂并采用其技术创新成果。

该模型主要有如下特点:(1)创新成果扩散有明确的边界,将技术创新成果控制在企业内部,使企业能在相当一段时期内,保持其在本行业内的技术垄断优势;(2)独享该项创新技术的收益;(3)不需要任何中间扩散媒介;(4)降低了甚至没有技术扩散费用,提高了技术转移速度与效益。

2. 合资扩散模式

合资扩散是指通过建立合资企业来扩散创新技术。采用这种方式一般是为了分散独家经营风险,或因受资源和条件限制而无法建立独资企业。技术创新成果通过合资扩散,往往是把创新成果折合成股份与其他公司共享,在这个过程中,事实上知识产权发生了部分转移。

合资扩散一般采用两种形式:一是与国内企业合资;二是与国外企业合资,两者都可以是与一家企业合资,也可以是同时与多家企业合资。

该模型主要有如下特点:(1)可以在很长一段时间内享受技术收益,并分散了投资风险,但需与合资方分享收益;(2)仍可通过合资协议控制技术秘密外泄,但有一定风险;(3)因直接参加建厂与管理,技术效益能在很短时间内得到充分发挥,并能确保输出技术所生产的产品质量,保持企业声誉;(4)采用国外合资建厂扩散创新技术时,还要考虑所在国是否具备相应的技术基础和产业基础;(5)扩散源不断地增大。初始的扩散源只有一个,当企业 A 采用创新技术后,扩散源就增加为初始扩散源与企业 A;当第二个采用者企业 B 出现时,扩散源增加到初始扩散源与企业 A、企业 B 三者。

3. 转让扩散模式

转让扩散模式是指创新企业通过向外转让的方式来扩散技术。与一般普通商品相比,技术商品的一个最大的特征是拥有者可以多次转让,而接受者在得到被转让的创新技术后,不但可以自己使用,而且在改造创新的基础上可以向第三者再次转让。技术转让过程知识产权发生了转移。其优点是技术创新扩散范围变大,更多的企业可以利用新技术进行生产。

技术转让又可分为单纯出售软技术的许可证方式及伴随商品与设备等硬件出售的技术转让方式。伴随硬件、特别是成套设备的技术转让收益大,易于让对方掌握,是企业向技术差距较大的转让对象转让技术时常用的转让方式。

这种模式的特点是:(1)技术收益一般是一次性的,但无经营风险;(2)技术秘密难以得到保护;(3)为自己树立了竞争对手。

二、技术创新扩散的动机

技术创新者对创新进行扩散的动机源于扩散所能带来的收益。主要表现在六个方面:

1. 延长产品寿命周期

美国营销学专家雷蒙德·费农认为,由于各地区在新产品发展上存在时差,因此技术创新在空间上由最初生产国转移到其他发达国家,继而向发展中国家转移。对于已经发展成熟的新产品,这种转移产生的一个明显效果就是延长了产品寿命。

2. 降低经营风险

通过技术创新扩散,技术产品广泛向外扩散,成本和风险得以分散,尤其是在发展中国家,生产成本会更低。例如,日本富士公司向韩国现代电子产业提供技术,委托其生产 4 兆位和 16 兆位的随机存取存储器,这样就可分散因激烈的市场变动而带来的存储器生产风险。企业及时向外转移本企业已处于成熟期的技术,不但不影响自己在市场上的竞争地位,反而由于能促进技术更新,有利于建立企业联盟,进而巩固自己的地位。

3. 发挥协作效益

高度的分工与协作是现代企业的典型生产组织方式。一般来说,大型企业在核心企业的周围有众多如同卫星的中小型企业,这些卫星企业与核心企业形成长期的协作关系。一般核心企业主要从事技术创新和整机生产,而卫星企业利用核心企业提供的创新技术进行零部件的生产加工,这种方式适合大批量生产且标准化程度较高的产品如家电、汽车等的技术创新成果扩散,并能产生巨大的协作效益。

4. 回收研发资金

在技术更新换代频度日高的今天,技术创新若不能马上形成生产力,就很可能在闲置过程中被淘汰。因而与其被闲置还不如尽快出手,收回研制成本,获得一定报酬,再尽快投入下一轮的研究开发,形成"技术开发—转让—再开发"的良性循环。

5. 避免发展竞争性技术

众所周知,一项创新成果如被竞争对手掌握,很容易威胁到自己的市场地位;但另一方面,具有威胁性的创新成果,如果向竞争对手严格保密,往往迫使对方千方百计研制出更好的创新成果,同样使自己不利。在这种情况下,不如向竞争对手扩散创新成果,使竞争对手变成竞争伙伴,避免他人发展竞争技术,导致过度竞争。

6. 开辟海外市场

对于国外产品的输入,不同的国家或地区都设置了不同程度的关税壁垒和非关税壁垒。为了绕开这些关税壁垒和非关税壁垒,拥有技术创新成果优势的跨国公司往往可以通过合资或技术转让等技术创新扩散方式开辟海外市场。

拓展案例

三、企业创新扩散模式的选择

企业技术创新扩散模式的选择,往往受创新供给主体的利益目标指向所制约,扩散供给主体的利益目标指向不同,所选择的扩散模式也会不相同。两者的大致对应关系见表6-1。

表 6-1 创新扩散模式与动机的大致对应关系

动　　机	内部扩散模式	合资扩散模式	转让扩散模式
延长产品寿命周期	√	√	√
降低经营风险		√	√
发挥协作效益	√		
尽快回收研发资金			√
避免厂商发展竞争技术		√	
开辟海外市场	√	√	

资料来源:刘友金.企业技术创新扩散及其模式选择[J].求索,2001,(2).

从国际技术创新扩散的总体趋势来看,企业技术创新扩散的过程一般是先在企业内部扩散,然后是合资企业扩散,最后是向企业外转让。

第四节 技术创新扩散的负效应

前文表述中,我们似乎都存在一种倾向,就是认为创新是好的事物,所有社会成员都应该采用创新,采用创新的人越多越好、传播得越快越好。确实,不论是在技术创新扩散的研究还是实践中,都存在这样一种过度重视创新的偏见。毋庸置疑,创新精神是人们希望社会组织拥有的一个品质,就像效率一样,代表了进步,然而,正如增长的社会意义已受到质疑,创新行为也被认为过分赋予了积极的意义。随着技术创新活动的逐渐推进,人类对现实世界控制和改造能力的日益增强,人类活动范围的不断拓展,技术创新的扩散在产生正面效应的同时,也可能会在各方面产生负效应,典型的如污染环境、消耗稀缺资源、引发深层次的社会危机等,对社会的发展形成阻碍。

一、创新扩散负效应的表现

1. 生态环境问题

技术创新对生态环境的破坏在其负效应中是最广为人知的。作为本质上是实现人的力量的一种手段与方式,技术创新会破坏自然环境,使生态系统失调。例如,农业和渔业领域的一些技术创新活动(如杀虫剂、转基因技术)导致环境污染、自然栖息地减少、海洋生物资源消耗,破坏人类赖以生存的自然资源基础,甚至引发环境灾难。

美国生态学家巴里·康芒纳曾提出两条生态学法则:法则一,自然界中是不存在"废物"的,一切事物都有其去向,而现今工业技术创新创造的大量物质产品在其消费利用之后成为地球上的多余物,导致环境危机;法则二,自然界所懂得的是最好的,而任何在自然系统中因人为而引起的变化,对那个系统都可能是有害的。尽管对这种观点存有争论,但它能使我们慎重对待每一次技术创新活动所提供的各类"非自然性"的产品。

2. 经济领域

(1) 垄断

技术创新可以通过知识扩散和技术溢出推动产业技术进步、提高效率和促进经济繁荣,但当技术被用作满足自身控制他人的工具时,技术创新就可能成为阻碍经济发展的力量。创新者会利用市场优势地位,垄断新知识、阻碍知识的传播与生产,制约生产力与技术本身的发展与提高,违背创新该技术的初衷。

(2) 创新竞争

德国技术与战略问题研究专家冯·布朗(Christoph Friedich von Braun)在《创新之战》

中对"产品更新的加速化陷阱"现象进行了分析。他说,竞争驱使的R&D增长和创新加速导致了类似军备竞赛的逐级螺旋式上升。只要有合适的背景,一个最初的小火花就能点燃螺旋式的旋转,这种升级过程很典型地导致各种开支的迅猛增长,并诱导利益相关的企业开发出众多不易被市场吸收和消化的技术,产生类似军备竞赛中出现的众多杀伤力过度的现象。这种创新竞争所引发的不仅仅是企业之间为了保持竞争优势而不断增长的巨额R&D经费的消耗(本来这些投资可以用在其他地方来更有效地改善社会福利、增加社会财富),而且对其他处于产业生态链的企业构成威慑力和威胁性,使其产生心理打击和挫折感,在匆忙的技术追赶中削弱其自主创新意识和独立性。

企业之间、国家之间的创新竞争,创新资源的争夺,品种权和基因专利之争,常常耗费巨额资金研发与本国利益无关的产品和技术,并使更多的社会资源向少数发达国家集中、积聚,造成多数发展中国家民众的社会福利降低,农民和弱势群体的利益被轻视或漠视。

3. 社会生活领域

(1) 失业问题

技术创新的扩散是一种规模庞大的社会化大生产活动,为达到高投入、高产出的目的,企业内部的分工越来越细,这种分工一方面提高了劳动生产率,另一方面导致了劳动者与生产资料的分离以及对机器的怨恨。海托华(James Hightower,1972)在其著作《硬实的西红柿,困难的时期:美国国家批准计划的失败》(*Hard tomatoes, Hard Times: Failure of the Land Grant College Complex*)中表示,见案例6-5,加州农业学院虽然通过研究和扩散农业创新给美国带来了农业革命,但他们却完全忽略了这些技术创新的后果,州立学院几乎所有的专业资源都被用于开发和扩散农业技术,而研究创新结果的社会科学活动远远不够。他认为美国农业学院在技术上不负责任的做法本身最终导致了它的失败。

案例 6-5

坚硬的西红柿和艰难的时光[①]

加州是美国的第一农业大州,西红柿是加州最主要的农产品。由于担心1964年墨西哥短期工人合法入境项目终止后会出现劳工短缺,损害当地的西红柿种植业,州农业学院的研究人员负责研制了机械采摘装置和符合机械采摘要求的西红柿品种。这些创新降低了西红柿的价格从而给消费者带来了实惠,但不幸的是,消费者并不喜欢这种硬邦邦的西红柿。他们更喜欢成熟且柔软的西红柿,并且软西红柿所含的维他命也高于新品种的硬西红柿。此外,西红柿机械采摘装置使上千名农村劳力失去工作,并把上千家小农户挤出了西红柿生产领域,因为他们购买不起昂贵的机械采摘装置。

---

① 案例资料来源:[美]埃弗雷特·M.罗杰斯.创新的扩散[M].辛欣,译.北京:中央编译出版社,2002.

西红柿采摘机器这项创新产品出现后,对人力(机器采摘前的 5 万名西红柿采摘工人减少到 1.8 万名工人来操作采摘机器)、种植地点(西红柿产地从圣·华金郡转移到土壤和气候更加适合种植机械化采摘西红柿的永乐郡即弗雷斯诺郡)、消费者行为(适合采摘的硬西红柿品种的出现)等方面都产生了深远影响。

(2) 平等问题

技术创新的扩散也会导致采纳者的社会经济地位发生改变。通常技术创新的发展和扩散会带来更平等的结果,例如,传教士给澳洲土著人一视同仁地赠送钢斧,使得原先相对于长者和成年男子(象征夫权和权力)处于弱势地位的年轻人、妇女、儿童的地位大大提高,进而导致部落传统的信仰体系和社会架构严重瓦解。但也常常有例外,创新的扩散也可能导致采纳者社会经济地位更不平等。例如西红柿采摘机器推出之后,美国加州规模较大的农场广泛采用了这个机器,但因成本过于高昂,规模较小的农场反而被迫停止种植西红柿。

二、创新扩散负效应的产生机理及纾解

1. 创新扩散负效应的产生机理

从广义上说,不论是生态环境的负效应,还是经济、社会领域的负效应,归根结底都是公平的问题(生态环境的负效应可以理解为代际不公平),是技术创新在追求效率的同时可能产生的对公平的损伤。

一项技术创新到底为社会经济带来平等还是不平等效应,具体要看社会经济地位如何影响扩散的各个阶段。推广人员引进创新时密切互动的对象不同,会影响到创新的结果。如果推广人员接触的是社会体系中较贫穷和受教育程度较低的人,而不是那些社会精英,那么创新带来的结果就会较公平;但如果推广人员接触的都是体系中受教育程度和社会地位较高的人,所推广的创新则会加大社会的贫富差距。

创新的扩散之所以会导致社会贫富差距扩大,原因如下。

第一,从受众自身看,领先采纳者和早期采纳者对新想法的态度都很积极,而这类人群通常比后期采纳者拥有更多资源,更有能力接受高成本的创新。

第二,从推广人员方面看,专业推广人员通常更愿意把精力集中在领先采纳者和早期采用者身上,期望能通过意见领袖把创新信息传递给他们的跟随者。但在大多数人际关系网络中,互有联络的成员所属的采纳者类别和社会地位都大致相同,系统中的人际沟通通常是横向而不是纵向进行的,这就导致创新的扩散更多地集中于同类人群。

第三,由于较其他系统成员更早接受创新,创新先驱和早期采纳者会获得早期利润,而后期采纳者因接受创新而得到的获益则相对较少,这使得两类采纳者之间的经济差距进一步扩大,早期采纳者越加富有。

简言之，个体的社会经济地位，和其与创新推广机构的关系密切程度高度相关；而其与推广机构的关系密切程度，又同个体的创新精神高度相关。

二、创新扩散负效应的评估和纾解

技术创新作为一种经济活动，其扩散导致的社会负效应多少带有"与生俱来"的性质。人们虽然无法从根本上彻底消除这些负效应，但应对其保持应有的警觉和认识，并通过动员多种社会机制、长期观察和检测来加以规避和减缓，以尽量减少其对人类社会可能造成的冲击和伤害。

首先，推广一项创新之前要对其扩散的结果进行全面评估和审查。评估扩散结果要了解扩散效果的结构分布，而不是活动造成的总体性或平均性影响；不是仅仅评估参加者的行为改变，还要评估社会经济地位的差距和对创新信息认知上的差距，找出扩散对象中受到影响最大的人，以及受影响最小的人，即寻求分析创新扩散对不同的人会产生哪些不同的效果。

创新的守门人（gatekeeper）就是对一项创新是否应该传播给大众实行审查，这样的守门人会在不同的领域以不同的方式出现。美国国家健康委员会曾通过一致发展会议对医学技术创新的扩散加以审查。一致发展会议是一个由科学家、实践者、消费者和其他有关人员组成的专门小组开会，就某项医疗创新是否安全有效达成统一意见，会后都会发布一份声明，并通过医学杂志和其他方式传达给每一个医生。

一致发展会议始于1978年，因为当时人们已经意识到这样一个事实：医学领域缺乏正式的监控程序来保证该领域中的新发现能被确认和得到科学的评估，从而决定它们是否可以被医生和其他保健工作者所使用。人们担心一些新的技术会在没有充分的科学评估的情况下就传播开来，而其他一些得到批准的医学技术又可能传播得太慢了。

一致发展会议这一手段也被美国国家心理健康委员会、美国教育部和其他联邦机构所使用。其他一些机构中也设置了一些机制来发挥与一致发展会议相似的功能。然而，关于应传播哪一种创新这样的重大决策通常都不是在很正式的情况下做出的，也就无法明确地界定责任。

 思考讨论题

即练即测

1. 什么是技术创新的扩散，有什么作用和意义？
2. 个体层次对创新的采纳和实施一般经历哪几个阶段？
3. 技术创新扩散的"S"形曲线中有哪几个特殊点，分别是什么含义？
4. 提高创新产品的可理解性有哪几种方式？
5. 为什么兼容性越强的创新产品越容易被用户所接受？

6. 从创新产品本身来看,哪些特性影响到其扩散的速度?
7. 信息传播领域的皮下注射论是什么意思?
8. 试描述两级传播模型,并比较其与传统传播理论的区别和优越性。
9. 什么是技术桥梁人物,有何特征和作用?
10. 技术创新扩散系统包括哪几个基本要素?
11. 阐述意见领袖在技术创新扩散中所起的作用。
12. 技术创新的扩散有哪些模式?
13. 技术创新扩散的负效应有哪些表现?如何应对和缓解?
14. 创新的扩散会导致社会贫富差距扩大的原因有哪些?

第三篇

支 持 篇

第七章　技术创新战略
第八章　技术创新的组织
第九章　技术创新的激励
第十章　技术创新的审计、测度与调查

第七章

技术创新战略

学习目标与重点

学习技术创新战略的基本内容框架,了解理性主义和渐进主义战略的区别与联系,以及如何制定技术创新战略,掌握技术创新战略的各种模式及其特点。

开篇案例

EMI 和葛兰素公司的技术创新战略[①]

EMI 的全称是电子与音乐产业(electronic and music industries),该公司在 20 世纪 60 年代签约的"披头士"乐队的歌曲至今还在为人们传唱,然而不为人知的是公司的电子产业曾经一度与唱片制造齐名。EMI 向来以创新著称,在第二次世界大战时期就已经在探索机载雷达的研发,之后又参与了早期计算机的研制。公司的资深研发工程师戈弗雷·霍斯菲尔德(Godfrey Houndsfield)率先开发出用于图形识别的计算机软件,由此为人工智能奠定了基础。随后他又尝试着将图形识别用于包括 X 光照片在内的图像处理,将 X 光透视仪与计算机连接起来,形成的三维影像可以展示出完整的大脑截面。这种三维影像是传统的二维 X 光照片技术基础上的重大突破,公司迅速为该项成果申请了专利保护。

然而在开发利用这种 CT 技术的过程中,EMI 面临了巨大挑战,因为公司从未涉足医疗设备领域,其生产设施也只适用于制造军工产品。公司深知自行开发商用扫描仪将会耗费大量资源。从公司情况看,尚不具备在市场上成功挖掘这种资源的能力,它缺乏向潜在客户说明这种产品益处的市场营销技能,也缺乏上市这种产品的售后服务和其他支持性技能。但医用扫描仪被认为是自 1895 年发现 X 射线以来放射领域最伟大的技术进步,凭借 EMI 在技术上所占有的先机,公司还是决定自行开发并销售人体扫描仪。在产品问世后的四年内,EMI 电子产品事业部的销售业绩翻了两番,达到了 2.07 亿英镑。可惜好景不长,EMI 很快遭遇到诸如通用电气(General Electric)、东芝(Toshiba)等医疗设备领域知名品牌强有力的挑战。纵然 EMI 拥有领先的技术,但还是在市场竞争中节节败退。很快,EMI

[①] 案例来源:作者根据网络资料整理,主要资料来源:https://www.12reads.cn/36772.html,2016-03-21,战略管理,by-12Reads。

在扫描仪市场份额上的优势也被赶超。最后,即使是霍斯菲尔德获得诺贝尔奖的喜讯也没能挽救陷入亏损境地的 EMI 电子产品事业部。其他事业部的困境更是雪上加霜。财务状况不佳直接导致了 EMI 公司被索恩集团(Thorn Group)收购。被收购后不到一年,EMI 就将扫描仪及其相关技术转让给了通用电气公司,从此在医疗设备领域销声匿迹。EMI 自行开发扫描仪领域创新成果的全过程成为了公司利用创新技术"豪赌"未来的典型失败案例。

而同在 20 世纪 70 年代,另一家英国公司——葛兰素公司,也发明了一种有效的抗溃疡药品,名为雷尼替丁(Zantac)。由于溃疡作为一种常见病,虽不致命但很顽固,抗溃疡药品市场长期以来都被认为是一个潜在的利润丰厚的目标市场。英国科学家詹姆士·布莱克(James Black)爵士研究出一种有效的治疗方法,之后,美国的史密斯·克莱恩(Smith Kline)公司率先应用该治疗方法开发出了药品泰胃美(Tagamet)。而葛兰素公司在布莱克博士的研究成果发表之后,调整了其研究项目的方向,研制出了药品雷尼替丁。

专利保护,这一对史密斯·克莱恩公司和 EMI 公司都没有起到足够效果的措施,却很好地服务了葛兰素公司,并帮助其确保了竞争优势的可持续性。葛兰素公司依靠瑞士霍夫曼罗氏(Hoffmann-La Roche)公司在美国市场上销售其药品,当时霍夫曼罗氏公司依靠其利眠宁(Librium)和安定(Valium)的销售成为美国市场中最得力的欧洲药品公司;葛兰素公司通过与一日本合作伙伴建立的合资企业进入了日本市场;在英国和意大利,葛兰素公司已经享有了强大而稳固的市场信誉,因此在这片市场中选择了单身奋战,这反映出公司在不同市场中所具备的不同能力。公司巧妙地利用了人们对泰胃美药品可能引起副作用的担心,将雷尼替丁定价于泰胃美之上。到 80 年代中期,雷尼替丁已是世界上最畅销的药品,公司在 10 年的销售中赚取了 40 亿英镑的利润。无论从哪一角度,葛兰素公司都能称得上是一家成功的欧洲公司。

事实上,EMI 公司的技术能力比葛兰素公司更具有独特性,然而结果却是:葛兰素公司由此将自己从一个前途不定、排名中等的药品公司发展为欧洲领先的药品生产商,而 EMI 公司却遭受了扫描仪业务的巨大损失,公司无法再独立存在,并永久退出了医疗电器这一行业。

对于葛兰素和 EMI 两家公司来说,市场的选择倒不是难题,他们所开发的新产品的特点已为他们指明了市场方向。两个公司面临的关键问题都是商业战略问题,尤其是同客户和竞争对手的关系对他们至关重要。两家公司都十分依赖其产品在美国医药服务市场上的销售。EMI 公司试图在美国建立自己的分销网络,并希望通过把价格保持在一个特定的高度上来收回开发成本。不巧的是,时任美国总统卡特由于担心医疗费用的不断上涨,向公共医院提出了出具"需求证明"的要求,这延缓了 EMI 公司的销售。而且,EMI 公司在这一领域并没有太多生产经验,在美国建立的生产工厂,产品和质量都出现了严重问题。

思考讨论题

1. 葛兰素公司和 EMI 公司,都开发出了重要的新产品,而且 EMI 公司的扫描仪技术事实上比葛兰素公司更具有独特性,结果反而远不如后者成功,根本的原因是什么?

2. 两个公司的不同做法给你什么启示?公司战略与技术创新存在何种关联?

第一节　技术创新战略概述

在战略管理的课程中,战略的概念和基本内容有详细的介绍,这里我们从技术创新角度介绍技术创新战略的基本内容。

一、技术创新战略的概念和意义

所谓战略,简言之,就是对整个组织而言重大的、带有全局性和长远影响的谋划。技术创新战略则是组织在技术创新领域重大的、带有全局性和长远影响的谋划。

战略决策与运营决策截然不同,战略决策会牵涉到大量的人力、物力与财力,并对企业影响深远。正因其重要性显著,战略决策通常由企业的最高层制定。

为顾客创造价值、提高自身盈利水平是企业开展技术创新活动的根本目标,企业不能仅仅停留于产品性能的改进或为顾客创造某种价值,还必须有能为企业建立长期竞争优势的规划。创新产品开发成功后,通常情况下,企业还需要投入大量资源才能将创新成果推向市场。可以说企业在进行一次赌博,而赌博的"筹码"是企业的未来发展,一旦创新失败,企业的前景将不容乐观。

有很多企业,虽然是技术创新的开发者,但由于没有从战略高度考虑技术创新,导致没能通过技术创新获得更多的收益,甚至失去竞争优势。开篇案例中英国的 EMI 公司虽然成功开发了扫描仪,也拥有其专利,但没有构筑防御性的竞争优势,结果被模仿者抢去了市场。类似的,美国施乐公司是复印机的创新者,然而日本的佳能公司却在 20 世纪 80 年代占据了更大的市场份额。可见,技术创新固然重要,制定一个能够通过其创造长期竞争优势的企业战略更为重要。

二、技术创新战略的基本要素

技术创新战略应包括如下要素:战略目标、战略指导思想、战略方案和战略实施重点等。

1. 战略目标

技术创新战略目标是指组织在一定时期里要达到的技术创新目标。不同层面有其各自的目标,例如业务层面是想要在特定产业占据什么样的市场地位;职能层面是要达到什么样的技术能力和技术水平;产品层面是创新产品实现什么样的财务收益;等等。根据涉及的时间长短,战略目标又有长期目标和短期(阶段)目标之分。

长期目标具有超越性和相对稳定性。超越性是指制定的目标往往超过当前企业能力所能达到的水平;相对稳定性是指所制定的目标相对稳定,不轻易改变。长期目标的设立,能为组织指示奋斗的方向,有导向作用;同时也能明确差距,激励组织成员不断努力以接近和实现该目标。

短期目标是组织在近期要实现的阶段目标。与长期目标强调指导和激励作用不同,短期目标的作用重在为当前技术创新工作提供具体的指导和部署,因此必须有较强的可操作性。

2. 战略指导思想

技术创新战略的指导思想是实现战略目标的基本思路,包括拟采取的基本技术路线、获取技术能力的基本方式、实施战略的基本策略等。联想、华为作为国内两大代表性科技企业,在公司发展的道路上截然相反,前者是"贸—工—技"路线的代表,见案例7-1,而后者则走出了一条"技—工—贸"的发展之路。

案例 7-1

联想集团的"贸—工—技"战略思路

联想集团认为,中国高科技企业同世界先进企业的差距主要在于对市场和销售的规律性掌握方面,因此发展应从学习经销入手,确立市场优势;再进入生产领域,掌握大工业生产的规律;最后进入高科技阶段,逐步逼近世界先进水平。即:第一步,通过做国外大计算机厂商的代理商等方式了解信息技术产业市场,重点学习市场营销知识,积累开拓市场的经验和能力;第二步,引进消化国外技术,进行局部创新,重点积累生产制造能力,自主生产计算机等产品;第三步,开发拥有自主知识产权的产品,创立自己的品牌。

在该指导思想的引导下,联想集团由一个投资20万元的小企业发展为集团收入超过200亿元、中国最大的计算机公司,仅用了15年时间;2005年5月完成对IBM个人电脑事业部的收购,标志着新联想将成为全球个人电脑市场的领先者,服务于世界各地的企业客户和个人客户。公司创始人柳传志表示,联想成立之初,根本没有条件让他们做研发(需要海量资金),只能是遵循"贸—工—技"思路,等企业发展到一定程度、有了更多资本后就开始向"技—工—贸"方向调整了。

3. 战略方案

技术创新战略方案是为达到其战略目标而在战略思想指导下的行动方案。职能层面的技术创新战略方案一般包括:(1)战略性技术选择,对主导性、基础性技术做出定位和选择;(2)战略模式选择,对可能的战略模式进行分析比较,选择可行的模式;(3)技术能力建设方案,从技术能力的获取、培养、运用等方面进行方案设计;(4)技术支撑体系建设方案,对实现战略目标所需要的人员保证、组织保证、制度建设、技术协作,以及相关技术的研发等支撑体系做出设计。

4. 战略实施重点

在完成战略方案的初步制定后,对实施战略方案过程中起关键作用的一些重要问题需要重点关注,做出安排。这些要点通常包括:战略时机的把握、资源的配置、组织安排、制度设计;等等。

(1) 战略时机的把握。即分析出现的或潜在的技术机会、产业机会、市场机会等重大机会,并做出决策。

(2) 资源的配置。即对实施战略所需的资金、设备、人员等做出规划,确定来源和供给的方式。

(3) 组织安排。即对各相关职能部门内部、部门之间的关系,在组织结构和组织方式上进行设计、安排。

(4) 制度设计。即确定个人、团队或部门绩效的考核标准,设计职业发展或升迁轨道,制定奖惩措施,以激励技术创新工作,推动战略方案的顺利实施和战略目标的实现。

第二节 如何制定技术创新战略

一、战略制定的思维模式

在如何制定技术创新战略的问题上,首先涉及如何看待战略制定的思维模式问题。对这个问题的不同看法,反映了战略制定者在认知模式甚至"世界观"上的差异。在这方面,长期存在着以安索夫(Ansoff)为代表人物的"理性主义"学派和以明茨伯格(Mintzberg)为代表人物的"渐进主义"学派之间的争论。

1. 理性主义观点

理性主义观点是指主张通过事先对外部机会、威胁、优势、劣势的理性分析,制定战略方案,然后用它指导具体经营行为。理性主义观点深受军事战略的影响。在军事上的战略活动主要包括如下几个步骤。

第一步,描述、了解和分析环境;

第二步,根据分析结果决定战斗的行动方案;

第三步,执行行动方案。

理性主义战略是一种线性的行为模式:分析和评价→决策→行动,即先由高层决策者对组织所面临的内外部背景条件等各方面做出分析判断,然后设定目标和方向,最后完善操作细节、部署实施。决策一般只由高层管理者做出,各环节按时间顺序排列。

这种思维模式由于既关注长期目标,也注重日常的工作部署,因而能从组织上保证各职能部门的行动都与组织的整体目标相一致,也有助于通过预测培养组织的警惕性,充分洞察竞争环境的趋势,为变化的未来尽可能地做好准备。但这种行为模式也有其缺陷,具体如下。

(1) 首先,正如约翰·凯(John. Kay)所指出的,企业目标与军事目标是不一样的,企业目标是要建立一种独特的能力,使企业比竞争者更好地满足用户需要——而不是动用足够的资源消灭敌人。如果像军事战略的思维模式一样过多地关注"敌人"(如企业的竞争者),可能会导致在战略上强调建立垄断资源,却牺牲了可获利的特定市场、忽略了对满足用户需要的承诺。

(2) 更重要的是,正如丹麦诺贝尔物理学奖获得者尼尔斯·波尔(N. Bohr)所说:"估计是很困难的,尤其是有关未来的预测。"决策者很难确切地估计他们的战略定位,尤其是在新的快速变化的技术领域。原因有三:

其一,鉴于外部环境复杂多变,很难全面了解现有特征,预测未来则更不容易;

其二,由于知识的不完备性,决策者们可能无法准确识别企业自身的优势和劣势,见案例7-2[①];

其三,成功的管理实践都是不可复制的,每个成功都是当时的场景、环境、时局、机遇等维度在错综复杂的交错中、在当时情况下呈现出来的结果,即便能复制他人的成功范例,时间也是不可复制的。决策者不能将已有的成功实践用于其他地方,尤其是用于做出未来的假设,认为同样可以收获确定的成功,因为未来有更多的因素存在不确定性。

海湾石油公司收购核能公司

20世纪60年代,美国的海湾石油公司(Gulf Oil Corporation)将自己的特有能力定位为生产能源,于是决定收购一家核能公司。后来发现,石油公司的优势在于发现、开采、精炼和销售石油产品,其地质学和化学处理技术、后勤、消费市场,同核反应堆的设计、建造和销售完全不同;核反应的关键技术是机电技术,且经常是电气的使用。该投资后来被证明是不成功的。

2. 渐进主义观点

正是由于理性主义观点的种种缺陷,"渐进主义者"认为,完全了解环境的复杂性和变化是不可能的,因此成功的实践者一般不会采用"理性主义者"所倡导的模式,而是在清楚认识企业的知识、环境、优势和劣势、未来变化的可能性以及变化方向的前提下,不断根据新的信息理解和调整战略,同时自觉地寻求获得新信息。其程序如下。

---

① 资料来源:Howard,N. A novel approach to nuclear fusion[J]. Dun's Business Month (dmi),1993,123:72,76.

(1) 朝着设定的目标谨慎地决定各个步骤(或变革);

(2) 检测和评价各个步骤(变革)的效果;

(3) 如果必要,纠正目标并决定下一个步骤(变革)。

这一系列行为有许多名称,如渐进主义、试错、探索性学习等。这种行为在不同的专业领域有类似表现,例如:

医生治疗病人:症状→诊断→治疗→诊断→纠正治疗→康复;

工程师设计产品:设计→开发→测试→矫正设计→重试。

渐进主义者认为,不认识到现实的复杂性、不与变革及未来紧密相系的企业战略肯定是僵硬的,也许是错误的,如果实施甚至可能带来灾难性后果。在市场和技术变化日新月异的社会中,计划的重要性在某种程度上已让位于随机现象。《竞争的优势》一书的作者爱森哈特(Kathleen Eisenhardt)认为,在一个高度不确定的市场上,步步推进的战略演变成了一种随机表演,这样做的好处是能够尽早地介入一个新市场,在利润最高的时候抢夺份额。信息产业的发展实践证明,采用随机的、渐进主义的战略可能使投资先行者有更大规模的回报,即使有损失也是有限的;而那些目不识混沌、裹足不前者只有坐以待毙。例如,硅谷巨头近年对区块链的早期投资,以及21世纪初对互联网的尝试性投资,都显示了这样的特征,见案例7-3。在复杂和持续变化的条件下,一般认为"渐进主义"战略比"理性主义"战略更合理、更有效。

 案例 7-3

信息产业的战略规划①

近年来区块链十分火爆,其热度已超过人工智能、虚拟现实等技术风口,直逼当年的互联网。但也许受到比特币的连带影响,区块链早期的发展饱受质疑。有人认为它不过是把一些早已存在的技术拼凑起来——区块链的不对称加密、点对点传输,以及分布式存储,都是早已存在的技术,区块链只是将它们进行了巧妙的结合;有人认为是在借技术名义和噱头炒作、泡沫明显;有人则认为去中心化并无意义,也无法通过技术建立信任,无法履行货币职能……从庞氏骗局、浪费资源,到空中楼阁、难以落地,区块链技术一直备受争议,甚至在2018年"两会"期间,有人大代表和政协委员也表示了对区块链发展的担忧,建议在展望应用前景的同时保持审慎态度。

在区块链发展前景尚未完全明朗、在技术和规则上也需进一步拓展的时候,硅谷的巨头们已经开始了探索区块链的步伐。据统计,谷歌风投(Google Venture)从2012年至2017年共投资了包括Gyft、Blockchain、Ripple、LedgerX、Buttercoin、Veem在内的多家区块链公司。GV投资区块链公司的密度并不算高,平均仅一年一家,涉及的领域均主要集中在金融领域。这也符合硅谷洞察此前关于区块链产业观察当中,金融领

---

① 案例来源:作者根据网络资料进行整理汇编。

域创业占比最高的结论。自 2017 年 7 月开始，谷歌云服务（Google Cloud）则开始跟区块链初创公司 Digital Asset 合作，为谷歌云平台提供区块链开发工具。不过谷歌发言人表示："跟其他新技术一样，谷歌内部的不同团队有不同的人在探索运用区块链的可能性，但是对我们（就区块链）的运用或计划的任何推测，仍然太早了。"

相比谷歌，Facebook 进军区块链的动作较为"落后"，2018 年 5 月，Facebook 进行了公司架构的重大重组，组建了由副总裁 David Marcus 领导的新的区块链团队，希望这个部门对区块链技术加以研究，看是否能够应用到具体的业务平台上。这么看来，Facebook 对区块链的态度和 Google 有点相似：都是抱着"试试看"的心态，探索区块链和自己业务结合的可能性。

这一切，不由得让人们回忆起 90 年代初互联网萌芽时期的情景。无独有偶，当初互联网也是在短短四五年时间，从最初的基础设施（1995 年前，美国在线的专用网络），进化到软件和服务（1995—1996 年的网景公司等），进一步拓展到内容和集聚（1997 年的雅虎公司等），然后大步迈进零售和电子商务阶段（1998 年的亚马逊书店等），再到如火如荼的商业再造、服务和内容深度拓展（1999 年的电子商务热潮），其快速增长和变化，使人很难预料下一年会是什么样子，互联网力量的崛起远远超出了人们常识的估计。新形势下的马太效应使得人们不顾及亏损，去追逐网络上的无限商机。不仅互联网公司疯狂地发展，传统商业界的巨头们，包括通用电气（GE）、联邦快递（Federal Express）等也几乎全线行动进军互联网，尽管他们也许并不清楚互联网的下一个商机在何处。信息产业的巨人微软和英特尔公司在这方面也是先行一步，由于无法正确预计未来信息社会中的主流技术，两家公司对大量有前景的小新兴企业进行了投资。因为视频压缩很可能是互联网未来与电视竞争的有力工具，微软公司并购了一家开发商，并与另外两家达成授权协议，在有线电视与互联网的集成方面对 Comcast 公司投资 10 亿美元，在信息服务方面购买了 Hotmail 公司。另外，微软公司在语音识别、WebTV 等其他许多方面也有小的投资。而英特尔公司则花费了 7.5 亿美元投资 125 家小公司，投资项目有开发电子支付系统的 Cyber-Cash，提供在线新闻服务的 CNET，创造三维随机聊天室的 OnLive 等。

时光荏苒，互联网当年所被预测的前景早已成为现实，并向各行各业渗透，从信息技术转为生产方式、从生产工具转为关键基础设施，那些先期投资被证明是明智的选择，而区块链的发展，也已走过最初的混沌和狂乱，但还有待继续观望。

尽管理性主义和渐进主义反映了对待战略的不同认知和思维模式，但一个战略的正式形成，都需要回答如下几个问题，即：根据企业总体战略目标的要求，需要做什么；根据外部环境存在的机会和威胁，可能和应该做什么；结合组织自身的实力，能够做什么。硅谷巨头们对信息产业的提前布局，同样符合这些考虑要素。

二、战略制定的过程和影响因素

1. 技术创新战略的层级和制定过程

为保证战略的可实施性,战略需要分层级制定。战略的层级自上而下可分为业务层战略、职能层战略以及产品/服务层战略,如图7-1所示,下层战略目标的实现是实施上层战略的途径和手段。

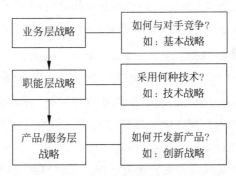

图 7-1　技术创新战略的层级和制定过程

（1）业务层战略

三个层次中,业务层战略涵盖了企业整个业务的战略,目的是针对企业所经营的业务,指导其在某一行业的经营活动中如何应对同行竞争,以实现长期目标,包括利润目标、市场目标、社会责任目标等。

业务层战略主要是回答这样一个问题：如何同对手在业务层面展开竞争？例如,基本的业务层战略包括成本领先战略、差异化战略以及集中化战略。业务层战略对于该业务的长期发展而言不可或缺,它定义了在未来某个时点企业所处的地位,例如五年后的业务水平以及与之相匹配的战略。

（2）职能层战略

职能层战略包含了一系列与经营业务相关的职能部门的战略,是公司业务层战略的细化和补充。它们指导各个职能部门如何围绕公司业务战略展开各自的工作。营销战略、人力资源战略、技术战略等都属于职能层战略。其中技术战略通常指明了组织该如何孵化并开发利用新技术,是组织针对产品制造所需技术做出的决策,这些决策包括：公司使用何种技术？公司应当在技术方面投入多少资金？如何开发新技术？如何将新技术推向市场？

每个企业都拥有若干项技术,但其中只有几项重要技术会真正影响到企业的竞争优势和未来发展,这些核心技术就形成了企业的技术战略。技术战略的实质是企业对核心技术的长期规划,因而技术战略通常由企业高层制定。在计算机、航空航天、生物技术等高科技领域,技术战略通常会成为企业竞争优势的关键来源。

开发新技术必须考虑两个维度,即核心技术的广度和深度。广度是指技术的覆盖面,具有高度针对性的技术覆盖面窄,而多项技术的融合体则覆盖面宽;深度是指技术含量的高低,有些技术相对粗糙,而有些技术则比较精湛。

技术战略融合了构成竞争优势的各种技术优势的定义、开发与应用,关系到公司技术优势的开发与利用,是技术创新战略的核心组成部分。

(3) 产品/服务战略

产品战略位于最底层,每一个产品战略指导着该产品长期的发展方向。针对新产品或是尚处于研发阶段的产品,企业必须制定相关的创新战略来确保能将其成功推向市场。

因此,技术创新战略的制定,需要在公司业务层战略的引领下,先形成与公司业务层战略目标相一致的技术战略,再在技术战略的指引下制定更具体的产品/服务的创新战略。

2. 战略制定的影响因素

技术创新战略和其他职能战略一样,都需要符合公司总体业务战略目标的要求,同时也受到公司外部因素的影响。但与其他职能战略不同的是,技术创新战略还受到外部技术进步的制约,因而影响它的内外部因素也就相对复杂。伯格曼等学者(2001)将技术进步和行业状况视为技术创新战略的两大决定性因素。

如图 7-2 所示,技术创新战略既受公司内部的业务战略和公司现实状况所制约,也受到公司外部的技术进步和行业状况的影响。

图 7-2 技术战略制定的影响因素

业务战略是由公司高层根据公司面临的机会和威胁、结合公司自身的优势劣势等特定条件制定的,与公司状况有直接关系。它确立了自己的产品和服务范围,从而也直接或间接地影响企业技术创新的战略选择。例如,一个追求社会责任目标的组织,可能会将环保技术的发展和环保产品的创新作为技术职能的重要内容。

技术创新战略需要符合业务战略的目标要求。在将技术创新战略与公司业务战略联结起来的问题上,战略联结人物扮演了重要角色,见专栏 7-1。

专栏 7-1 战略联结人物

战略联结人物能帮助将公司总体业务战略与技术创新战略联结起来。有调查结果表明,70%的 CEO、约 60%的 R&D 副总裁(或经理)以及高层技术主管(CTO)扮演了这样的战略联结角色;三分之一的日本公司中,财务主管也发挥了重要的战略联结作用(Peteraf,1994)。

技术创新战略同时也受到新技术问世、技术进步等外部力量的影响，这些外在影响甚至会引发公司的变革。同样，行业状况的变化也会影响公司技术创新战略、促成公司联动。

综上，技术创新战略的形成需要基于对公司内外多种因素的综合运筹。

第三节 技术创新战略模式及选择

一、业务层战略的模式

如前述，业务层战略的目的是针对企业所经营的业务，指导企业在未来如何应对同行竞争，以实现长期目标。关于企业可以选用的业务层战略模式，公司战略专家提出的较为著名的两大学说是安索夫（Ansoff）的产品—市场矩阵理论（product-market matrix）和波特（Porter）的基本战略（generic strategies）。

安索夫认为业务层战略必须是基于市场和产品两方面的考虑，市场角度是指企业选择在现有市场中发掘新客户还是选择开拓新市场；产品角度是指企业选择开发新产品还是保留现有产品。图7-3即为基于这两个维度构成的四种选择方案。

	现有产品或服务	开发新产品或服务
原有市场	市场渗透	产品开发
新市场	市场开发	多元化

图 7-3 产品—市场矩阵理论

资料来源：Burgelman et al. Strategic Management of Technology and Innovation[M]. 3rd edition. New York：McGraw-Hill，2001.

这里的产品开发战略并不是创新战略所定义的内容，这个层面的战略都只是企业为了达到长期发展的目标所选择的不同途径，没有指明如何创新。它们略涉及创新，也多少对技术战略产生一些影响，但这种影响只是产品开发等战略的副产品，也就是说企业为了开发产品才投入技术研发。

波特则是从企业相互竞争的视角来诠释市场与产品。基本的战略模式包括：(1)成本领先战略；(2)差异化战略；(3)集聚型战略。成本领先战略是指企业通过提高效率、降低成本从而在与对手的竞争中胜出。这里的效率意味着全方位提升工艺流程与降低次品率。差异化战略指的是通过显示出与竞争对手的产品的区别来吸引顾客。集聚型战略指的是锁定某个细分市场而不是面对整个市场。所谓"基本"是指这些战略适用于不同行业、不同的业务领域。

上述这些战略都属于业务层战略模式，指导着企业在某一行业的业务活动中如何达到既定目标。

二、技术战略的模式

技术战略是指企业针对产品制造所需技术做出的决策,其内容一般包括技术的选择、获取、开发、利用4个方面。

1. 技术的选择

技术的选择意味着企业为了实现长期目标而选择最适合的技术。所选技术必须服务于业务层战略。可以选择逐步改进现有产品的技术,也可以选择会对行业带来革命性风暴的技术。技术项目一旦上马,若再要改弦易辙会造成时间和财力上的极大浪费,因此,选择合适的技术是技术战略极其重要的组成部分。

选择尚未被世人所接受的前沿技术面临着较大的风险和挑战。技术选择也会涉及技术转换和沉没成本问题。企业对现有生产已经投入大量资源,这些资源不仅包括资金、原材料、部件和未完工产品,而且包括人员、技术和知识结构。在技术转换的过程中,往往无法将所有的现有资源都转移到新技术的应用上,一些历史成本也就随着技术转换而沉没消失。因此,选择新兴技术需要谨慎。

新技术的使用不仅意味着新产品和新服务,而且意味着新流程、新体系、新方法、新技艺等。如果企业选择的新技术带来了新产品,那么技术选择对创新也会产生重大影响。新技术的选择会将企业纳入创新的轨道。可见新技术的选择会对企业产生深远影响,管理层必须把技术选择上升到战略高度。

2. 技术的获取

获取指的是企业决定通过何种手段得到新技术。获取技术的手段多种多样,对企业的影响程度也不尽相同,尤其对新技术和企业的融合方面有些更为突出。技术内化和匹配程度都会因为获取手段的不同而产生差异。常见的技术获取途径包括以下方面。

(1) 直接投资

直接投资不需要第三方的参与,形式较为多样,可以通过资本投入购买所需设备和技术,可以通过人才招聘,也可以通过收购拥有所需技术的企业来获得自身发展所需的技术与专长。

(2) 合资企业

通过建立合资企业的方式获得技术,对双方合作提出较高要求。合资的方式不利于技术与企业的融合,企业能够获取的新技术数量十分有限。

(3) 研发外包

外包对融合的要求最低,希望获取技术的企业完全依靠另一家企业的技术。外包的优势是低风险性,企业无须投入太多资源,外包的内容也可以随市场变化灵活改变。

3. 技术的开发

获取技术之后就进入开发阶段,即着眼于将新技术转化为商用产品。开发过程需要耗费大量的资金和时间,即使新技术已成功被市场所接受,研发部门仍需要不断对其进行改进,以应对渐趋激烈的市场竞争。

开发过程通常由企业自己的研发部门独立完成,也可同外部合作完成。但一般不会将开发任务全部外包给其他企业,否则会有失去技术掌控的风险。依靠自己的研究开发力量来完成技术创新工作,需要组织具有较强的技术能力和一定的经济实力,也需要独自承担风险;但一旦成功,也能够独享创新成果,获得超额利润。通过与其他组织、包括企业或科研单位联合完成开发工作,便于发挥各自优势,达到节约资金、缩短开发周期等目的。合作各方在共担风险的同时共享成果。

4. 技术的利用

利用技术成果就是获得投资回报的过程,其中创新起到了相当重要的作用,技术利用和商业化进程离不开创新。由于技术利用手段层出不穷,创新的模式也丰富多彩。在这个阶段,企业需要决定是内部利用还是外部利用技术成果。内部利用是指企业或个人完成创新的全过程,外部利用则是指由其他企业完成创新任务。

(1) 内部利用

除非新技术面临较大风险,或企业面临资金困难,可以考虑外部利用,否则一般应选择内部利用来获取更大投资回报。

内部利用的方式主要包括直接投资和战略演变。企业可以通过直接投资将新技术转化为产品,通过制造并销售新产品来获利。战略演变方式则是将新技术用于现有产品,通过新技术的应用实现产品的升级,也就是"二次创新"(Keeble,1997)。这种方式比较适合已拥有一定市场份额的产品。事实上,在很多行业,全新产品的数量是有限的,大都是现有产品的不断升级,战略演变的方式有助于降低风险,节约成本。

(2) 外部利用

外部利用是指将技术出售给其他企业。一般为保留对技术的控制权,拥有新技术的技术公司往往会选择仅出售技术的使用权给第三方。这个环节企业必须采取知识产权保护措施,例如申请专利,以保护企业前期在技术研发上的巨大资金投入。技术交易的常用方式包括许可和分立子公司(spin-offs)。

许可是企业同第三方签订许可证协议,给予对方使用技术的许可并收取许可使用费。协议还会规定一个与销售量无关的最低许可使用费,以保障企业的最低回报。许可使用费通常按产品售价的百分比计算,这个比例一般在3%~10%之间。当然,具体的协议条款和费用根据情况而定。

企业之所以选择许可方式而不是自主开发技术,一般基于如下几大因素(Cesaroni,2003):第一,生产与营销环节的配套资产。配套资产指生产和销售新产品所需的资产,通常包括生产经验、营销技能、产品支持和人员培训。如果企业缺乏这些配套资产,恐怕最好还是选择许可经营。第二,获取配套资产发生的转移成本。自主开发也会产生转移成本,例如购买配套生产资料。如果自主开发的转移成本大于许可经营的成本，那么可能选择许可经营更合适。第三，企业还必须考虑成品市场上的竞争激烈程度，许可方式也许可以有效地避免技术竞争，见案例 7-4。

案例 7-4

皮金顿公司

研制出浮法玻璃制造流程的皮金顿公司是成功应用技术许可的典范。皮金顿公司认为许可的优势不仅在于经济收益，更重要的是能够有效阻止其他公司开发类似技术。公司从 1962 年第一次许可经营到 20 世纪 90 年代初总共将技术许可给了 29 个国家的 35 家公司。同时自己经营的工厂也达到 14 家。（Henry and Walker, 1991）

近年来，通过许可证转让利用技术的模式出现升温趋势。不再局限于中小型企业，很多大型知名公司也在运用之列。它们越来越注重于将资源集中在核心业务领域，因而将一些非重点技术项目许可给他方，见案例 7-5。

案例 7-5

ARM 控股公司

总部设在英国的 ARM 控股公司由 Hermann Hauser 于 1990 年与其他人合作创办，前身是 1978 年在剑桥成立的艾康电脑（Acorn Computers），有 700 多名雇员分布在英国、法国和美国等地的设计研发中心。该公司是全球首家开发出精简指令集计算机芯片的企业，然而却走了一条与英特尔、摩托罗拉等其他芯片制造商截然不同的技术利用途径。

ARM 公司自身并不制造芯片，而是通过许可它的技术专利而获利。这样，公司可以将工作重心放在产品设计和研发上。此外，许可经营的模式使产品短时期内就在市场上站稳了脚跟，并使公司在微型处理器与消费类电子产品的结合方面有了更大的影响力。此类芯片的应用范围包括汽车、娱乐、图像、安保以及无线传输。使用该公司技术的消费类产品有手机、数码照相机、DVD 播放机、智能卡、机顶盒、SIM 卡、扫描仪和打印机，全球 80% 的手机都应用了该公司开发的技术。使用 ARM 技术的公司不仅包括耳熟能详的摩托罗拉、飞利浦、夏普、索尼和德州仪器，而且包括不计其数的计算机外围设备制造商。然而，如此辉煌的成就竟源于一家采用许可经营的企业。

2016 年，软银以 320 亿美元收购 ARM；2020 年 9 月，英伟达公司（Nvidia）宣布将以 400 亿美元的价格收购软银集团旗下芯片设计公司 ARM，均为当时半导体行业内规模最大的交易。

分立子公司也属于外部技术利用模式，但开发出技术的母公司在其中扮演了更为积极的作用。开发出的技术通常不属于公司的核心业务范畴，因此公司会围绕新技术先建立一家子公司,再将子公司从母公司剥离和出售,同时要求相关人员能有效打理分立出去的子公司。一旦确定要出让的技术、人员、设备设施等,就可将这些相关资源整体"捆绑打包"。出售子公司的方法包括:通过首次公开发行股票(IPO)成为上市公司;管理层收购(MBO);出售给风险投资公司;或是出售给另一家公司。出售子公司可以即刻带来大笔收益,母公司可以将这笔资金投入到更加优先的项目上。

三、创新战略的模式

创新意味着新技术的商业化,因此创新与技术利用这两方面的内容不仅联系紧密而且部分重合。创新战略也就是创新的实施,最常见的是领先模式和跟随/模仿模式。

1. **领先战略**

领先战略是企业致力于第一个将新产品推向市场,从而在相关技术领域占据领先地位,成为同行的领头羊。领先战略能否成功,如下三个因素至关重要(Teece,1986)。

(1) 创新效益

即公司或个人能否享有创新所带来的收益,以及对新技术的控制权。公司通常可以申请专利来保护自己的知识产权不受侵犯。一旦享有对知识产权的高度控制,竞争对手就无法轻易仿造同类产品,公司便能获得较高的收益回报,领先战略的成功概率也就大大增加。

(2) 配套资产

即与新技术上市匹配的生产与营销环节的投入。配套资产对产品成功上市中扮演的角色越是关键,领先战略成功的机会越小,因为潜在的模仿者同样可以在生产和营销环节下功夫。模仿者在生产和营销环节上的投入甚至可以弥补其产品性能上的不足。本章开篇案例中EMI公司CT机的失败就是一个例证。

(3) 产品标准

产品标准意味着公认标准的实施有助于新产品和新技术的推广与普及。例如,20世纪70年代的家用录像机市场,1975年索尼公司推出的Betamax制式遭遇滑铁卢,杰伟世公司次年推出的VHS制式却大获成功。VHS制式成功的关键在于杰伟世公司为了使该标准被业界认可做了大量工作,公司不仅在日本国内与家用录像机的主要生产商松下公司缔结战略联盟,而且同欧洲主要生产商也通力合作,使VHS制式在全球家用录像机领域得以推广。

2. **跟随/模仿战略**

与领先战略相对应,跟随和模仿战略是指企业不图领先,而是跟在领先者后面进行模仿。很多成功创新的案例都是采用了观望先行者和模仿的策略,这是因为跟随/模仿战略有如下优势:

(1) 搭便车效应

指跟随者不必付出领先者承担的大量成本,例如建造基础设施、获得监管部门批准以及确定目标客户群等。跟随者一旦掌握了先行者的方法和路径,它们就赢得了优势。

(2) 仿制成本

仿制成本使追随者仿造产品的费用,如果仿制成本较低,跟随者则再次赢得优势。

(3) 规模经济

跟随者一旦以一个平台开发出多个型号,规模经济也就随之产生。不同型号的产品共享核心技术和产品部件,生产成本随之降低。

(4) 学习效应

跟随者可以吸取先行者的前车之鉴。例如,英国的德·哈维兰德(De Havilland)公司在 20 世纪中叶早于竞争对手波音公司 6 年推出了世界上首架喷气式客机,但由于金属疲劳等原因,这款被命名为"彗星"的机型发生了多次坠机惨剧。波音公司的工程师们从中吸取了教训,制造出了更加坚固可靠的波音 707 客机,迅速抢占了市场份额。结果波音 707 不仅出售架数上超过"彗星"十多倍,而且成为了客机制造业的行业标准。从这个情况看,实行跟随者战略更为有效。可见,领先战略和跟随战略各有千秋,要视实际情况更支持哪种战略的实施。

跟随和模仿战略是企业成长初期依据自身所具有的资源与能力做出的理性选择,但也并不仅仅限于成长初期企业。一些技术先进的大企业同样可以基于战略考虑,在非主攻方向上选择跟随和模仿,而把更多的资源集中于主攻方向。另外,随着国内外知识产权保护力度不断加大,采取这种战略面临的风险也越来越高,企业在模仿时需特别注意避免侵权而招致意外的麻烦和损失。

总之,不同的战略模式各有其优势和适用性,企业需要结合不同时期各种内外部因素的特征,做出适当的选择。

案例 7-6

华为的"备胎"战略[①]

2019 年 5 月 19 日,路透社报道称,谷歌已经停止与华为之间除了开源以外的一切业务,华为将无法获取最新的安卓版本操作系统,并且谷歌将不再对华为提供任何技术支持。

据了解,在操作系统层面,华为目前在全球销售的手机所采用的操作系统均来自谷歌主导的"安卓开源项目"(Android Open Source Project,简称 AOSP)开源代码库。AOSP 包含了一个基础版本的安卓内核操作系统和一些基本功能的应用(比如搜索、

---

① 作者根据网络资料编写,主要资料来源:数据玩家,Google 暂停华为更新安卓系统,华为绝地反击在美 57 家工厂全撤离! 20190520。

日历等),而 GMS(Google Mobile Service,即谷歌移动服务)是谷歌开发并推动安卓的动力,也是安卓系统的灵魂所在,包含了谷歌搜索、谷歌地图等功能,由谷歌控制着。由于 GMS 的产品在海外知名度高,用户量大,是海外手机的标配,很多 App 没有 GMS 就无法运行,因此任何厂商想要在手机里预置或安装使用产品,都必须和谷歌签订 GMS 协议。如果没有授权,手机不但不能预置那些产品,用户激活后也不能自行安装。通过 GMS 授权,谷歌将全球(除苹果之外)手机应用的控制权掌握在自己手中。

谷歌停止与华为之间除了开源以外的一切业务,意味着华为将无法在面向海外市场(欧美、俄罗斯、中东、东南亚等地区)的手机中安装谷歌搜索、YouTube、Gmail、Maps、Play Store 应用商城等产品,而这些服务在海外市场是不可替代的,这使华为的海外手机业务将遭受不可恢复的损失。据了解,2018 年华为消费者业务营收占了 48%,手机出货 2.06 亿台,海外市场 1 亿台,也就是说,谷歌暂停华为安卓系统更新,或将影响华为公司 1/4 的营收。

形势很严峻,但华为也不是没有办法。面对美国的步步紧逼,很快,华为也做出了强硬回应。华为 B 计划集体"转正"。

自 5 月 16 日,美国商务部以"科技网络安全"为由,把华为列入"实体清单",限制美企向华为出售产品和技术,随后的 5 月 17 日凌晨,华为海思总裁何庭波便发布《致员工的一封信》表示,华为保密柜里的备胎芯片全部"转正",确保公司大部分产品的战略安全和大部分产品的连续供应。"今后的路,不会再有另一个十年来打造备胎然后再换胎了,缓冲区已经消失,每一个新产品一出生,将必须同步'科技自立'的方案。"何庭波说。海思的"备胎"芯片给华为当下化解困境,铺了一条最应急的路。

面对此次谷歌操作系统的出击,华为亦早有准备。据了解,华为从 2012 年开始规划自有操作系统"鸿蒙",意在成为谷歌安卓系统的替代品。余承东曾表示,"我们已经准备好了自己的操作系统,一旦发生了不能够再使用这些(来自谷歌和微软的)操作系统的情况,我们就会做好启动 B 计划的准备。"

操作系统的无缝对接并非易事,因为这涉及整个生态体系,而制作生态系统最重要的就是开发者。一位安卓系统开发者表示:"如果有公司基于安卓系统二次开发,产生新的操作系统,而这个分支不再由谷歌把控,那么这些开发者就会脱离谷歌,参与到新的操作系统当中去进行开发。这个是对谷歌最致命的打击。"所以如果华为采用新的操作系统,谷歌很可能会重拳出击,此前阿里欲研发手机操作系统,就受到谷歌阻挠。

虽然美国供应商提供的零部件有许多在现阶段都无法替代,但站在华为公司的角度来看,提前的供应链储备,包括海思半导体所研发设计的"芯片备胎"、操作系统"鸿蒙"备胎,正在成为化解华为困境的重要路径。如今海思研发的芯片,几乎遍布华为所有终端设备,从华为 5G 基站、华为 5G 手机、华为路由器、华为智慧屏等等,可以说华为海思芯片已经成为了华为最为重要的核心产品,几乎华为 90% 以上的营收都与华为海思芯片有关系,而目前华为海思旗下已经拥有麒麟(手机芯片)、巴龙(5G基带芯片)、鲲鹏(服务器芯片)、昇腾(人工智能芯片)、天罡(5G基站芯片)等等,而在去年年底发布的荣耀V30系列手机,也更是搭载了华为自研射频芯片,可见华为整个"芯片备胎",就是奔着替换美国品牌芯片而打造的"备胎",让华为即便是在离开了美国芯片之后,依旧能够正常运转。其次在操作系统领域,华为也同样有打造备胎,那就是鸿蒙OS系统,目前华为鸿蒙OS系统已经用于华为智慧屏、路由器等华为终端产品,而根据最新的爆料信息显示,目前也已经有华为平板电脑开始预装鸿蒙OS系统,同时华为还不惜投入重金,打造了能够替换谷歌的GMS全家桶服务的华为HMS移动服务,可见华为鸿蒙OS系统、华为HMS生态系对于华为的重要性。

多年前,华为创始人任正非曾表示:"我们现在做终端操作系统是出于战略考虑,如果他们突然断了我们的粮食,安卓系统不给我用了,Windows Phone 8系统也不给我用了,我们是不是就傻了?我们做操作系统,和做高端芯片是一样的道理。主要是让别人允许我们用,而不是断了我们的粮食。断了我们粮食的时候,备份系统要能用得上。"

华为从芯片到操作系统整个产业链都有相关"备胎"准备,或许也正是因为这些"备胎"存在,让华为即便遭受到了"断供"危机之后,依旧能够保持高速增长。

即练即测

思考讨论题

按照你的理解,华为公司的"备胎"战略属于什么思维模式?他们为什么会选择这个战略模式,可能是基于哪些考虑?

思考讨论题

1. 技术创新战略的内容框架包括哪些方面?
2. 你如何看待模仿行为?
3. 跟随和模仿战略的优缺点是什么?适合什么情形下采用?
4. 什么是战略联结人物?一般由哪些角色担任?其重要性体现在哪里?
5. 长期战略目标和短期战略目标之间是什么关系?
6. 技术创新战略的不同层次之间是什么关系?
7. 战略实施重点一般包括哪些方面?
8. 在如何制定技术创新战略的问题上,存在着哪两种不同的思维方式和制定方式?
9. 理性主义战略一般包括哪几个步骤?
10. 渐进主义战略的程序包括哪些环节?
11. 理性主义战略的行为模式存在哪些缺陷?
12. 试比较理性主义战略和渐进主义战略的差别?分别适用于什么样的环境特征?
13. 理性主义学派和渐进主义学派对企业实践的适用性分别如何?

14. 技术创新战略基于技术来源的不同可分为哪几种战略模式？有什么样的特点和要求？
15. 基于行为方式存在哪几种技术创新战略模式？分别有什么样的特点和要求？
16. 根据技术竞争态势的不同，技术创新战略有哪几种模式？有什么样的特点和要求？
17. 保持领先有哪些优势和劣势？
18. 是否选择领先战略，应如何考虑？

第八章

技术创新的组织

学习目标与重点

学习创新型组织结构、组织角色和组织文化分别有哪些类型和特点,了解创新过程中的界面问题以及如何管理,什么是变革时代的高潜能组织——二元性组织,以及当代企业创新型组织有哪些新特征。

开篇案例

谷歌:创新型组织的标杆[①]

谷歌是一个从创办开始、血液里就流淌着创新基因的公司。公司的目标是"在全球范围内整合信息资源,并获得公众的认可"。自1998年创建以来,在变化迅速、需要不断创新的互联网产业,它从斯坦福大学两位没有毕业的博士生谢尔盖.布林(Sergey Brin)和拉里.佩奇(Larry Page)创办的小公司,发展成为一个涉及云计算、硬件、自动驾驶汽车等领域的帝国,其全球员工总数超过10万,近5年在《Brand Z全球最具价值品牌100强》排行榜中一直处于领先位置。那么谷歌是如何一直保持着持续创新动力的呢?通过以下三个方面,可以看到这个庞大创新永动机的一角。

轻松愉快的创新环境

风景如画的硅谷山景城,是谷歌的总部所在地,在这个像游乐园一样的办公室里,巧克力、懒人球座椅以及巨型积木随处可见,往来于办公室之间的员工骑乘着电动滑板车,或者GreenMachine车——一种适合于11岁儿童的玩具车,甚至有些宠物狗也穿梭其间,看上去其乐融融,根本不像是一个高速运转的科技公司。

但在当年谷歌最初创业的那段日子里,可是另外一番景象,大家忙碌紧张,有时候为了工作,吃饭都是用快餐随便应付一下,没有时间锻炼身体,没有时间洗衣服。所以在公司发展到一定阶段之后,谷歌给员工提供了种类丰富的免费餐饮,在公司里随处可见各种体育器材和休闲设施,还有专门的洗衣房和按摩室。

[①] 案例来源:作者根据相关资料整理,并将数据更新到2020年,资料包括:梅丽莎·A.希林.技术创新的战略管理[M].第4版.王毅,谢伟,段勇倩,等,译.北京:清华大学出版社,2015;Claire Liu.向谷歌学习持续创新[J].化工管理,2008,(1).

除此之外，公司还提供免费的班车和渡轮服务接载雇员上班，这些交通工具都有无线互联网服务，方便员工在上下班时也可以工作。在谷歌，工作就是生活，轻松愉快的工作环境成为创新意识的孵化器，造就了无穷的创造力。

灵活高效的工作方式

尽管规模如此壮大，谷歌却尽量避免等级制度和官僚主义在公司内部滋生，并努力保持一种"小公司"的感觉。谷歌公司的工程师们都被组织成3～5人的技术团队，这些团队拥有相当大的决策权。公司总部的每个角落，从摆有沙发的公用办公室、休息室到被大家称为"Charli's Place"的大型公共咖啡馆，都被营造成一种培养非正式沟通和合作的氛围。管理者们通常把谷歌的结构称作一种灵活的、扁平的"技术官僚"体制，在这里，资源的配置和权力的分配均以创新想法的质量为依据，而不是按照上下级或等级位置来分配。谷歌时任CEO埃里克·施密特（Eric Schmidt）这样评论说："在谷歌，我们尽最大努力避免那种妨碍跨部门合作的事业部式的结构分类，这样做的难度很大，所以我理解为什么人们总是想要建立事业部、并给每个事业部配备一个主任。但一旦建立了事业部制度，一些非正式的联系就会随之消失，而在开放的公司文化环境中这种非正式的联系会产生很多的合作关系。如果员工了解公司的价值导向，他们就应该能够自发组织研究那些他们最感兴趣的问题。"

谷歌小团队的工作方式看起来平常，其实却蕴涵着深刻的道理：在庞大的组织中，总有很多聪明人，他们可以轻松地找到"混"下去的方法，即便是复杂的绩效考核也对这类人束手无策。但是在有3～5人组成的小团队中，却容不得"聪明人"再浑水摸鱼，必须全力以赴才能被大家认可。激发了全体成员创造力的同时，进行小范围的绩效考核，所得的结论也会更加客观。

正是通过这种小团队的工作方式，实现了谷歌著名的"自下而上"的创新。这种创新方式给谷歌带来了很多新奇的点子，带来了新鲜的创意和活力。而这些特质正是一家快速发展的科技公司最宝贵的创造力所在，同时也可以看作是谷歌互联网民主观念在公司内部的一种贯彻。

20/80法则创新激励机制

谷歌组织中的一个关键要素就是它的激励机制——它要求技术人员把20%的工作时间用于追求他们自己感兴趣的新想法。这项为鼓励创新而设立的预算不仅要为那些创造性极强的员工提供能放松身躯的活动设施——它还能激发员工产生新的想法。谷歌的一位工程师说："我还没有一个像样的可以花掉我20%的时间去完成的项目，我需要一个这样的项目。如果我没有想出富有新意的点子，我敢肯定这将会对我的绩效考评产生负面影响。"谷歌有个内部交流的网络平台，这个平台不仅能实现信息交流的功能，还鼓励工程师们将自己的创新点子放在这里，由其他人对这些点子做出评价和建议，使这些在20%的时间内自由发挥的结晶有可能落实为具体的产品。当由这些好点子发展而来的产品足够完善的时候，就会被放在Google Lab里，向用户展示谷歌创意和产品的工具，征集用户体验和反馈，以便对尚未正式推出的产品进行修正和补充。

管理者们也面临类似的激励机制。谷歌公司要求每一位经理把70%的时间放在核心业务上，20%的时间放在那些相互关联但彼此又不同的项目上，剩余的10%的时间花在新产品上。根据负责搜索产品和用户经历的主任玛丽苏·迈耶（Marissa Mayer）的说法，谷歌公司很大一部分新产品和新属性（包括Gmail和AdSense）是其工程师在那20%的时间里创造出来的。

人性化的工作环境、小团队的工作方式、20/80法则的运用，以及每年1 000万美元的创业大奖，在这些政策的激励下，谷歌团队不断创新，产品已经从当初单纯的搜索服务扩展到很多新的领域，并诞生了一系列对谷歌未来发展有重大意义的产品和项目。

在斯坦福大学的一次播客采访中，英特尔前CEO安迪·格罗夫评论说，谷歌的组织看起来混乱无序，甚至说"从外表来看，对谷歌组织结构最恰当的描述是，它就像放大了的布朗运动"，他还质问施密特是否认为这种模式会永远持续下去。施密特回答说："有一个秘密要告诉大家，那就是谷歌也存在一些运行很规矩的部门。我们的法律部门、财务部门，我们的销售力量都是正规的配置，我们的战略计划活动、投资活动、兼并重组活动也都是按照非常传统的方式进行的。因此谷歌最能吸引大家注意力的地方就在于它的创造力，也就是创造和设计新产品的地方，这个地方一定是与众不同的。对我们来说，这种模式将会在相当长的一段时间内起作用。"

思考讨论题

1. 谷歌公司的组织有哪些利于创新的特点？其创新团队按照这种灵活、扁平的"技术官僚"体制进行组织有何优劣之处？

2. 谷歌的创新团队与公司其他部门有着非常不同的结构和完全不同的控制，你认为这种管理的挑战是什么？

3. 谷歌允许员工将20%的时间用于个人项目，有人认为类似这种形式自由的组织结构和激励机制只有在谷歌才可能成为现实，因为其之前的成功已经为公司积累了丰厚的资金。你同意这种看法吗？如果谷歌面临实力相近的竞争对手，它还能够继续保持这样的管理风格吗？

技术创新并不是在真空中发生的，而是需要在一定的组织环境中培育和开展。组织也并不只是为创新的实施提供一个环境，还可以采取更为积极的措施进行支持和推动。这些措施包括：对公司整体或部分进行结构重组；设立特定的组织角色；建立适当的激励机制和文化氛围，等等。

第一节 技术创新与组织结构

组织的结构形式决定了内部信息流动的方式，因而一定程度上决定了员工的工作方式，包括汇报和负责关系、工作流程，以及与外部供应商和顾客接触的方式等，甚至会影响员工的思维方式和工作士气。因此,企业的组织结构势必会影响技术创新。

一、传统组织结构中的技术创新活动特征

企业基本的组织结构主要有 U 型(united structure,一元结构)、M 型(multidivisional structure,多部门结构)、矩阵制等类型。不同的组织结构下开展技术创新活动有不同特点。

1. U 型结构

U 型结构产生于现代企业发展早期阶段,是现代企业最为基本的组织结构类型,具体有直线结构、职能结构和直线职能制结构三种形式,其特点是管理层级的集中控制。直线结构的组织形式是沿着指挥链进行各种作业,每个人只向一个上级负责,因此适用于企业规模小、生产技术简单的企业,如图 8-1 所示。

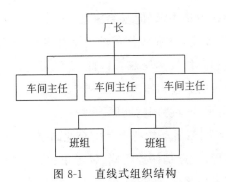

图 8-1　直线式组织结构

职能式结构是将专业技能联系密切的业务活动集中归类,即按照职能的不同来设置部门,每个部门由一位职能型的专家领导。图 8-2 是制造业公司典型的职能式组织结构图。职能式结构适合外部环境相对稳定,而内部不需要太多跨职能协调的企业。

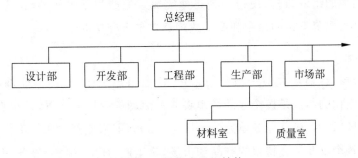

图 8-2　职能式组织结构

直线职能制结构形式则既保证直线统一指挥,又充分发挥专业职能机构的作用,是被广泛应用的一种组织形式。例如,华为公司在成立初期,由于员工数量不多,部门和生产线比较单一,产品的研发种类也比较集中,组织结构也采取的是在中小企业比较普遍的直线式结构,所有员工都是直接向任正非汇报。1992 年,员工人数达到 200 人,组织结构也开始

从直线性的组织结构转变为直线参谋职能制的组织结构,由任正非直接领导公司综合办公室,下属五个大的部门,除了有业务流程部门,例如研发、市场销售、制造,也有了支撑流程部门,例如财经、行政管理等,如图 8-3 所示。

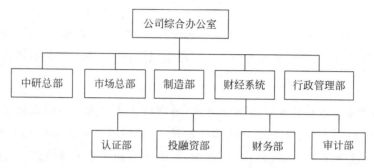

图 8-3　华为公司早期的直线职能制组织结构

U 型组织结构下,领导权力集中,纵向联系密切,上层容易管理各个职能部门;职能分工有利于促进各专业技能的提高,增强各部门的专业化和标准化程度,但部门之间的横向联系比较缺乏,彼此间沟通和协作较为困难。因此 U 型结构适合企业规模较小、外部环境相对稳定、产品品种比较单一的企业;如果涉及的产品品种较多、市场区域较多元,这种组织结构就会面临发展不平衡和难以协调的问题。

在 U 型组织中开展技术创新活动的特点是由企业高层直接管理,各职能部门之间以阶段分工、前后相继的方式进行,优点是任务明确、领导集中、控制严格,但对创新并不是很有利,过于强调控制的组织不容易接受新思想。

华为公司创立初期聚焦于单一产品的持续开发与生产,销售上采取低价策略,所以其组织结构不需要复杂,但权力却需要集中,以便能快速统一调配资源参与市场竞争,并快速反映外部环境的变化,所以采取直线职能制的组织结构和公司当时的战略发展是相匹配的。这种简明快捷的组织结构,使得华为迅速完成了原始积累的任务,作为公司最高领导者的任正非对公司内部下达的命令和有关战略部署也更容易贯彻。

2. M 型结构

很多大型公司、特别是大型跨国公司采用 M 型组织结构(或称事业部制或多部门结构)。事业部制结构的特点是按企业的产出将业务活动进行集中设置,即根据不同的产品、服务、地区或市场(顾客)成立业务单元(business unit),即事业部。职能部门的员工被分派到每个事业部,每个事业部有特定的产品和市场,集生产、技术、销售、服务等业务活动为一体,有较大的经营决策权,如图 8-4 所示;各事业部都是利润中心,实行独立核算、自负盈亏。

与 U 型或职能式组织相比,事业部式组织更强调分权和授权,其在一定程度上具有小企业的灵活性;各事业部可以根据外部环境自主决定和组织生产和销售,对市场和顾客的响应速度快;每个部门独立完成一个产品从设计到销售的活动,部门内部信息流动相对畅

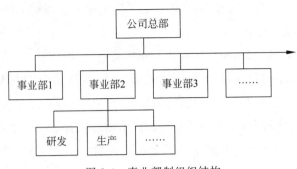

图 8-4 事业部制组织结构

通快捷,利于减少产品创新的时滞与成本;员工追求经济绩效的积极性较高。但事业部制组织会形成对现有产品和市场的"惯性思维",以及对经济利润的追求,都会使得其更倾向于关注风险较小的渐进性创新,而忽视新技术引发的突破性创新。

在事业部制组织中开展技术创新工作,可以将具有共性、研发时间跨度长、难度高、投资大、领域新的研发项目交由总公司直接领导管理,也可减少资源重复配置的现象。

3. 矩阵制结构

矩阵制结构允许有两条主线,员工既属于传统的职能部门,同时又从属于某项目或某区域公司。如图 8-5 所示,设计人员 A 既属于设计部,又属于项目或区域公司 A。矩阵制结构的优势在于既可充分利用职能式的专业化优势和学科团队,又有良好的部门间合作和横向交流,较为灵活,容易催生新想法,利于创新活动的开展。

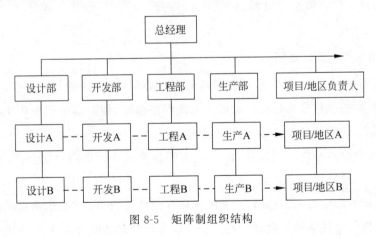

图 8-5 矩阵制组织结构

二、技术创新对组织结构的要求

上述只是几种基本的组织结构类型,现实中企业常常采用两种或两种以上基本结构的混合形式。如大型日用消费品公司宝洁(P&G)公司由三个全球事业部和一个全球运营中心构成,全球事业部又和区域市场组织构成矩阵组织,并建立以市场部品牌管理小组为核心的多部门协作机构。华为公司在1998年之后采用的准事业部矩阵组织结构,也是类似于事业部制和矩阵制的结合体。

拓展案例

不同的组织结构特征有其不同的功能,一般而言,规范化和标准化程度较高的组织结构形式,利于保证决策的质量,项目工作实施的效率较高;而规则程序较少、上下左右交流频繁、灵活自由的组织则有助于激发创新思想。华为的组织实践表明,企业经营业务和技术创新的特点决定了组织结构的形式,组织结构的调整应利于技术创新项目的开展。总结起来,利于创新的组织结构必须有助于企业实现如下功能。

(1) 对外部市场响应灵敏;

(2) 内部信息沟通顺畅,纵向决策和信息传达快、横向协调便易;

(3) 具有能根据需要和情况变化作自我调整的机制。

世界是变化的,组织的变革与转型是永恒的话题。选择或设计相适应的组织结构形式,并不断根据竞争环境变化和企业发展随需而变,不仅可以充分释放企业的潜力,对技术创新活动起到有力支持,而且这种组织能力本身就是一种竞争对手难以模仿的核心能力。

三、技术创新组织设计中的几对基本矛盾

企业在为技术创新活动设计或选择合适的组织形式时,需要处理好如下几对基本的矛盾。

1. 正式组织和非正式组织

所谓正式组织,是指该组织形式有明确的组织界限,有正式的规章制度约束全体成员的行为,并有严格的职责分工与合作关系。正式程度越高,创新组织的专业化、规范化以及集中化程度越高,团队就是全体成员认可的正式组织。反之,非正式组织没有严格的组织界限,虽也受企业内各种制度的制约,但受约束的程度较小。但两者之间不存在绝对的界限,而是存在一个过渡带。

非正式组织的产生有两种原因,一是团队领导的故意行为;二是团队成员在价值观、性格、经历、互补性等出现某种一致时自发产生。前者是管理者强化自身管理职能的需要,培养亲信,增强管理效力,客观上形成非正式组织。该组织形式虽然表面上能够很好地进行日常工作,提高团队精神,调解人际关系,基本上向有利于团队的方向发展;但长期而言,会降低管理的有效性,团队的精神、工作效率会低下,优秀团队成员会流失。这种非正式组织通常是松散型组织。后者则是紧密型非正式组织,当其愿景与团队愿景不一致、偏离团队的价值观时,会破坏团队文化、阻挠团队的创新精神和开拓精神,最终往往导致团队的瓦解,见专栏 8-1。

> **专栏 8-1　如果团队中出现了紧密型非正式组织怎么办？**
>
> 　　考察评估团队非正式组织的数量，非正式组织成员列表，非正式组织与团队愿景是否一致，非正式组织对实现团队目标的影响。
> 　　若与团队愿景不一致、对实现团队目标存在较大负面影响时，则需：让团队管理层融入非正式组织，管理层对非正式组织的骨干成员施以影响，并积极引导，让他们融入一些松散型的非正式组织，弱化其对骨干成员的影响力，最后彻底清除非正式组织的顽劣者。

　　非正式组织若能适当运用，可对组织产生很大裨益：弥补正式组织政策与规章的不足；协助管理，提高工作效率；加强沟通，提供发泄渠道；促使管理者对某些问题做合理处置，产生制衡作用。

　　正式组织有助于控制创新活动，创新所需的资源也能得到保证。非正式组织的优点在于灵活性，利于激发创新人员的创造性和积极性。两类组织形式各有优势和缺陷，技术创新活动要根据创新活动的具体特点和性质，对正式组织和非正式组织加以合理运用。

　　2．专门组织和非专门组织

　　当企业准备开展一项技术创新活动时，可以在现有的组织内安排创新活动，让现有的职能部门分别完成各阶段的工作，而不专门另设一个机构；也可以设立一个专门的组织机构，如事业部、产品部等，由它全面完成各阶段工作。这两种方式各有优劣：前者容易产生整合与协调方面的问题，后者则容易职责不清。具体采用哪种形式，同样要根据实际情况和创新活动具体特点来确定。

　　3．集权和分权

　　集权有利于集中配置资源，而集中配置资源，尤其是关键资源，对创新的成功是很重要的；集权也有利于协调和整合。集权的缺点是灵活性差，不利于调动各方面的积极性。进行技术创新的组织设计时，要权衡集权和分权的利弊，恰当安排。

　　4．分工与合作

　　分工的优点是利于提高专业水平，提高工作效率；有利于积累经验；分工的缺点是不利于协调整合，分工越细，协调与整合越难。

　　上述这些矛盾关系，为技术创新活动的组织设计提供了基本的原则。

第二节　技术创新与组织角色、组织文化

　　组织结构为创新提供了外在的构架，如果把组织结构和制度比喻为人的骨架和肌肉，那么技术创新人员就是血管里流淌的血液，组织文化是其灵魂；而一些重要角色则类似于维生素和生长激素，不需要很多，但很重要，关键时刻能起到催化作用。

一、创新型组织角色

1. 技术守门人

任何组织都是一个开放系统,完全靠自己提供知识信息是无法长期存续的,外部的知识来源对一个组织的创新而言至关重要,组织对外部知识的转移和吸收能力往往直接决定了其创新的能力。但外部知识与组织之间往往存在一定的差异或"界面",不能为组织员工直接吸收。技术守门人(technology gatekeeper)就可以在知识转移网络中起到关键作用。

技术守门人,又称技术桥梁人物,就是那些经常与外界接触、能够理解外界信息,并善于同本组织内人员沟通,能在外界与本组织之间进行"翻译"的人。"翻译"不仅包括不同语言之间的解释,更包括对不同表达方式、思维方式的沟通。因此这些技术守门人往往是科学家、工程师,也可能是具有技术背景、能够同技术人员进行有效沟通的营销人员。

通过技术守门人,外部知识信息的输入分为两个阶段:首先流向技术守门人,再由技术守门人传递到组织的研究开发部门和研究开发人员,这样可使企业能够更有效地使用外部信息。此即组织间知识转移的"两步理论"。

为获取外部知识、推动知识转移,技术守门人需要行使如下职能:

(1) 存储知识。最基层的守门人是知识的存储者,这个知识很少指那些可编码的外显知识(explicit knowledge),更多的是指默会知识(tacit knowledge),即非正式的、很难习得的非结构性知识。

(2) 知道谁拥有知识。守门人的价值不在于自己拥有多少知识,而在于他们认识拥有相关知识的人。他们有很强的信息接收能力,与外界接触广泛,对外界信息敏感,善于理解外界信息。

(3) 接近和联络他人。守门人不仅知道谁拥有本组织所需的知识,而且有能力去接近那些拥有必要知识的人,即具备与其他人沟通的能力。拥有这种沟通能力的人能够更有效地利用组织的非正式结构。

(4) 搭建桥梁。守门人在组织内不同部门间或不同组织间的沟通中扮演了桥梁角色,这种沟通主要是非正式沟通,同组织中的正式职位没有关系。因此守门人的这个角色不仅同其自身的知识和能力有关,更可能同其文化背景或社会关系有关。

可见,一个组织中的技术守门人,往往具备如下个人特征:第一,通晓本领域的技术,知识面广,是本组织中的技术生产者,通常成果较丰富,业绩优良;第二,善于与本组织内外的人员进行沟通,是人际关系导向;第三,有一定的事业心。因此总体上在组织中享有一定的影响力和非正式的地位。

如何判断谁是技术守门人呢?以 R&D 实验室为例,先找出该实验室中的沟通网络,或个人的联系网络。可以采取两种调查方法：其一，请人们列出他们与哪些人最频繁地讨论技术或科学问题，频率至少为每周一次。其二，抽样调查，每周一次或随机选择几天，要求列出个人在当天与哪些人讨论技术或科学问题。将所得到的数据用图示意，可以发现某些人与几乎其他所有人都在发生联系，这种人（"沟通之星"）有可能就是技术守门人。

组织中的关键人物（key people）不一定都扮演守门人的角色，如前面（第六章）提及的意见领袖。来自大众媒体的信息不直接影响一般的大众，而是首先影响意见领袖，再由他们影响其亲朋好友。意见领袖与技术守门人的区别是，意见领袖更多地存在于概念的最初阶段，其在生活中的存在也更普遍一些——从一个新药的引入、流行时尚、到公众事件、到烹调，都存在着意见领袖的影响。

2. 产品卫士

产品卫士这一概念，是由舍恩（Schon，1963）于20世纪60年代初期在解释创新工作在大公司中如何受阻时首次提出的。舍恩认为，创新的引入会挑战约定俗成或长期形成的行为模式，公司高管会由于缺乏专业新技能而产生威胁感，员工也会害怕因技术变革带来组织上的改变给他们带来不利。总之，创新很容易触动既得利益者的利益，出于恐惧，他们常常会阻止创新，或者给创新设置障碍。此外，大公司对创意筛选的制度和程序往往要求较高，一些细节性要求对萌芽期的创新而言很难达到。为了帮助创新工作能够进行，舍恩提出了产品卫士这个角色，以全力促进创新，确保成功。产品卫士本质上是创新的倡导者和拥护者。他指出，"拥护者必须愿意为前途未卜的创意而冲锋陷阵，愿意承受失败，为取得成功，他有能力运用所有非正式的舆论宣传和压力来推动创新。"第二章开篇案例中，"连续瞄准大炮"的推广者西姆斯一直在努力扮演的就是类似产品卫士的角色。

要成功地扮演好这个角色，产品卫士需要具备如下特性：第一，必须认同创新，把创新当作自己的"孩子"，时刻维护和保护它；第二，产品卫士还需要在组织内获得政治支持，熟悉组织，了解组织中的门路，尤其是通向决策者的门路；第三，产品卫士还必须是超强的沟通者，有能力说服他人，赢得他人的支持。

3. 教父

如果说产品卫士对于创新的维护普遍适用于各种情形，那么教父的角色可能在竞争较为激烈、形势较为复杂的创新环境中才会出现。

很多著名的创新，例如，戈尔的Gore-tex面料、戴森的无袋真空吸尘器、希克曼的工作台等都见证了大型组织对创新的抵触。对于存在较大风险的创新项目，多数大公司都会极力排斥，因而设定了一系列程序来评估创新的潜在价值。有些创新因为面对的是全新的或尚未明确的市场，加上可能同时有很多项目在争夺经费，要通过这些评估程序相当困难。教父就是为这类创新项目提供幕后支持。

教父对创新的支持，防御性的做法是在组织内部有人提出反对的时候，为创新提供保护。那些反对势力可能是一些认为项目没有前景的人，或是不愿承担风险的人，或是持有

"非本地发明"(not-invented-here)偏见①的人,或是觉得自己权力根基受到威胁的人。教父要保护致力于创新的团队成员,保证其不被调离;或者通过内部消息了解到绊脚石来自何处并加以清除,帮助创新项目顺利通过评估。

除了防御性做法之外,教父还可以采取更为主动的措施,包括:(1)识别和主动清除潜在的创新障碍,包括相关人员或其他因素;(2)为创新提供人、财、物等资源支持;(3)为创新团队提供精神上的支持和鼓励,这个精神上的鼓励对创新团队而言可能是至关重要的。

成为教父这一角色必须具备在组织内部运用权力和影响力,并且谨慎周全、左右逢源的能力,往往由公司高层担任,董事级别的则更有效。但教父不会与创新或项目团队进行直接接触,因为在组织中这个高层角色被认为理当是公正"圣明"的,因此通常被称作"暗中运用影响力"(Tidd et al.,2001)。

二、创新型组织文化

1. 组织文化的概念与类型

按照文化维度理论的提出者霍夫斯泰德(Geert Hofstede)的定义,文化是某组织成员或某一人群所具有的精神气质方面的集体性特征。组织文化是组织内部成员所共享的价值观念、思维方式、风俗习惯和道德倾向等,对人们在组织中的行为具有导向、约束、凝聚、激励等作用。组织文化可以通过一些标志显示出来,如员工制服、办公室装修风格等。例如有家著名的英国制造公司,曾将员工餐厅的设施分为五个以上等级,这体现了其以形式化、层级化和结构化为导向的公司文化。组织文化不一定是明文呈现的,也不能强行规定,而是依赖于组织成员的共同价值观念而存在。

组织文化有不同的类型,查尔斯·汉迪将之分为霸权型、角色型、任务型、个性型(Handy,1993)四种。霸权型文化组织中,"领袖"是重要的能保证组织正常运转的因素,很少有规定或程序,注重权力和权术,决策速度很快,要求高速度来完成的事情,可以在这种模式的管理下取得成功。角色型文化则是高度程式化的,工作由程序和规则来控制,角色比承担角色的人更重要,权力同位置而不是人相联系。任务型文化则以完成任务为目的,员工组群和工作体制都致力于实现目标或解决问题,影响力更多的源于专业权力而不是位置或个人权力,人们的穿着和人际关系较为随意。而个性型文化则以个体为中心,组织的存在只是为了服务和支持其中的个体。前三种文化中,个人都是从属于组织的,尽管个人与组织的具体关系形态可能有所不同,但个人都是被用来帮助组织达成目标的;但在个性型文化中,却是组织帮助个人完成目标。例如由四位各有专长的咨询师,共用一间办公室、电话、

---

① NIH 偏见(not-invented-here bias)是指这样一种现象,即对于来自组织外部的想法不予认可或降低其优先级,类似一种自我防御机制,原因可能是以往的高绩效使组织相信它自身内部包含"成功的秘密",或者是因为权力斗争。意识到 NIH 的出现可能会使高级管理层及时采取反措施。

秘书,因而形成了合伙关系的公司。这种文化很受专业人士喜爱,他们能保有自己的特质与自由,不必被任何人管辖,同时又是某组织中的一部分,拥有该协会组织所带来的同事、资助与附带而来的其他好处,甚至还有商讨交涉的权力,而组织无法对这群人施加制裁。

按照迈尔斯和斯诺(Miles & Snow,1978)的分类,企业文化可分为探索型、防御型和分析型,探索型文化的企业会热衷于开发新产品和新市场;防御型文化则强调安全和稳定,依赖系统和权力的集中实施高度控制来巩固组织现有状况;分析型文化的企业则通常对新思想反应热烈,会开展大量评估来检验这些新想法是否与企业的现有形态相融合。

一个组织的文化通常随着时间而逐渐形成,受到历史、企业规模、技术和领导力的影响。企业文化影响组织的内部环境,因而也会对技术创新产生显著作用。有些文化比其他文化更适宜创新。例如,汉迪总结的任务型文化就比角色型文化更适宜创新。要加快企业技术创新首先要建设创新型文化。

2. 创新型组织文化的特征

创新型组织文化是组织在创新及经营管理活动中所形成的具有鲜明特色的创新精神财富与创新物质形态的总和,是组织为了适应新的竞争形势而形成的关于创新的一系列知识内容、意识形态和文化氛围。创新型组织文化具有如下特征:

(1) 基于未来预见的竞争战略范式。传统的竞争范式主要关注在已有市场中的竞争,而创新型文化注重的是基于未来产业预见的更深层次的竞争。创新型文化以这种战略范式为基础,着眼于组织和产业的未来开展创新活动,逐步增强企业的核心能力。因此,创新型文化的构建更需要富有挑战性和前瞻性的组织愿景以及富有创新精神的领导者的引领。

(2) 以人为本。技术的本质是知识,技术创新实质上是一种知识创造的过程,而且经常是默会知识的创造,因此创新型文化必然重视员工的知识创造价值,注重员工在知识、专业和思维方式上的多样性,注重决策的民主性、尊重员工的意见,对员工充分授权,注重满足员工自我实现的高层次需求,鼓励员工进行合作和沟通;强调组织结构、部门的设置要便于员工交流、沟通和写作。

(3) 鼓励冒险、允许失败、激励创新的价值观念。创新活动是风险和机遇并存的,如果缺少激励机制,开发人员就会产生畏难情绪,不愿承担失败的风险。因此,创新型企业必须建立鼓励冒险、允许失败的观念,营造浓厚的创新文化氛围。

总之创新型文化是一种以人为本、以构建组织未来的竞争优势为目标,并倡导建立鼓励冒险、允许失败、在冒险中求创新的价值观念和文化氛围。从任正非在不同场合所表达的观点中可看出,华为公司历来提倡这样的文化,见案例8-1。

案例8-1

任正非关于创新的语录:鼓励创新,宽容失败,但反对盲目创新

一个企业,无论大小都要敢于创新,不冒险才是最大的风险。华为大力鼓励创新,这是唯一生存之路,也是成功的必由之路。

科研不可能、也做不到100%成功,100%都成功就意味着没冒一点风险,没有冒险就意味着没有创新。创新就要敢于试错,允许冒险就是允许创新。允许创新就要允许功过相抵,允许犯错误,允许在资源配置上有一定的灵活性,给创新空间。不允许功过相抵,就没人敢犯错误,就没人敢去冒险,创新就成了一句空话。高科技行业机会是大于成本的,因此华为鼓励创新,给创新以空间。

鼓励创新,必须宽容失败,特别是面向未来模糊区的探索,要更多地宽容。宽容失败,就是对失败的项目和人要正确评价。失败是成功之母,是宝贵的财富。科研项目不成功,说明此路不通,只要善于总结失败中的成功基因,避免未来在这个方向上大规模的商业投入而造成不必要损失,这样的失败也是值得的。看待历史问题,特别是做基础科学的人,更多地应看到他对未来产生的历史价值和贡献。

在确定性的领域我们可以成败论英雄,在不确定性的领域,失败的项目中也有英雄,只要善于总结。所以在评价体系上,不要简单草率。但创新是有边界的,盲目创新,发散了公司的投资与力量。创新一定要围绕商业需要,不是为了创新而创新,是为客户价值而创新。

开篇案例回顾

谷歌公司具备哪些创新型文化的特征?

第三节　技术创新过程中的界面管理

一、界面管理的概念

界面管理一词源于英语"interface management",意为交互作用的管理。在技术科学中,界面的概念由来已久,描述的是各种仪器、设备,尤其是计算机设备各部分之间的接口关系。企业经济学中的界面概念则是用来描述为完成同一任务或解决某一问题,组织单元之间(包括企业之间、企业内部各职能部门之间、各有关团体之间)在信息、物资、财务等要素交流方面的相互作用关系。界面管理的实质是对界面双方实行联结,将重要的界面关系纳入管理状态,以实现控制、协作和沟通,提高企业绩效。

界面管理作为一种理论和方法在管理学中的应用,主要是对技术创新活动的组织管理。这是由于与一般经营活动相比,技术创新活动对组织单元之间的交流与合作的要求更高,通过对企业、职能部门或工作团体之间的交流与整合进行管理,来解决因为组织特性不同造成的沟通阻碍。

不论国外和国内企业,技术创新过程中都普遍存在着因不同组织、不同部门之间的沟

通协调问题而影响创新效率乃至最终成败的现象。美国技术管理专家 Souder & Chakrabarti(1978)调查发现,当 R&D/市场营销存在界面问题时,68%的研发项目在商业上完全失败,21%局部失败。另一份 1994 年的研究表明,当 R&D/生产界面上沟通不畅时,约有 40%的研发项目在技术上不能成功,在技术上获得成功的项目中又有 60%不能实现经济效益。

在我国,R&D 活动与生产、市场化之间的脱节更为严重,成为导致我国科研成果转化率低的主要原因之一。这种脱节也是因为企业在 R&D、工艺设计、生产制造、市场营销诸环节之间存在较大的沟通障碍,信息流动不畅造成。

因此,提高企业的界面管理水平,对技术创新的过程和最终成功有直接影响,是一个有重要现实意义的组织管理问题。

二、企业界面管理的层次

企业界面管理从大到小可以分为企业间的界面、职能部门间的界面、职能部门内的界面三个层次,分别简称为界面Ⅰ、界面Ⅱ、界面Ⅲ管理,如图 8-6 所示。

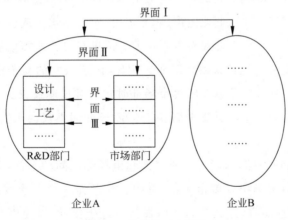

图 8-6　界面的三个层次

1. 界面Ⅰ——企业间界面

企业层次上的界面主要是有交易关系的企业之间在宏观层次上的界面问题。该层次的界面管理,主要研究界面的有效性、影响因素以及如何解决界面障碍、建立更好的合作关系等问题的措施和组织方法。这一层次的界面典型地体现为用户、制造商、供应商之间的界面,具体表现为制造商/用户界面和制造商/供应商界面两类,多数研究以制造商为主体。

Allen 曾指出,供应商和用户是技术创新项目的重要信息来源。在制造商/用户界面中,用户对创新过程的作用体现为几个方面:其一,通过与用户的有效联系与沟通,制造企业能保持对用户的吸引力,进而帮助企业保有和扩展自己的市场份额;其二,用户的信息反馈能使企业对现有产品进行有针对性地改进;其三,用户,尤其是领先用户的需求信息,能帮助制造企业开发出有市场竞争力或巨大市场潜力的新产品。

在制造商/用户的界面管理中,存在一个重要的概念叫"界面单元"(interface unit),指企业为促进交流而专门设立的组织,如某些制造商设立的用户服务机构,用来处理用户信息,或解决用户问题。

关于制造商/供应商界面,Shrader 通过对印刷电路板技术信息交流活动的分析发现,制造企业通过交流,可根据自己需要让供应商对所供元器件的技术参数进行修改;而供应商也可通过与制造商的协商提高元器件的可制造性。企业间的交流能同时提高双方的绩效。

2. 界面Ⅱ——职能间界面

第二层次的界面管理,着眼于研究企业内部职能或部门之间的界面有效性、战略、组织结构、技术等影响因素及作用途径等。这类界面主要集中于 R&D、生产制造和市场营销之间的界面关系,包括 R&D/生产制造界面、R&D/市场营销界面、生产制造/市场营销界面,多数研究以 R&D 为主体。

R&D/市场营销界面是受到关注最多的职能间界面。许多基于美国和日本企业的实证研究已证实,新产品开发的成功关键在于有效的 R&D/市场营销界面管理。由于 R&D 人员与市场营销人员在时间定位、职业定位、职务定位、对技术水平或盈利性的要求方面都存在着一定的差异,导致了他们彼此对对方所要求的信息与自己所需信息在数量和水平上的差异,相互间的信息交流过程常常发生阻碍。例如,由于技术的复杂性及市场部人员不了解技术知识,来自用户的某些信息在经过市场部时常常被过滤或失真;设计或工程部门缺乏对市场细分的考虑,而过于注重技术细节;等等,彼此间不仅会产生沟通障碍,甚至常常导致冲突。

一些公司对此认识不够,未能保持研发部和市场部之间的平衡,有的公司就喜欢大力扶持研发部,有的公司则集中发展市场部,有的公司甚至一会儿重视这个,一会儿重视那个。对竞争激烈的行业而言,尤其应防止研发部门过于主导,以免消费者被目不暇接的新产品新技术搞晕。仅提供高精尖科技产品是不足以提升企业表现的,市场反馈不可忽视,例如,微软曾在 Win8 操作系统中去掉了 Start 键,然而消费者认为新科技过于烦冗,后来微软不得不在其 Win8.1 中又重新装回 Start 键。理想的情况下,研发部和市场信息部各司其职,研发部提供绝妙的技术点子,市场部则拿出同样新鲜的创意及消费者洞察力来为新产品的研发铺路。

R&D/市场营销之间的有效整合,对技术创新过程的顺利进行具有重要意义,尤其是前期的规划和设计阶段,有助于降低产品概念的修改和试错成本,缩短开发周期,提高产品质量。前述的并行工程方法在很大意义上也是这个层次的一种界面管理方法。此外,前述守门人角色中有专门的"技术型市场守门人"(technology-based market gatekeeper),处于R&D/用户界面,对关键用户现在和未来的需求有深入的了解,因而能为企业的新产品开发和产品创新活动提供重要的关键性用户信息,提高企业的 R&D 效率。

R&D/生产制造界面是另一类重要的职能间界面。Roberts(1995)的研究发现,日本企业正是因为重视对 R&D/生产制造界面的有效管理,才使得其 R&D 部门比美国和欧洲企业更好地满足制造部门的需求。这类界面产生的原因包括:R&D 活动缺乏对制造可行性的考虑,如现有制造工艺的限制;两者在企业中的地位差异引起冲突;等等。可以通过让制造部门在早期介入研究与开发,并构建有效的交流沟通系统来对这类界面加以管理。

3. 界面Ⅲ——职能内部界面

职能内部的界面,主要包括 R&D/R&D 界面、研究/开发界面、设计/工艺界面几类。该层次的界面研究关注的是同一个职能内部不同小组或任务团体之间的界面问题。

不同 R&D 部门之间的界面,或不同 R&D 项目之间的界面,主要是因缺乏沟通或协调,导致对整个企业而言存在的技术和财务资源的分配冲突,或与企业总体技术战略不一致,或对技术创新链而言前后环节之间的不协调。提高 R&D 部门之间的界面有效性,与前类似,对加快产品开发过程有决定性作用;而从创新项目组合的角度、而不是单个 R&D 项目的角度来管理项目界面,站在全局高度合理组合,将提高企业的创新效率和整体竞争力。

研究/开发界面位于 R&D 内部,也需要有效管理和沟通。研究人员对所研究的基础技术在开发环节中的应用必须有一定的了解,其研究出来的技术必须有可制造性。例如,IBM 公司在开发某些装置和硬件时,要求研究部门至少提出一种可能的制造方案,交由开发部门和制造工程化部门选择和进一步改进。因此,提高界面有效性的可行措施是使研究与开发环节之间保持密切交流,开发人员可参与研究工作或研究人员参与开发工作,或者建立一个研究与开发的联结人员或机制。

设计/工艺界面对于降低生产成本、解决可制造性问题也有重要影响,设计环节必须考虑企业现有的工艺流程、设备和工艺能力,否则会增加制造成本、降低生产效率。解决的方法同样包括:将设计与工艺人员整合在一起,以消除组织界限;或对设计人员开展工艺知识培训,以提高交流的有效性,等等。

三、界面管理的基本方法

总的来说,管理各类界面的基本原则都是一样的,即建立联结,或增加双方的互动程度。具体地看,体现在如下几个层面。

1. 组织结构和角色层面

在组织结构方面,缓解界面问题的方式一是建立中介机制,如设立专职联结部门或指定联结人员,架起界面双方之间的桥梁;二是适度分权,高层管理将权力高度集中,会迫使下级部门之间无法形成有效的协商,而需要寻求高层来解决。

2. 组织制度层面

在组织技术创新活动时,可以适当采用工作轮换制(job rotation),使员工可以感受不同岗位的工作从而增进对同事的理解,增加双向互动、介入的程度,减少因不理解产生的界面障碍。

3. 组织文化层面

努力营造团结合作的企业文化,推行基于团队的绩效考核机制,鼓励合作,增强凝聚力,同样有利于提高界面交流过程的有效性。

第四节 激变时代创新性组织演变的新形式新特征

时代的列车驶入了激变时代,并且动荡变化的程度持续在升级[①],所有企业都无可回避地置身于创新和变革的滚滚洪流之中。在应对动荡莫测之外部环境的过程中,企业组织发展出了很多新的形式。

一、应对"创新者窘境"的高潜能组织——二元性组织

1. 创新者窘境:为什么需要二元性组织

企业经常会面临一个悖论:为了获得短期成功而采取的行动,却催生了导致长期失败的条件。原因在于,短期成功的战略目标需要与之相匹配的组织结构、流程、人员、文化等组织环境和条件,而这种一致的组织条件一方面能帮助企业实现短期成功,另一方面也会使企业产生惯性和惰性,一旦面临新局面则无法做出及时调整。Davila & Epstein(2014)指出了这种创新悖论:企业倾向于在战略等式的一边做得太好而忽略了等式的另一边,对于成熟企业而言通常意味着完美执行现有战略(渐进式创新),而较少关注新战略(突破式创新)。

诺基亚和RIM(Research in Motion,开发黑莓智能手机的公司)曾一度被认为是全球最具创新力的公司,它们的衰落表明,在快速变化的市场中仅仅完美地执行渐进式创新是不够的。在稳定的市场中,由于渐进式创新的风险低于突破式创新,前者的优秀执行有助于公司取得成功;但在瞬息万变的市场中,那些未能跟上颠覆性技术、未能发展突破式创新的公司会发现自己处于与诺基亚或RIM类似的下滑状态。哈佛商学院教授克里斯坦森(Clayton Christensen)称这种现象为"创新者的窘境"。

---

① 有种说法是从VUCA时代升级为RUPT时代,RUPT即急速(rapid)、莫测(unpredictable)、矛盾(paradoxical)、缠结(tangled),比"VUCA"更凸显了变化的速度感和人们面临冲突的困惑感。

塔什曼和奥莱利(Tushman and O'Reilly,2018)[①]认为,优秀的高潜能的组织有能力在创造新产品新服务的同时管理好原有的产品和服务:一方面,通过对现有资源的调动、现有能力的应用及渐进性创新等,致力于改进企业现有能力,以成本和质量为基础在现有市场中参与竞争,此为利用性活动(exploitation);另一方面,通过对新知识的学习、新资源的开发及突破式创新等,探索新的机会,以速度和适应力为基础在新兴市场中参与竞争,此为探索性活动(exploration)。二元性组织(ambidextrous organization)就是这种通过同时开展利用性活动和探索性活动、寻求在维持现有业务和探索未来业务之间兼顾和达成平衡,以谋求长期可持续的竞争优势的组织。

有学者将二元性组织分为情境二元性和结构二元性两种类型,其中情境二元性是指组织通过设置支持性的情境让同一个员工同时参与执行和创新活动,员工除了完成被分配的例行任务,还需要另外产生新的想法(Tushman and O'Reilly,2018)。情境二元性一般适合渐进式创新,创新与既定业务相差不远,无须另外设立新的机构。要实现情境二元性,放松对例行任务的控制力度,或者在例行任务上设置一些边界(如提供输入和输出指标),可以提高创新任务的表现,至少对高能力雇员而言。例如,谷歌、3M实行的"20%时间规则",设定的是明确的时间投入指标;甲骨文等公司允许项目团队将一两个人投入团队自选的"业余爱好项目",设定的是团队中劳动力投入的指标。而结构二元性是指公司建立完全独立的组织单元来分别开展利用性活动和突破性创新的探索活动,这对组织各方面的冲击更大。若没有特殊说明,后文的二元性组织均仅指结构二元性组织。

2. 二元性组织的特征

二元性组织是建立在矛盾之上的,它们同时要为今天和明天考虑,而今天的渐进式创新的确定性,经常会破坏明天的突破式创新的潜力。利用性活动和渐进式创新需要组织单元具备相对正规的职能和责任、集中化管理的流程、按功能进行搭建的结构,推崇以效率为核心的文化、精心设计的工作规程、强大的制造和销售能力以及相对均衡、老练的员工队伍。这些以效率为中心的单元的考核周期都比较短,而且往往规模庞大,历史悠久,拥有根深蒂固、习以为常的观念和知识体系,甚至有些教条主义。这些单元的惯性很大,多数都拥有辉煌的历史,例如,像瑞士钟表总公司、IBM和飞利浦等这样的老牌公司,文化强调效率、团队合作和持续改进。

形成鲜明对比的是,探索性活动和突破性创新来自于进取的、臭鼬工厂式的创新型单元,见专栏 8-2。它们的单元规模相对较小,拥有去中心化的架构、试验性的文化、宽松的工作流程、强烈的创新动机和技术竞争力。另外,它们的组织成员往往也相对年轻且非常多元化,常常会有意地破坏那些历史悠久的部门所重视的价值观。与更成熟的大型单元相反,这些小单元的效率较低,且很少能盈利,也没有多少历史积淀,但它们能建立新的经验

[①] [美]迈克尔.塔什曼(Michael L. Tushman),查尔斯.奥莱利三世(Charles A. O'Reilly III)著,创新跃迁:打造决胜未来的高潜能组织,四川人民出版社,2018年5月第1版。

基础和知识体系。通过不断的实验,它们遭受很多失败,也获得大量成果。这让高管团队可以从中选择未来的主导性设计或突破性技术。

> **专栏 8-2　臭鼬工厂**
>
> "臭鼬工厂"是大型组织中具有颠覆性的小机构,代表不按常规组织进行创新的组织环境。一小部分经过精挑细选的研发人员,得以逃避通常状况下的组织程序,使用特殊资源去开展颠覆式的创新。臭鼬工厂有着高度自治的管理模式,与外界相对隔离,结构简单、信息交流反馈效率极高;团队氛围自由与包容,里面可以自由表达一切疯狂的想法,避免组织内部的想法创意由于官僚主义而被限制,创新之风极盛,因此特别适合于开发有着宏伟或颠覆性目标、秘密研究的产品。
>
> "臭鼬工厂"始于"二战"中的1943年,当时洛克希德·马丁公司预先研究发展项目部为研发P-80射击星飞行器,在加利福尼亚州伯班克(Burbank)一个塑料加工厂旁边搭建了一个"马戏团帐篷",飘进帐篷里的恶臭气味使员工不得不戴防毒面具来上班,有个工程师联想到作家艾尔·凯普(Al Capp)的连环画图书中的"臭鼬工地","臭鼬工厂"由此得名。后来被用于称呼许多公司创建的与此相似的不破不立的研发机构,如施乐的Polo Alto实验室、美国AT&T的贝尔实验室、"曼哈顿计划"、IBM的"国际象棋项目"、BMW的"i项目",等等。
>
> 最出名的"臭鼬工厂"是80年代早期,由苹果计算机公司的史蒂芬·乔布斯建立的,为的是开发麦金塔(Macintosh,俗称Mac)计算机。这个"臭鼬工厂"秘密地建在硅谷库伯蒂诺(Cupertino)的古德厄斯餐厅外面。在乔布斯的领导下,大约50个计算机工程师夜以继日地工作,但麦金塔计算机问世后却令人失望地一再推迟与用户见面的时间。1984年1月,这种革命性的新型计算机终于在苹果公司的股东年会上得以展示并引起了强烈反响——第二天,几百万美国消费者光顾了计算机专卖店,争相目睹新机器的芳容。那50个年轻的计算机专家在苹果公司的"臭鼬工厂"艰苦工作了这么久,突然发现自己已一夜成名,其中几位还成了百万富翁。
>
> 而今,很多公司都在采用这种工厂,例如,谷歌重组并命名母公司为Alphabet,将旗下突破式创新(如大胆创新计划"moonshots")与其主营业务(谷歌"Google")分开,单独设立机构(如"Google X")进行管理;汽巴—嘉基的植物保护部门,愿景是"全球最具统治力的植物保护竞争者",一方面支持成熟的丙环碇产品的渐进创新,另一方面为成熟的抗真菌剂产品和基因工程种子建立独立的单元来开发具有本质区别的替代产品,每个单元(一个位于瑞士,另一个位于美国)都拥有自己的管理团队和自己的结构、文化和流程。

利用性活动和探索性活动之间的差异和固有的矛盾,会在组织单元之间,在那些盈利的、大型的、高效的、老资格的、摇钱树似的传统单元和年轻的、进取的、冒险的、耗费资金的单元之间诱发冲突和异议。组织的力量、资源和传统通常都扎根于更传统的单元之上,这些传统单元通常都会尝试忽略、破坏、甚至杀死有创业欲望的单元。因此,管理团队不仅要保护和扶植创业单元,而且必须将它们在物理上、文化上和结构上与组织的其余部分分离开来。克里斯坦森也认为,在面临颠覆性的威胁时,公司应建立起崭新的组织,将那些代表"颠覆性技术"的新业务拆分出去。如果把传统创新组织看作是规范和秩序的话,二元组织则应该是徘徊于"秩序与混沌之间",这种状态下的组织结构在稳定与速变之间保持合理的张力,能从容应对技术、环境等方面的高度不确定性,有利于促进突破性技术创新。

3. 二元性组织的战略构建与管理

创新活动需要的不仅仅是一个有形的组织机构,而是一整套的组织管理系统,既包括结构、制度、奖励体系等组织硬件,也包括人力资源、网络和文化等软件,是一个同时具有软基础(领导和文化)和硬基础(正式激励和管理系统)的生态系统。为了构建二元性组织系统,管理团队需要通过定义机遇、形成全新的战略,并结合战略和现实业绩的缺口,寻找另一元的方向。对于那些现实业绩已然非常不错的组织,管理者则必须通过主动地催化危机,人为制造出缺口。

技术变迁的规律要求管理者能在持续推进创新的同时,周期性地破坏旧产品和组织的统一性。塔什曼和奥莱利将之比喻为玩"空中飞人":当新技术的绳索飞向自己的时候,必须毅然舍掉旧技术的绳索,但要想实现完美的一跃,前提是事先打造好二元性组织。创新的持续推进和技术的跃迁都是以当下的成功为基础的,当你能把旧绳索荡得非常高时,就能比别人更有把握抓住下一个新绳索。

为了管理好二元性组织,管理团队的目标也需具备二元性,将一些精力用在相对稳定和发生渐进变化的领域上,另一些精力则放在世界上正在发生革命性变化的领域。高管团队必须保持鲜活的智慧,能够平衡新旧观点,并且不局限于单一视角。那些无法化解冲突,或者不能协作的管理团队则会创造出不稳定的、混乱的组织,浪费二元性组织的潜力。

为满足二元性组织的管理需求,管理团队本身的构成应当既多元化,又具备同质性。高管团队在年龄等方面的同质性,可以减少彼此间的误解和分歧,利于处理二元性组织爆发出的冲突和创造力的多元化。但这种同质性需要得到背景和观点方面的多元化的平衡。一种方法是让团队年龄保持相对年轻,就像惠普公司定期重组部门那样;另一种方法是让团队成员轮岗,从而对老问题产生新的看法。

二、应对快速演化需求的"变形"组织——阿米巴生态组织

1. 科层制组织面临全面变革

伦敦商学院客座教授加里·哈默在其所著的《组织的未来》一书中指出,新时代来临,企业组织面临如下两个层面的挑战。

第一,世界快速变化,要求企业同周围的世界一样快速变化,进而要求企业必须去建立

"演化的优势",不断重新思考、主动进行自我变革,传统的僵硬的、带有很大惯性的科层制组织模式无法适应需要。

第二,员工价值观的变化和天赋个性的释放,要求企业解锁每个人的创造力和创新活力,以往层级化、专门化、形式化和程式化的组织模式损害了组织的创新性和员工的自主性。

这对企业开展全面的组织管理变革提出了要求。传统的科层制组织,经营压力主要由老板承担,大部分员工的目标是按部就班完成本职工作,对外部市场压力并不是足够敏感。这就好像是由一个火车头拉着一节节的车厢,只有老板有动力,后面车厢越多,车就跑得越慢。老板虽然对企业实施了很多手段,但可能效果甚微。因此,如何让外部压力深入传递到企业每个角落,让每一个员工都能站在公司的角度、老板的角度上去努力获取利润,将每一个车厢都变成一个个的动力源,就成为组织改革的目标。阿米巴模式应运而生。

2. 阿米巴组织的特征和优势

"阿米巴"(Amoeba)在拉丁语中是单个原生体的意思,属原生动物变形虫科,虫体赤裸而柔软,其身体可以向各个方向伸出伪足,使形体变化不定,故而得名"变形虫"。变形虫最大的特性是能够随外界环境的变化而变化,不断地进行自我调整来适应所面临的生存环境。这种生物由于其极强的适应能力,在地球上存在了几十亿年,是地球上最古老、最具生命力和延续性的生物体。

阿米巴模式就是将阿米巴特性运用于企业经营管理,使企业能够随着外部环境变化而不断"变形"、调整直至最佳状态,适应市场变化的生态组织。这需要企业摆脱官僚主义的桎梏,重塑组织、重塑工作环境;需要赋权并培育每位员工,激发员工在工作中的自主性和创造力,激励员工成为问题解决者和有商业头脑的决策者。该模式下,每个阿米巴成为领导核心,各阿米巴自行制定各自的计划,第一线的每一位员工都能成为主角,主动、全员参与经营,企业依靠全体成员的智慧和努力实现目标。同传统的科层制组织相比,阿米巴模式的优势显而易见,见表8-1。

表8-1 传统科层制组织与阿米巴模式

项 目	传 统 模 式	阿米巴模式
驱动	领导驱动,整个火车只有一个动力系统	全员驱动,每节车厢都有动力系统
员工心态和积极性	为公司而干,大锅饭,打工心态	为自己干,自主性高,人人都是创客
员工的领导	部门上级	用户
管理哲学	以企业为核心,对企业忠诚	激发每个人的价值,以用户为核心,创造价值,传递价值,分享价值
贡献评价	无法客观评价各部门个人的贡献	个人贡献多少一目了然
企业绩效	老式火车,80公里/小时	高铁动车,300公里/小时

资料来源:作者整理。

3. 阿米巴模式的应用

阿米巴模式由日本京瓷公司稻盛和夫首创,因京瓷公司经历了4次全球性的经济危机都屹立不倒,并且还得到了持续发展,因此引起了众多公司对其经营模式的关注和仿效。马云、海尔的张瑞敏、TCL 的李东生等知名企业家都曾向稻盛和夫请教过企业的经营模式。

2013 年 1 月,马云把阿里巴巴集团拆分为 25 个事业部,如天猫事业部、阿里云事业部、聚划算事业部等,每个事业部独立经营。这个想法与阿米巴经营模式如出一辙,就是将阿里巴巴划分成各个阿米巴组织,每个阿米巴都有一个负责人来带领其经营,发挥全员的潜力。通过经营权利的下放,也开始培养了员工的经营意识,挖掘员工的经营潜力,快速地培养了一批人才。

通过事业部组织的独立运营,每个事业部都可以独立应对激烈的外部市场竞争。当遇到销售寒冬时,各个事业部必然会充分发挥主观能动性做出应对措施,此外各个事业部之间也存在内部竞争,互相促进,这样不仅可以为阿里带来新的经营思维,也使得阿里内部充满了活力。

华为的"铁三角"销售模式、海尔的"人单合一"也都有异曲同工之妙。海尔集团创始人张瑞敏提出并实施"人单合一""链群合约",被加里·哈默称为组织转型的范本。"人单合一"模式不同于一般意义上的竞争方式和组织方式,也不同于传统的业务模式和盈利模式的范畴,而是顺应互联网时代"零距离"和"去中心化""去中介化"的时代特征,从企业、员工和用户三个维度进行战略定位、组织结构、运营流程和资源配置领域的颠覆性、系统性的持续动态变革,在探索实践过程中不断形成并迭代演进的互联网企业创新模式。海尔由此实现了从经典科层制组织向开放式商业生态平台的转变,成为物联网时代以链群生态价值驱动企业价值的共创共赢商业生态系统。

三、当代企业创新性组织演变的总体趋势

从组织外部来看,数字经济时代,数据作为一种新管理要素与传统技术、业务流程、组织结构相互影响相互作用,极大地改变了不同群体的交流和交易方式,企业的创新活动不断突破地理与组织的限制,产生了新的组织特点。

1. 极小化的自组织和弹性灵活的组织模式

数字经济时代,面对新技术新业态的兴起、日益复杂的供应链体系以及柔性化的生产模式,企业组织扁平化、网络化步伐不断加快,决策分散化、团队微型化、管理平台化趋势日益凸显。从 GE 组织扁平化到谷歌、亚马逊等互联网企业团队微型化,从海尔企业无边界、组织无领导、供应链无中心的新理念,到韩都衣舍的责、权、利统一的三人小组管理模式,再到华为"让听见炮火的人指挥战斗"的前端作战团队模式,无不显示出构建弹性、适应性、差异化的组织体系的必要性。

2. 极大化的平台和生态化的产业联盟

万物智能、泛在互联推动了平台与依托群体的崛起,苹果、谷歌、亚马逊、脸书

(Facebook)、阿里巴巴、腾讯、百度、小米等一批互联网企业打造了一个巨型的创新创业平台,在其上形成了几百万乃至上千万的创业群体,构成了一个复杂的产业生态系统。基于各种目的的产业联盟体系不断丰富,出现了以制定或推行产业技术标准为目标的技术标准联盟、以合作研发为目标的研发合作联盟等等。产业生态系统化正在重新定义企业的边界、不断重塑企业间的关系,并且这一新型的企业间组织关系正在不断扩散。企业的技术创新活动也需要跨越组织界限、在更大的范围整合与利用创新资源,见案例 8-2,创新过程不再简单地遵循线性或并行模式,在企业内外部网络共同作用下,任何一个环节都可以成为断点、发生跃迁或直接与外部联结,企业和市场的界限日渐模糊。

案例 8-2

开放合作,一杯咖啡吸收宇宙能量①

任正非在很多地方、很多场合反复强调,如果华为不开放,最终是要走向死亡的。"我们在创新的过程中强调只做我们有优势的部分,别的部分我们应该更多地加强开放与合作,只有这样,我们才可能构建真正的战略力量。"华为副董事长、轮值董事长徐直军也指出:"我们为什么不能利用全球各个主要国家和区域的高校和研究机构多年的积累,与他们一起来面向未来,来从事研究和创新工作呢?华为有能力和意愿把这些资源充分利用起来。"

现在,华为把能力中心(研究所)建到了战略资源聚集地区,以各种方式灵活地与世界上顶尖科学家和教授合作,保持对未来敏锐的洞察力。华为要防止出现"黑天鹅",即使出现,也希望飞到"咖啡杯"中。

3. 用户参与度显著增加,创新主体地位趋于平等

在企业组织本身变化的同时,企业之用户的角色也在随之发生改变。由于网络的出现,企业的作用同过去相比发生了巨大的变化,用户开始强烈地要求与生产商对话。这些对话不再是由企业单方控制,每个独立的用户都可能与其他用户商讨、学习企业相关知识,甚至在有些情况下由用户发起与企业的对话。在来自公众的批评非常普遍的市场环境下,用户已经逐渐跨出了过去传统的角色,而同时具有价值创造者和顾客双重身份,在创造价值的过程中与生产商形成了竞争。

不仅是用户,其他社会主体也开始广泛参与企业的创新活动。资源的地理和组织限制减少后,社会主体的地位趋于平等,传统的权威控制角色演变为协调和服务于各参与主体的作用。创新不再是少数精英的特权,社会民众集体参与创作,自我创新(创新 DIY)成为时尚。公司必须根据产品技术和市场的不同特点,选择不同的社会主体,建立联系,为公司新产品的开发争取基础资源。

---

① 摘自夏忠毅. 从偶然到必然——华为研发投资与管理实践[M]. 北京:清华大学出版社,2019.

4. 组织学习成为关键能力

在网络环境下，知识和信息量呈指数增长，拥有信息和知识并能有效地加以利用就意味着拥有市场。因此，企业技术创新组织对各种个人知识、组织知识的学习变得格外重要，企业要想在网络环境的激烈竞争中获取优势地位，就必须在组织学习基础上快速有效地组织自身的技术创新活动，从不断创新中获得利润。信息技术和网络技术对组织学习产生了深远的影响，网络化的安排为企业提供了灵活的学习性结构，取代了传统的等级结构。

总之，当今时代是一个信息和知识更加民主化的时代，企业的创新机会和挑战都大大增加。企业需要不断调整组织模式，加强组织学习能力，以更有效地选择和利用企业内外日益丰富的创新资源，创造持续的竞争优势。

思考讨论题

即练即测

1. 企业的文化类型可以分为哪几种？
2. 利于创新的组织文化包括哪些特点？
3. 你怎么看待非正式组织的角色？如何进行有效的运用？
4. 企业开展技术创新活动存在哪几个层次的界面问题，请举例分析各界面的问题特点和解决方法。
5. 如何缓解研发部与市场部之间的界面问题？
6. 什么是意见领袖？其与桥梁人物有何相似点及区别？
7. 技术桥梁人物具备哪些特征？他们在技术创新活动中有什么作业？
8. 如何判断一个组织中的技术桥梁人物？请举例说明。
9. 技术创新活动对组织有什么要求？什么样的组织结构和形式利于技术创新的开展？
10. 试举例说明非正式组织在组织信息沟通中的作用。
11. M 型组织结构内来开展技术创新工作，应怎么安排比较合适？
12. 二元性组织的特征是什么？
13. 当代企业组织有哪些新的特征？

第九章

技术创新的激励

学习目标与重点

通过本章,学习技术创新的各种激励方式,包括产权激励、市场激励、政府激励及企业内部激励。

开篇案例

葛兰素史克公司的最新专利政策[①]

2016年3月31日,制药巨头葛兰素史克(GSK)推出了最新专利政策,旨在在世界上最贫穷的国家扩大其药品的使用范围。今后,GSK不会在50个最不发达和最低收入国家申请治疗药物的专利,而是鼓励仿制药公司在这些国家(大多数位于非洲)生产和供应仿制药品。在中等偏下收入国家,GSK将申请专利,但是许可仿制药生产商提前10年生产其专利药物,并对这样的许可销售收取少量的专利使用费。同时,GSK将继续在高收入和中等偏上收入国家及二十国集团(G20)的成员为其产品寻求全面的专利保护。这包括印度、中国和巴西,它们均为G20的成员。

GSK在专利政策方面的转变可能不会立即影响最贫穷国家的药品供应,因为主要的仿制药公司在这些国家目前还没有显著的生产能力,因此,GSK的专利声明、承诺还需要投入很多工作。非洲可能是最大的受益方,而约75%的全球贫困中等收入国家的贫困患者将不会获得太多受益,中国、印度、巴西等国家的贫困患者则完全无法从中受益。但长远来看,特别是如果其他的创新型制药公司能够效仿GSK,最贫穷国家可获取的廉价仿制药品将会增加。

如今,发展中国家如何获得更多的药物(特别是治疗传染病和被忽视的热带病)是业界很多医药企业和政府机构在考虑的问题。包括默克和罗氏在内的很多企业都已经将旗下产品放入药物专利池(Medicines Patent Pool,MPP),通过签署专利许可协议让成千上万的艾滋病患者获得更为便宜的治疗药物。MPP组织是为新药研发商和仿制药企业提供专利许可的协议平台,该制度建立于2010年,是欧盟所支持的一项倡议,能够确保127个发展中

[①] 案例来源:作者根据网络资料整理和改编,主要参考资料:生物探索网,https://www.biodiscover.com/interview/174261.html,2016-4-8。

国家最大限度地获得药品,并通过自愿专利许可安排加速低收入和中等收入国家获得治疗艾滋病、结核和丙肝药物的机会。

GSK 首席执行官 Andrew Witty 提议,抗癌药物的专利未来也应该走 MPP 许可途径,公司将考虑把在研抗癌药物的专利放入药物专利池。不过这一声明针对的抗癌药物,都还处于实验室研发阶段,距离上市还需要很多年的时间,更重要的是,去年 GSK 已将所有获批的抗癌药出售给诺华公司,因此它只是在讨论打开试验性癌症药物获取的途径。但 GSK 在专利开放上做出了表率,有助于促进其他致力于癌症药物研发的医药企业也做出类似的专利改变。

然而,GSK 最近的另一项声明也强调了为产品提供强有力的专利保护对创新型制药公司的重要性。作为向一些最贫穷国家提供药品的长期战略的一部分,在 2015 年埃博拉暴发期间,GSK 等药企与美国感染性疾病研究所(NIAID)合作研发埃博拉疫苗。只有通过专利保护维持其在主要市场的排他性,创新型制药公司才能继续为诸如埃博拉疫苗的新药研发提供资金,同时使较贫穷的国家获得现有药物。

思考讨论题

GSK 公司推出最新专利政策的目的是什么?这一决策背后涉及哪些问题?

技术创新的激励是指运用各种手段和力量来影响和推动技术创新活动,使创新者的收益得到改善,投入创新活动的动力得到增强。

技术创新的激励是技术创新管理的核心问题,直接关系到创新的活力及创新水平的高低。从宏观上看,激励机制的差异是导致各国创新能力和绩效不同的根本原因。创新者可以是组织或个人,一般地说,影响创新主体积极性的因素有以下几个方面。

其一,创新主体是否愿意创新以及创新水平的高低,首先与创新主体所能得到的创新收益大小有关,而创新收益的大小主要取决于创新主体和创新成果的产权关系;

其二,创新主体是否愿意创新,也同存在的市场交换关系有关;

其三,企业等微观组织开展技术创新的积极性还同政府制定的政策有关;

其四,对个人而言,其创新意愿和水平也受到所在组织的内部激励机制的影响。

因此,技术创新的激励是一个由产权、市场、政府、组织(企业)内部等多个层次构成的制度系统。

第一节 技术创新的产权激励

产权激励是指依法赋予创新者对其创新成果享有一定时期的排他性独占使用权,进而鼓励创新的激励机制。

一、技术创新产权的含义和形式

随着技术创新活动的持续进行,企业终将收获创新的果实,这些创新果实若不运用知识产权予以保护,就会使研发者花费大量人力、物力、财力开发出来的技术成果,很快被国内外同行或竞争者仿制或使用,不仅损失了技术交易收入,也可能使研发者的市场竞争力大大减弱。现代知识产权为技术创新成果的权利化设计了各种制度保护。

1. 知识产权的基本类型

知识产权是智力劳动产生的成果所有权,是依照各国法律赋予符合条件的著作者以及发明者或成果拥有者在一定期限内享有的独占权利。它包括著作权(也称为版权、文学产权)和工业产权(也称为产业产权)。

著作权是自然人、法人或者其他组织对文学、艺术和科学作品依法享有的财产权利和精神权利的总称,主要包括著作权及与著作权有关的邻接权。通常我们说的知识产权主要是指计算机软件著作权和作品登记。

工业产权则是指工业、商业、农业、林业和其他产业中具有实用经济意义的一种无形财产权(因此称之为"产业产权"更为贴切),广义的工业产权按照权利客体的不同可以划分为创造性成果权和识别性标记权两个类别。

创造性成果权包括专利权、商业秘密权、植物新品种权等,这类权利的保护对象是人们智力创造活动的成果,一般产生于科学技术、工业领域,对象在一定程度的创造性是取得法律保护的必要条件。

识别性标记权包括商标权、商号权、产地标记权及其他具有竞争意义的商业标记权,这类权力的保护对象为标示产品或服务的来源和厂商特定人格的显著标记,主要作用于工商经营之中,可识别性是这类客体的基本特征。

2. 知识产权的新形式

随着科学技术和经济的发展,一些新的智力成果被纳入工业产权的范围,像商业秘密、植物新品种、计算机软件、集成电路、生物技术等都属于知识产权的新类别。一些发达国家为了在某些高科技领域占据绝对优势,推动和扩大了电子、通信、网络、生物技术等领域的知识产权保护,基因专利和商业模式专利的出现是近年专利制度扩展中影响较大的事件。下面对商业秘密权、基因专利权和商业模式专利权作补充介绍。

(1) 商业秘密权

所谓商业秘密,是指不为公众所知悉,能为权利人带来经济利益,具有实用性并经权利人采取合理保密措施(包括订立保密协议、建立保密制度等)的技术信息和经营信息。商业秘密权是特定的某些人范围内靠"采取保密措施"产生的一种权利,也属于知识产权范围,相关法律对于泄露商业秘密的处罚也有严格的规定(如民法、劳动法、行政法、刑法)。

但与一般的知识产权相比,商业秘密权具有特殊性:这种权利没有对抗特定人范围之外的善意第三者的功能,只要不是非正当手段,第三者可以实施善意获得的商业秘密。商业秘密权利人不能禁止他人自行研究出相同的商业秘密,不能限制他人通过反向工程获知商业秘密,等等。

技术诀窍是商业秘密中的技术信息,具体指凭借经验或技能产生的,在工业化生产中适用的技术情报、数据或知识,包括产品配方、工艺流程、技术秘诀、设计、图纸(含草图)、试验数据和记录、计算机程序等,且这些技术信息尚未获得专利等其他知识产权法的保护,也称为专有技术,英文即 know-how。技术诀窍具有秘密性,是不对外公开的,而专利技术具有公开性、独占性、新颖性等特点。

技术诀窍保护和专利保护的关系是:其一,技术诀窍保护要比专利制度保护范围大。凡是能够用专利制度保护的技术都可以采用技术诀窍制度来保护,专利制度不能保护或不需要保护的技术,均可采用技术诀窍的方式进行保护(著名的如可口可乐的配方,同仁堂中成药的配方,瑞士手表的装配工艺等)。其二,专利制度不能脱离技术诀窍制度独立存在。如在专利申请之前不采取保护措施,则发明创造有可能因泄密而丧失新颖性,从而得不到专利保护;发明创造从开发到专利申请、授予专利权的时间跨度可能很长,这期间也需要技术诀窍保护;一些不在专利中公开的技术、阶段性的技术成果以及技术资料都可以采取技术诀窍保护,作为专利技术的补充。反之,技术诀窍可以脱离专利而独立存在。

通过专利保护和技术诀窍保护相结合的方式,可以更好地保护自身的发明创造。权利人可以将易于公开的技术申请专利,同时将不易公开的技术以技术诀窍的方式保留。他人即便照着专利技术可以生产出产品,若不能获得技术诀窍也难以生产出优质等效的产品。

(2)基因专利权

基因技术是现代生物技术的核心内容,基因技术最初是不可授予专利的,其专利授权问题可以追溯到 20 世纪 70 年代,见案例 9-1。世界上的发达国家,如美国、欧盟、日本等为了某种产业政策,早早地修正了自己的专利法基本原则,将基因纳入了专利法的保护范围。全球基因专利申请量正在迅速增长。

案例 9-1

20 世纪 70 年代,美国纽约州斯克内克塔迪(Schenectady)市的通用电气公司实验室,微生物学家阿南达·查克拉巴蒂(Ananda Chakrabarty)用基因技术制造出了一种可以分解原油的细菌。他为此申请了专利,但审查员拒绝了他的要求,认为生物是不可授予专利的。上诉法院后来推翻了这一裁决,1980 年,美国高等法院判查克拉巴蒂胜诉。

如今,首次从自然界分离或提取出来的基因或 DNA 片段,其碱基序列是现有技术中不曾记载、并能被确切地表征,且在产业上有利用价值的,则该基因或 DNA 片段本身及其取得方法均属于可给予专利保护的客体。

基因专利保证了专利拥有者对基因应用领域的垄断,其潜在的高额回报使得各国的研究机构和制药公司纷纷投入巨资于基因开发并推向市场。但由于对基因专利申请的审查标准和法律保护范围还存在争议,导致该领域一些重要产品的问世都会引来激烈的专利之争。这已成为制约现代生物技术产业化的一个瓶颈。

（3）商业模式专利权

美国是最早将商业模式纳入专利保护范围的国家，最初的范围很宽松，可专利客体可以是纯粹的商业模式，即未包含任何技术手段、以单纯的商业方法为主题的发明，后来提高了商业方法申请专利的门槛，将可专利客体限定为必须依附于某种机械、并产生物质转化的发明。亚马逊的"一键下单"专利是属于这类专利中较早的一个，见案例9-2。

案例9-2

亚马逊的"一键下单"专利

亚马逊提交的"一键下单（one-click）"专利申请，于1999年获得美国专利与商标办公室（USPTO）的批准。这项专利的核心内容是，如果用户已经在网站上完成过购物，即已经保存过支付和地址等信息，那么在之后的购买过程中就无须再重复提交这些信息，只需点击一次鼠标就可以完成在线购物。该发明涉及的是一套电子商务系统，它提供的方法和系统可以减少购货人与客户机系统间的行为及客户机系统与服务器系统间的数据传送，从而使电子交易更加方便安全。

1999年10月21日，亚马逊向美国法院提交诉状，以巴诺书店（Barnesandnoble.com）的"The Express Lane"网上购物原理与其"一键下单"技术相同为由，起诉该公司侵权。法院经过调查和听证，于1999年12月1日做出以下结论：法院确认亚马逊公司的"一键下单"设计确实是一项具有实用性的发明，应该把这种专有的权利赋予亚马逊公司。

继美国之后，欧洲、日本等发达经济体也相继开展了商业模式专利保护。利用网络或计算机的商业方法在日本也可以获得保护，但比在美国获得保护要难。相比于美国和日本，欧洲对商业方法的专利最为严格。欧洲专利局早先是将商业方法和计算机程序一起排除在专利保护范围之外的，2001年后才发布新的审查指南，规定"一项有技术特性的产品或方法，即使主张专利的主题定义了或至少包括有一项商业方法，仍然具有可专利性"。可见欧洲专利局强调的是技术构思而且考虑更多的是发明的创造性。

我国过去在商业方法的技术创新上一度远远落后，随着近年来中国互联网产业的蓬勃发展并与经济社会各领域深度融合，有效推动了各行各业商业模式的创新，创新主体希望专利制度能够对此类商业模式创新中的技术方案给予保护。因此我国于2017年4月1日开始实施的新版《专利审查指南》中，也把专利保护范围扩展至含有技术特征的商业模式、商业方法。

二、技术创新产权的适用性

1. 不同的技术创新阶段

技术创新过程包括基础研究、应用研究、试验性发展、市场推广等不同阶段，不同阶段可能形成不同类型的技术创新成果,适合采取相应的知识产权类别予以保护,见表 9-1。

表 9-1　技术创新过程中形成的不同知识产权

技术创新过程	基础研究	应用研究	试验发展	市场推广
著作权的形成:				
• 科学文字作品	√	√	√	
• 工程设计、产品设计图纸及说明			√	√
• 计算机软件		√	√	
专利权形成:				
• 发明专利	√	√		√
• 实用新型专利		√	√	
• 外观设计专利			√	√
商标权形成:				
• 商标或服务标记				√
• 货源标记				√
• 厂商名称				√
• 原产地名称				√
其他产权:				
• 商业秘密			√	√
• 技术诀窍		√	√	√

资料来源：杨武.技术创新产权[M].北京：清华大学出版社,1999.本书作者结合产权的拓展作了补充和更新。

2．不同的产业领域

另外,不同的产业领域也可能形成特定的技术创新成果,适合相应的知识产权保护形式。通常情况下,生产技术领域中所涉及的技术创新成果可以采用专利保护或者技术诀窍保护；文化创意产业中涉及的技术成果和文化产品可以采用专利保护或者版权保护；金融和商业等服务领域中的技术方法可以采用专利保护或者商业秘密保护。

三、产权制度的激励功能和局限性

1．产权制度对创新的激励和推动作用

知识产权制度属于制度创新的范畴,主要目的是通过赋予和确认私权,保护知识创新者对知识利用的专有性控制,并试图建构知识共享与知识垄断之间的平衡机制。这种法律制度的出现,对激励和保护创新、推动技术创新的持续发展具有重要意义。其对技术创新的影响和作用具体体现在如下方面：

(1) 提供内在动力,激励技术创新

技术创新活动本身具有较高的风险性、不确定性,但企业的投入却较高。如果企业不能从技术创新活动中获得一定的预期回报,企业从事技术创新的积极性就会受到打击。知识产权制度因其赋予知识产权人对其创新成果以专有使用的权利,能够激励技术创新的投入。激励的对象不仅包括正在进行技术创新活动中的人,也包括尚未参与技术创新活动的主体,以及对创新活动进行投资的主体。

产权保护和激励作用的本质是解决创新的外部性问题、将其外部效应内在化。当创新者支付巨额的代价获得创新成果,而模仿者却只需很小部分投入就能获得同样的收益时,创新者的私人价值将得不到补偿,相当于创新者是自己在支付巨额的创新代价、为他人或全社会创造利益,即存在外部性问题。这样无疑会严重挫伤创新者的积极性,也不可持续①。当产权所有者的权利得到法律确定时,其他使用者要获得该产权的使用,就要通过权利交易(内在化),使用者就必须提供部分补偿以弥补所有权人出让这部分使用权的成本和代价。技术创新产权制度的主要功能就是激励人们通过创新活动建立自己的垄断产权,以获取垄断利润。

产权的垄断作用,除了体现为保护创新者的垄断产权,还体现为激励人们通过创新活动打破别人的垄断产权,分享该领域的收益。圆珠笔的创新就是这方面的一个典型例子,见案例9-3。

案例9-3

圆珠笔的创新

人们使用的圆珠笔最早是由一对匈牙利兄弟J.拜罗和奥尔发明的,并取得了专利。后来,美国商人雷诺兹也想制造并销售这种圆珠笔,但又怕侵犯了拜罗的专利权,因此想在其基础上加以改进。通过对产品的特性分析和专利分析,雷诺兹发现拜罗圆珠笔的活塞式笔芯存在墨水容易泄露的缺陷,于是有针对性地成功开发出靠重力输送墨水的圆珠笔。新产品投入市场后,市场占有率反而超过了拜罗的圆珠笔。

可见,正是创新产权的垄断排斥作用,激励雷诺兹研制出有别于原有专利、性能更优越的圆珠笔,完成新的创新。

(2) 公开技术信息,提高技术创新效率

由于技术创新产权中的知识产权具有很强的公共属性,而且生产具有一次性,完全通过市场机制配置会导致过度生产、重复投资等效率损失,因此需要通过立法(制度)手段来限制过度竞争,利用特许权、许可证和专利权等形式保护一定时期的垄断地位,使技术创新资源配置的成本最小。充分公开是技术实现产权化的先决条件,尤其是专利制度,更是"以垄断换取公开"的法律机制。

由于专利制度提供的保护,绝大多数发明得以在短期里公开,见表9-2。早年国内外的调查都表明,没有专利保护,很多发明者不会选择公开技术(德国慕尼黑经济信息研究所

---

① 尽管在熊彼特的理论里,正是模仿促进技术创新在最大范围的采纳和扩散,从而推动社会整体技术水平的进步和经济的发展,但这种现象会助长"搭便车"行为,而且当对同一创新的模仿发展到一定程度后,开始进入稳定状态,经济增长停滞,这时,需要有新一轮的创新才能使经济再度增长。因此,只有鼓励不断创新,才能保证经济持续增长。

(IFO)调查见表 9-3)。

表 9-2　从发明到申请专利的时间延迟

专 业 领 域	公开的百分比(%)		
	在 1 年内	在 2 年内	在 3 年内
1. 机械制造	69	28	3
2. 化学工业	70	26	4
3. 电子工业	63	32	5
4. 精密机械和化学	63	32	—
5. 钢铁工业	74	26	—
6. 研究所	79	15	6
占全部样本的平均值的百分比	67	29	4

来源：国家科委软科学研究课题报告"专利制度在我国科技进步中的作用及其政策研究"，中国专利局，1991。

表 9-3　如无专利保护，发明将保密的德国 IFO 调查

发 明 对 象	如无专利保护,将保密(%)
新产品	19
产品改进	15
利用和使用发明	40
新方法	41
方法改进	55
占调查样本的平均值%	26

来源：国家科委软科学研究课题报告"专利制度在我国科技进步中的作用及其政策研究"，中国专利局，1991。

技术信息的公开大大推动了知识和信息的扩散程度与范围，便于人们及时获得启发，在现有技术的基础上进行改进，避免重复研究和低水平研究，提高科技资源的利用效率。

(3) 界定产权关系，协调创新利益分配，有助于培养创新型人才

知识产权制度承担着同时保护产权人私人利益和维护更广泛的公共利益的双重目标，本质上也是产权人利益和公共利益之间的一种平衡机制。同时，创新收益分配立足于创新中的产权要素，知识产权制度通过界定创新者和创新成果之间的产权关系，为技术创新收益分配提供了直接依据，因此这种利益协调机制也是一种利益分配机制，能够避免和及时解决技术创新活动中的矛盾与冲突。职务技术成果的产权归属就是一例。

"科技创新，人才为本"。创新型人才是企业形成技术研究开发能力的根本。知识产权制度基于其对创新投资者、创新成果所有者和使用者之间的利益关系的调整，以鼓励、保护创新及创新成果的传播和利用为宗旨，有利于激发创新型人才的创新积极性，从而为培养创新型人才创造更好的条件。

(4) 促进创新成果权利化，优化技术创新的法律环境

产权制度同时也是维护技术创新公平竞争秩序、鼓励有效竞争的法律武器，通过赋予产权人对其产权的专有性权利去占领市场、控制市场，从而激励在更高层次上的良性竞争。技术创新成果虽然是一种私人产品，但同时也具有很强的公共产品属性，特别是非竞争性、

非排他性,其所有人很难依靠自身的力量垄断该产品的收益,也就是具有经济学上的公共物品及其外部性特征。知识产权制度通过赋予技术创新主体以合法的垄断权来禁止创新成果被他人随意模仿,一方面大大降低了创新活动的外部性,为创新活动提供了适当的激励;另一方面则通过排除和禁止"搭便车"等不正当竞争行为,为企业进行技术创新提供了公平竞争的环境、秩序和良好的法律保障。在缺乏知识产权制度时,企业将难以形成自主创新的环境。

(5) 促进创新成果商业化和产业化,实现技术创新的良性循环

创新成果商业化和产业化是技术创新过程的终点,也是新的技术创新的起点。在这一过程中,知识产权制度具有重要的推进作用。这是因为,知识产权制度本身是市场经济的产物,按照市场经济规则运作,保护和鼓励新技术、新产品的市场化、商业化是其重要出发点和目的。知识产权制度立足于市场经济土壤,它不仅隐含了对创新活动的激励机制,而且隐含了对创新成果商业化的激励机制,这种激励机制鼓励知识产权人和其他主体依法传播及使用知识成果,从而实现了技术创新的良性循环。

2. 产权制度对创新的阻碍

无疑,知识产权制度是激励创新的最好工具之一,然而其在应用中也出现了负面效应:

(1) 阻碍后续的模仿创新。虽然产权保护制度能够激励新的创新,也因为其要求技术公开利于对该技术的学习,但产权保护制度又限制了对该技术的模仿创新,阻碍了社会技术的进步。以中国为例,技术溢出被认为是近些年中国宏观经济保持高速增长的重要推动力,明显提高了中国的宏观经济效率;大量中小制造企业通过向行业中的龙头企业进行技术模仿、知识学习等方式获取生产技术来改良产品结构,而知识产权过度保护会对技术学习和模仿创新的进程产生阻碍。一些跨国的研究发现,知识产权保护力度的加强,对发展中国家的模仿行为会有抑制作用,恶化其贸易条件,从而不仅抑制其技术进步,也将导致全球创新速度的放缓(Glass & Saggi,2002;Kim et al.,2012)。

(2) 增加后续创新的技术投入成本,比如需要缴纳技术使用费、许可证费等。医药领域某产品陷入"专利困局",就是知识产权造成这种反公地悲剧的一个例证,见案例9-4。

案例 9-4

医药领域的反公地悲剧

在特定领域中,专利权的累积可能形成"幻影收费站",阻碍后续新产品开发的步伐。医药领域曾经有一种药品,本来很有希望治疗帕金森病,但因前端的专利困局最终未能研发入市。因为开发该新药的公司需要向测试相关的每一项专利持有人付钱,哪怕只忘了一个人,都会招来昂贵难缠的官司。每一位专利持有人都认为自己的发现至关重要,并有权索取相应的费用,到最后,他们要求的金额总计已经超过了这种药所带来的预期利润。该公司最终不得不放弃开发该救命新药。

正是基于此考虑,法律对所有知识产权都限定了一个保护期,避免形成永久的反公地悲剧。

可见,产权保护制度对技术创新的影响不是简单的线性关系,其对创新的激励效应既因产业而异(不同产业有不同的技术复杂度、技术差距、需求规模以及市场结构),也存在一定的地区异质性(一般认为加强产权保护在发达国家或地区能够促进经济发展和区域创新能力提升,而在欠发达国家或地区反而会抑制技术创新能力)。在激励论、抑制论以及倒"U"型论三种观点中,后者占据主流。政府需要在产权垄断的福利损失和技术溢出的社会收益之间寻找到最优均衡点,实施与经济发展水平相适应的知识产权保护制度。

三、产权保护的期限设计

对创新者即产权拥有者而言,产权的垄断期限越长,创新者能从创新中获得的超额垄断利润越多,激励越强;而从社会的角度看,产权保护期过长会阻碍技术扩散,造成社会福利损失。从两个极端来看,如果期限短至零,即没有产权的时候,可以理解,社会的创新水平很低;但如果期限很长至永久性,即创新者对发明创新拥有永久性的所有权,同样会极大地限制该技术的扩散以及在此基础上的后续创新,因此存在一个产权最优保护期的问题。制定产权保护期应同时考虑到这两个方面的因素,此外还有该项知识产权的实际经济寿命。不同技术,其产品生命周期、发明的开发成本、从中获取收益的速度、对该产品的需求价格弹性是不一样的,因此在理论上,不同产权的最优保护期限是很难定量的。

如图9-1所示,t_1是产品进入市场的时刻,t_2是收益等于成本的时刻,t_3是专利最优有效保护期限期满的时刻,t_4是产品寿命终结的时刻。A是产品开发成本,$A=B$。$B+C$是专利垄断时垄断者所获收益,其中C是垄断后的净收益,必须足够大,才能产生足够激励。D是社会其他人从新产品中所获的收益。当$t_1t_3 > t_1t_4$时,专利保护期限大于专利实际寿命期,此时社会收益$D=0$。可见,专利最优保护期限因不同的产业、不同的具体情况而异。

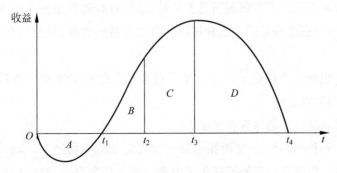

图9-1 专利的最优保护期限

我国的《专利法》对三种知识产权的保护期限有不同的规定:发明专利权的期限为二十年,实用新型专利权和外观设计专利权的期限为十年,著作权的保护期限一般为五十年,而商标权的保护期限为十年；产权保护年限不可能无限延长,其中商标权只能十年一续,可以续展,续展一次为十年,可以无限延长,但专利权和著作权不可续展。

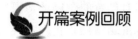开篇案例回顾

诸如葛兰素史克等医药公司无偿或低价许可药物专利的行为会产生哪些不同的效应？

第二节 技术创新的市场激励

一、市场激励的作用

市场是通过价格机制使商品和劳务发生交换的场所和媒介,具有提供信息、经济激励和决定收入分配的功能。对技术创新而言,市场具有自发地培育技术创新、对创新进行自组织的作用。表现在以下几方面。

第一,针对市场而言的生产,本身就是一个创新的过程。因为企业或个人的创新活动,不论是自主研发还是模仿,都必须以市场需求为导向,要进入市场,就需要模仿他人创新出来但市场仍短缺的产品,或自己开发具有潜在交换价值的物品,这都离不开了解消费者需求、学习和创新。

第二,市场能自动地为创新者提供创新动力。创新的风险很高,但一旦成功,收益也是巨大的。这对一些期望高收益而又能承受一定风险的创新者来说,是有巨大吸引力的。

第三,市场能在一定程度上减少技术创新的不确定性。在市场经济环境下,企业开发某一新产品需要进行竞争,虽可能有一定的资源浪费,但这种争夺创新优先权的竞争会大大提高创新效率。

第四,市场机制通过价格变化,提供市场需求信息,促进生产要素的合理化流动,并决定生产者的收益,从而决定了某项创新是否成功,这既符合创新服务于消费者的宗旨,又通过价格信号起到引导创新的目的。这种机制能自发地鼓励创新,使创新在符合消费者需求的方向上进行。

第五,市场为创新活动提供了一个竞争性的环境。没有竞争就没有进步,适当的竞争是技术创新活动的动力之一。

第六,市场机制能自发地培育企业家。

我国长期实行计划经济,即使现在也没有实现完全的市场经济,部分企业的创新还不能紧跟市场的变化,创新从一开始就迷失了方向。我国长期存在的科技成果数量多而市场价值少的现象,与这种创新迷失方向有关,由此造成了很大的资源浪费,包括创新机会的丧失。

二、市场激励的局限性

尽管市场在培育创新上有自组织行为,但市场不是万能的,在激励创新方面有着如下的缺陷。

第一,市场激励采用的是"胡萝卜加大棒"的机制,一方面,用强硬手段胁迫人们创新;一方面,又用高收益引诱人们去冒风险创新。这种方式并不能从根本上解决创新的风险和创新的动力。

第二,市场本身并不能保证造就一个最有利于创新的市场结构。

第三,市场并不能自己创造有利于创新的外部环境,例如一些法律、关税、政策等。

因此,市场自然引致的创新,不一定是社会最优水平的创新;创新成果的公共产品特性,使得市场结构无论是属于完全竞争还是垄断竞争,其创新水平都与社会最优水平之间存在差距。市场在激励创新上有局限性,政府需要通过法律、政策等手段,创造一个鼓励技术创新的环境;普及国民教育,促进人才合理流动,重点扶持一些关乎国计民生的产业,鼓励发明创造等。

第三节 技术创新的政府激励

政府可以在激励技术创新方面起到特有的作用。这不仅是因为如前所述,不论是产权激励还是市场激励都存在一定的局限性,而且也是创新本身的特性所决定的。

一般而言,技术创新都是具有很高的正外部性的活动,其产品介于公共产品和完全排他性产品之间。一个产业的创新,不仅推动着本产业,往往也推动了其他产业的发展。长远地看,创新的社会收益都将大于创新的私人收益。因此,政府要努力创造一个鼓励技术创新的环境,为企业的创新提供支持、分担风险(前述从法律上确立创新者对创新成果的产权,也可以看作是政府对创新行为的保护)。

政府对企业技术创新活动的激励和支持,比较常见的方式包括财政补贴、税收优惠和政府采购等激励方式。

一、财税激励

财税激励是通过为创新者直接或间接地提供财政资助、现金奖励或税收优惠等方式来激励创新。与科技规划和产业政策等引导性政策相比,财政税收政策更具有针对性,运作效率也较高,因而也是各国政府鼓励创新的重要手段。主要的财税激励政策包括财政补贴和税收优惠激励。

1. 财政补贴

财政补贴的激励手段包括对科技创新活动进行财政资助、财政奖励贴息、担保等方式。

财政补贴对企业具有"成本缩减效应"或"融资效应",可以缓解企业从事研发活动的资金压力,分散融资所带来的经营风险。一方面,政府通过科技拨款、科研基建投资、财政补贴、贴息和担保等方式对企业科技创新活动予以资金支持,直接缓解其资金压力。另一方面,政府还可通过为企业提供支持的政策行为向外界传递正面的信号,撬动更多民间资本,有利于缓解企业由于信息不对称而导致的外部融资困难。

财政激励政策增加了企业的现金持有量,但也可能产生负效应,即对企业正常的研发支出产生"挤出"效应,从而未能真正起到增加企业研发投入的作用,只是使企业有更富余的资金用于其他方面,例如被用于提高人员工资。甚至有些企业为了获得补贴项目而进行寻租活动。

2. 税收优惠

为鼓励企业创新,各国也实施了一系列税收优惠激励政策。我国针对高新技术型产业、科技型企业、科技园、科技孵化器等相关主体,颁布了研发费用税收抵免或加计扣除、创新型企业所得税优惠、风险投资税收激励、研发设备进口免税或加速折旧、研发人员股权激励等等多种政策形式。

(1) 按税种梳理的税收优惠激励政策

激励技术创新的税收优惠政策覆盖了企业所得税、增值税、个人所得税、关税等多个税种,其中企业所得税占据主导地位,有关企业所得税的税收优惠条文数量占比最多,比例占一半以上。其次是以增值税为主的流转税,近年全面推开的增值税留抵退税政策有利于企业减少资金占用,对于在技术创新活动中投入较大、研发周期较长的企业而言效果尤其显著。我国现行鼓励企业创新的各税种税收优惠政策的梳理,见表9-4、表9-5及表9-6。

表9-4 鼓励技术创新的企业所得税税收优惠政策

优惠项目	优惠内容	政策出处	优惠方式
税收减免	一个纳税年度内的技术转让所得,不超过500万元的,免征;超过500万元的部分,减半征收。	国发〔2011〕512号	直接优惠
税率	经认定为技术先进型服务企业,税率可以由25%减至15%。	财税〔2018〕54号	直接优惠
加计扣除	对于企业开发新技术、新产品、新工艺发生的研发费用,未形成无形资产的,计入当期损益,按175%扣除;形成无形资产的,按其成本的175%摊销。	财税〔2018〕99号	间接优惠
加速折旧	企业新购进单位价值不超过500万元的设备、器具,可以一次性扣除,不再分年度计算折旧。	财税〔2018〕54号	间接优惠
投资抵免	企业对未上市的中小高新技术开发企业投资,且投资时间在2年以上的,可以在企业股权持有满2年的当年,按照其实际投资额的70%比例进行投资抵扣;当年投资不足抵扣的,可以结转到以后纳税年度进行抵扣。	国税发〔2018〕87号	间接优惠
税前扣除	企业在职工教育上的支出费用,对于费用没有超过工资薪金支出总额的8%的部分,准予税前扣除;超过部分,企业可在以后纳税年度扣除。	财税〔2018〕51号	间接优惠

资料来源:根据国家税务总局网站资料整理。

表 9-5　鼓励技术创新的流转税税收优惠政策

优惠内容	政策出处	优惠方式
企业提供技术开发转让及与之相关的咨询服务,免征增值税。	财税〔2016〕36 号	直接优惠
企业销售自行开发的软件产品,按 17% 征收增值税后,对实际税负超过 3% 的部分实行即征即退。	财税〔2011〕100 号	直接优惠
技术开发项目合同中仅对开发合同条款中的研发报酬金额进行贴花纳税,而研发中的费用金额不作为计税贴花依据。	国地税字〔1989〕34 号	直接优惠
对科学研究、技术开发机构、学校等单位从国外进口用于科研、科教等用途,并且无法在国内进行生产或者能生产但功能无法满足实际需要的科技用品,可以免征进口报关环节中的增值税、消费税以及进口关税。	财关税〔2016〕70 号、72 号	直接优惠

资料来源：根据国家税务总局网站资料整理。

表 9-6　鼓励技术创新的个人所得税税收优惠政策

优惠项目	优惠内容	适用对象	政策出处
分期缴纳	对于高新技术企业的技术人员,实现科技成果而获得的股权奖励,一次性缴纳税款有困难的,可在不超过 5 个公历年度内分期缴纳,并进行备案。	技术人员	财税〔2015〕116 号
递延缴纳	以技术成果投资入股的个人,若被投资企业全部是以股权支付的,当期可暂不纳税。允许递延至转让股权时,以转让收入减去技术成果原值和相关税费后的差额计算缴纳个人所得税。	技术成果投资入股的个人	财税〔2016〕101 号
税收减免	对国务院部委、省政府和中国人民解放军以上单位,以及国际组织、外国组织颁发的有关科、教、文、卫的奖金,免纳个人所得税。	科技人员	《个人所得税法实施条例》
专项扣除	从 2019 年起,国内接受的学历继续教育支出,若不超过 48 个月,在此期间内可以每月从应纳税所得额中扣除 400 元;并且在获得资格证书的当年,可以一次性扣除 3 600 元。	继续教育人员	《个人所得税法》2019

资料来源：根据国家税务总局网站资料整理。

上表中的直接优惠是指直接对应纳税额进行减免优惠,间接优惠是指通过特定的政策减少应纳税所得额从而减免应纳税额。

(2) 专利盒制度

不同税收优惠政策有不同侧重点,针对的创新主体和作用效果也有差异。下面以专利盒制度为例加以说明。

专利盒制度是作用于研发周期末端的税收激励措施,其核心内容是对企业的知识产权收入进行所得税扣除或抵免,以降低企业进行知识产权项目研发投资的资本成本。该制度可以通过设置与知识产权开发相关的认定标准,对企业增加研发活动与研发支出起到激励作用。比如,比利时、荷兰、英国等国规定,通过收购方式取得的知识产权,只有在企业进行了进一步开发的情况下,才能够享受专利盒制度的税收优惠。此类约束性规定可对企业的研发活动形成正向激励。目前，世界上已有多个国家明确实施了以"专利盒"或"创新盒"命名的税收制度，我国有关"技术转让所得减免企业所得税"的规定从实质上看也属于专利盒制度内容。

专利盒制度与直接补贴和其他税收优惠的主要区别在于，其作用点在研发成果的转化和商业化环节，作用环节较为靠后，对企业研发活动影响较为间接，对尚未开展研发活动的企业来说，该政策提供的激励可能不足以使企业完成从无到有的转变。因此，专利盒制度的作用对象通常为已经具有一定研发规模和成果转化经验的企业，对于没有开展研发活动的企业，该制度所能带来的资金优势相对有限，不足以显著提升这些企业在获取研发所需资金时的竞争地位。

对于专利盒制度的担忧主要在于，一是可能存在部分企业仅仅将专利盒优惠作为在不同国家之间进行避税的手段，仅改变了自身的税务筹划行为，而没有确实增加相应的研发活动或专利成果转化。比如英国葛兰素公司（Glaxo Smith Kline）2017年出于财务目的将其所有与疫苗相关的知识产权都集中在了比利时，而在国内进行实物资本投资。二是专利盒制度可能引发有害税收竞争，即不同国家通过逐底竞争破坏企业之间的公平竞争环境。

3. 财税激励工具的缺陷

各类税收优惠政策的直接作用机制都是减少企业的研发或创新成本，增加企业的现金流，以此激励企业加大创新投入。与财政补贴等支出政策相比，税收优惠政策更能调动市场力量，能够减少创新活动本身的成本，其缺点是缺乏稳定性和权威性等等。

财税激励政策的共同点都是体现在资金方面，通过降低企业创新活动的成本、增加现金流来鼓励企业增加创新投入。同其他很多政府干预手段具有两面性一样，财税激励工具自身存在一些劣势：

其一，财税激励工具都是以国家财政资金支出或减少为代价。财政支出激励是国家财政资金的直接支出，即公共预算支出；税收优惠激励是国家财政资金的间接支出，即公共财政资金的减让。

其二，从组织的角度，税务机关实施税收优惠往往缺乏激励创新的精准性，会产生专业化和协作成本问题，因此有说法认为税收优惠不是激励创新的"灵丹妙药"，而是侵蚀一国税基的"特洛伊木马"。财税激励也会扭曲创新投入要素的价格，诱发企业按照政府的偏好进行研发布局，实施"策略性创新"。

其三，专项的科技创新财税激励，还可能引起其他国家的反补贴调查。

二、政府采购激励

1. 政府采购概述

政府采购（government procurement）是指各级政府以法定的方式、方法和程序，通过公开招标、公平竞争,由财政部门直接向供应商付款的方式从市场上为政府部门或所属团体购买货物、工程和劳务的行为。其实质是将市场竞争机制与财政支出管理相结合,对政府采购行为进行法制化的管理。

政府采购有助于推动自主知识产权的产业化。如果市场对新产品缺乏购买力,创新活动就会搁浅,政府通过新技术新产品的采购承担了风险,既能帮助企业节省新产品推广费用,更重要的是企业由此可以得到一个确定的市场信息,明确技术创新的方向,大大降低了技术创新的不确定性。此外,政府购买某企业的新产品和服务也能够作为一种信号传递给市场,对该产品质量和企业声誉有背书效果,有效刺激需求。

由于采购数额庞大,且对市场具有引领和带动作用,政府采购成为促进高新技术产业化的一项重要手段,可以为新兴技术提供市场,并为进一步研发提供资金,还有助于企业进一步完善相关产品。与研发补贴政策相比,政府采购能够更长期地、更有效地激励企业技术创新,尤其在技术创新产业化生产阶段,政府采购政策作用更显著。调查发现芬兰企业中48%的成功创新商业化项目依赖于政府采购。

因此,近年来,越来越多的政府把政府采购作为促进创新的政策手段,有人提出了"创新导向政府采购"(public procurement for innovation,PPI),具体包括前商业化采购、创新追赶型采购、创造性采购等模式,以提高创新激励的效果(Edquist等,2012)。

2. 政府采购激励方式的优缺点

(1) 优点

其一,与产权激励相比,政府采购激励不会阻碍创新。如前述,知识产权保护在激励创新的同时可能会导致反公地悲剧,而政府对科技创新实施政府采购激励不会产生副作用,也不会阻碍科技创新活动,只会引领和激发科技创新的方向。可见,知识产权保护不能完全取代政府采购激励机制。

其二,与财税激励相比,政府采购激励不会减少财政收入或侵蚀税基。如前述,财政税收的激励要以国家财政资金减少为代价,而政府采购激励既不会影响财政收入,也不会侵蚀税基,甚至无须财政额外支出。因为很多政府采购项目是政府不得不采购或支出的,用采购科技创新产品来代替采购普通产品并不会增加财政的额外支出。可见,与财税激励相比,政府采购激励有其独特优势,也不能用财税激励工具完全代替。

(2) 缺陷

同前面财税激励一样,政府采购政策作为一种政府干预企业创新的行为,同样存在一些可能的缺陷和问题:一是由于信息不对称以及政策本身的选择倾向导致资源配置的扭曲,即享受政策的企业可能并不是最应该获得支持的企业;二是可能招致寻租行为;三是在国际贸易中可能触犯非歧视原则,等等。政府采购激励对企业研发活动的最终影响取决于以上作用的净效应。

3. 我国政府采购激励的应用实践

近年来,越来越多的政府把政府采购作为促进创新的政策手段,有人提出了"创新导向政府采购"(public procurement for innovation，PPI)，具体包括前商业化采购、创新追赶型采购、创造性采购等模式，以提高创新激励的效果(Edquist 等，2012)。

在我国，《科学技术进步法》是第一部也是唯一一部规定了科技创新政府采购激励条款的法律，规定对于自主创新的产品、服务或者国家需要重点扶持的产品、服务，在性能、技术等指标能够满足政府采购需求的条件下，政府采购应当购买；首次投放市场的，政府采购应当率先购买。然而实践者一直没有得到很好的实施，除了早期没有重视的原因，后期的主要原因是我国申请加入 WTO 时承诺接受 WTO 框架下的《政府采购协议》(即 GPA)，而该协议规定了非歧视原则。2006 年政府开始考虑使用政府采购激励工具，此后逐步形成系统的科技创新政府采购激励制度，但 2011 年开始又取消了相关规定，至 2016 年 11 月国务院办公厅《关于进一步开展创新政策与提供政府采购优惠挂钩相关文件清理工作的通知》后，落实《科技进步法》政府采购激励条款的所有操作性制度都被全部清理。2018 年 11 月，中央全面深化改革委员会通过的《深化政府采购制度改革方案》明确提出了"强化政府采购政策功能措施"，将政府采购的政策功能置于更高地位。

目前存在两难局面，一方面，我国需要继续发挥一些政府采购政策如采购国货、保护环境、扶持不发达地区和少数民族地区、促进中小企业发展等功能，推动经济社会发展和环境保护，而且自 2018 年中美贸易摩擦以来，以美国为首的西方国家对我国科技创新企业进行围堵，对我国一些科技产品实施禁购，也需要我国政府采购对科技创新产品进行倾斜。另一方面，一些政府采购政策功能措施与我国欲加入的国际条约之间存在冲突，迫于国际压力或加入国际条约需要而面临必须停用一些政策，如优先采购国货、优先采购科技创新产品等。如何充分利用好 GPA 例外规定，同时通过进一步完善科技创新产品的认定程序与标准，提高政府采购激励的针对性和效率，是后续需要完成的任务。

三、政府的创新激励工具概览

1. 政府激励的工具类型

技术创新是一个国家技术进步和经济社会发展的根本源泉，历来受到各国的重视。除了前述的一些政策工具，各国政府对企业技术创新的激励和支持还体现在其他很多方面。根据支持政策着力点的不同，可以将政策工具分为供给型、需求型和环境型三种类型，不同类型有不同的政策目标，见表 9-7。

表 9-7　激励创新的政策工具类型

类型	政策工具	内　　容
供给型	人力资源	政府通过教育和培训为企业创新活动提供人力资源
	资金支持	政府通过财政补贴、税收优惠降低企业创新活动的成本和资金压力
	技术支持	政府提供技术辅导与咨询并加强技术基础设施建设
	方向引导	政府通过科技发展规划和产业规划，为企业创新指示方向

续表

类型	政策工具	内　　容
需求型	政府采购	政府通过对新产品的大宗采购提供明确稳定的市场,减少企业创新初期的不确定性
	公共服务	政府为创新技术或产品的使用提供配套服务设施*
	贸易管制	政府有关进出口的各项管制措施
	海外机构	政府直接或间接协助企业在海外设立研发和销售的分支机构
环境型	金融政策	政府制定措施支持其他市场主体对企业创新提供融资、风险投资、贷款保证、出口信用贷款等商业行为*
	法规管制	政府通过制定公平交易法、加强知识产权保护、市场监管等措施规范市场秩序
	信息服务*	政府通过建设信息网络、图书馆、资料库等信息基础设施为创新活动提供信息服务
	文化氛围*	政府通过宣传教育营造利于创新推崇创新的文化氛围*

资料来源:Rothwell R. & Zegveld W. Industrial Innovation and Public Policy: Preparing for the 1980s and the 1990s[M]. London: Frances Printer,1981,本书作者有修改,标记为*。

(1) 供给型

供给型政策工具作用于创新技术的提供者,其政策目标是通过促进科学发现和技术开发、提高管理技能、提供市场信息等多种方式,推动创新者的创新活动。具体包括人力资源的培养、资金支持、技术支持、信息支持、方向引导等。

知识是技术创新的前提。教育以提高和普及国民知识水平为目的,也为技术创新活动提供了科技人力资源,因而从根本上说,政府加强教育投入也是支持本国技术创新的一个重要手段。

政府制定的科技发展规划,强调了技术创新在国家战略中的地位,对企业有鼓励作用;政府发布相关产业政策,优先配置资源对关键产业技术进行强化性的技术创新活动,可以对企业的创新方向起到引导作用,促进相关产业的技术创新水平得到提高。

(2) 需求型

需求型政策工具作用于创新技术的需求方,其政策目标是通过创造市场需求对技术创新产生拉动效应,包括政府采购、公共服务、贸易管制、海外机构等。

(3) 环境型

环境型政策工具不直接作用于创新的提供方或需求方,而是为之营造有利的环境,以促进技术创新供求双方之间的互动,具体包括金融政策、法规管制、信息服务、文化氛围等。

2. 政府激励的作用和局限性

政府对企业技术创新活动的激励和支持可以归结为如下几个方面。

一是通过降低企业投资成本,弥补创新活动私人收益与私人成本之间的差异,从而在一定程度上矫正外部性、增强企业的创新动力;

二是降低企业在研发或市场导入等环节的不确定性或风险,使之在市场竞争当中处于更有利的地位;

三是提供资源和环境的支持,提高企业创新活动的效率;

四是实施战略性引导,通过规定具体的激励范围和对象向管理层释放关于国家战略导向的信息,引导企业开展与之一致的创新活动;

五是带动其他主体的支持,通过激励政策向社会释放积极信号,利于调动市场力量,吸引更多投资者和其他相关主体支持创新企业。

然而,政府并不是技术创新的主体,对前沿技术的敏感性天然逊色于企业,难以准确判断特定技术创新是否具有广阔应用前景和可操作空间;加上政府机构有自身的政治目标函数,也大多有一定的风险厌恶,高风险的技术创新活动难以匹配政府需求,从而产生对企业创新的策略性无视。"看得见的手"和"看不见的手"如何实现有效结合,是摆在政府管理者面前的一个永恒的命题。

第四节　技术创新的企业内部激励

企业是技术创新实现的主体,除了前面所述的从外部激励企业创新的手段,企业内部对创新的激励也十分重要。内部因素包括企业的所有权制度、管理制度和企业文化等因素,这些因素共同影响着技术创新。

一、企业的所有权制度激励

企业的所有权制度决定创新成果所有权归属和谁是风险承担者,是企业技术创新激励机制的基石。

现在,创新体制正在渐渐从独立的发明制度走向R&D的企业内部化,引发出一些新的激励问题:从发明到市场化,要经过许多阶段和很多时间,单靠个人力量无法完成,需要集体智慧并需要利用企业的设备和资金。因此创新成果所有权的界定就引发了激励问题。

在企业体制上,私有产权企业的创新动力无疑是最强的。与之相比,股份有限公司由于实现了产权社会化、经营权和所有权的分离,在产权激励上大大弱化,但在规模、资金、企业寿命以及责任承担方面都具有私有产权企业所无法匹及的优越性,表现在:(1)股份制能大规模地聚集创新所需的资本;(2)有限责任避免了因创新风险而出现的创新投资不足;(3)股份制企业的规模提高了企业的创新风险承担能力。因此技术创新的能力大大提高。现实中,大多数重大的技术创新来自于大企业。

我国目前最重要的一类科技企业是国有科技企业,创新员工没有分取股权的权利,因此不容易留住优秀的创新人才。我国中小企业大多属于民营家族企业,企业属于家族共有,当企业发展到一定程度时,往往出现"分家"现象,严重削弱企业技术创新的能力。技术创新充满风险,由于成本高,短期内对企业的利润影响很大,其带来的效益往往要较长时间才能体现。构建明晰的产权,使资产所有者与资产之间建立最直接的经济关系,才能有效避免短期行为,为企业的技术创新提供动力。

股权激励是一个可供选择的办法。企业可以根据实际情况,在企业内部实施股份制度,吸引关键人员入股;技术创新人员往往资本较少,可以考虑让其掌握的知识、技能入股,以充分调动创新主体的积极性。国内科技企业应该给予科技人员和高管部分股权,这有利于激励科技创新。除了股票和期权激励外,风险的承担也是激励科技创新的重要手段。目前科技人员进行技术开发和创新的成本过高、风险过高,而这些风险没有任何其他方面来承担,这让科技人员创新冲动和信心不足。

二、企业的管理制度激励

良好的管理制度,尤其是分配制度,对激励技术人员的创新积极性有重要影响。对技术创新活动的考评,必须注意如下方面。

(1) 多元化,推行以绩效为评判依据的多种分配制度。例如,华为公司对其"铁三角"团队的考核,就采取了合同财务、卓越运营和客户满意度三大指标,并实行短期激励和长期激励相结合的模式(见案例9-5)。

(2) 过程性。因技术创新项目的效益需要较长时间才能实现,考评时还必须结合项目进展情况。

(3) 集体性。创新活动属于团队活动,对个人绩效的评价应结合考虑团队绩效。

(4) 个人性。在考虑团队因素的基础上,对个人成就实行有差别的奖励。

对关键创新人员的个人能力尤其应予以充分肯定。可以考虑在保障其基本收入的前提下,在项目筹备时就确定项目成功后关键创新人员将获得一定比例的项目分红、股份或一定的职位,使技术创新活动与他们的个人事业联系更加紧密。对关键创新人员进行激励时,应注意使他们在相应的专业团队中获得足够的地位和尊重,即精神激励。随着科学技术的迅猛发展,知识更新速度也越来越快,关键创新人员也需要不断地吸取新思想和新知识。企业可以考虑对关键创新人员进行培训,既利于提高其创新能力,又能取得事业激励的效果。企业可以结合实际建立科学的培训体系,如企业和员工共同承担培养费用、制定相关合同以保证员工为企业服务等。

案例9-5

华为对"铁三角"团队的激励模式

常言道:火车跑得快,全靠车头带。而要想让车头马力十足,更多地去负重,就必须给它足够的动力。企业的激励管理,本身就隐含着对优秀人才工作表现的期许。华为的激励管理,不是普惠众人的福利,而是对那些敢于奋斗、善于奋斗、能真正贡献成果的人才给予重点激励。

对"铁三角"销售团队的考核,主要包括合同财务、卓越运营和客户满意度三大指标。合同财务指标包含收入、利润、现金流和成本达成情况;卓越运营指标包含业务、质量、时间和预算等合同条款履行情况;客户满意度指标则包含客户体验、问题解决和关系维护情况等。

对"铁三角"团队三个角色在考核时会采用平衡计分卡模式,主要考核指标一般可分为关键财务指标(70%)、关键举措(20%)、团队合作(10%)和个人学习与成长(加分项),按照公司目标制定管理办法进行目标制定,按照公司个人绩效考核管理办法进行考核,考核结果按照公司激励与奖励管理办法进行应用。

表9-8 "铁三角"人员个人绩效考核PBC示例

考核项		目标	权重	衡量标准	完成时间	辅助人员	完成情况
"铁三角"总体绩效目标		指"铁三角"团队的总体目标,以KPI的形式表现					
个人绩效目标	个人业务目标	个人承担的收入、订货、回款等业务目标					
	重点工作目标	考核期内的重点工作目标					
	团队合作	团队配合目标					
能力提升目标		聚焦短板,针对性提升					

华为在一线"铁三角"销售团队的奖金分配上,坚持不搞"销售提成制",而是基于目标达成率的"奖金包分配模式",即按照"贡献和利润分享制",再辅以项目奖励,实现集体与个人的利益平衡。通过这种方法,企业可以不断强化"铁三角"团队协作机制,摆脱个人英雄主义,走向团队共赢,实现共同目标。

另外,华为一直坚持短期激励和长期激励相结合的原则。短期激励一般是指即时激励和项目奖金,例如公司曾发给参与攻克空白新拓展市场的"铁三角"团队700万元,便是属于短期激励,这种及时雨的形式会更加激发员工的奋斗精神。而于2013年再次发给该团队的1 000万元激励是面向未来更大的市场机会的,不是面向过去的奖励,属于长期激励的范畴,有助于强化"铁三角"团队的长期经营意识,实现短、中、长期利益的平衡。

为了使考核机制进一步优化,华为扩大了项目"铁三角"负责人的行政管理权,包括绩效评议权和项目奖金分配权。华为还秉持"不断自我批评,不断改进管理"的原则,具体方法为:从一线往回梳理流程,提炼业务本质;从一线往回梳理组织,不增值的组织坚决砍掉。

需要强调的是火车头对销售团队的作用,不仅仅是推,也不仅仅是拉。所有考核和激励的目的,是让每节车厢都能成为动力源,协同一致;要让大家脚踩风火轮,三头六臂,生龙活虎,各显神通,让团队中的每个人都敢于争先,勇于争先。

技术创新活动往往和企业现在的经营活动不完全一致，因此必须给予关键创新人员足够的自主权，使他们能够相对独立地开展创新工作。创新活动充满风险，其价值被发现往往需要跨越时期，因此不应急于求成，应允许创新活动的失败，努力给予创新者足够的支持。企业所有者和管理者对创新人员的信任和大胆使用是一项重要的激励因素，可以使他们感受到自身的价值和所处的重要地位，从而调动创新的积极性。

在构建管理制度时，除了需要正面的奖励措施推动技术创新活动以外，制定合理有效的负激励，即惩罚约束机制，也是非常必要的。负激励可对技术创新人员的行为进行规范和约束，使其符合企业要求的方向。

三、企业的文化激励

企业文化是企业在长期发展过程中逐渐形成的、企业成员普遍认可和遵循的价值观、行为规范、道德准则、人际关系等。企业文化能规范员工行为、激发员工积极性、增加员工对组织的认同等作用，对技术创新有非常重要的作用。

企业文化有不同类型，如第八章所述，创新型文化倡导建立鼓励冒险、允许失败、在冒险中求创新的价值观念和文化氛围，因而有利于激发创新活动。具体请参见第八章第二节，在此不再赘述。

思考讨论题

即练即测

1. 现在有哪些较新的知识产权类型？
2. 什么是商业秘密权，它属于知识产权吗？
3. 商业秘密和专利权有何关系？
4. 什么是技术诀窍？和专利权的适用性有何不同？
5. 专利的保护期限设定需要平衡哪两个因素？为什么？
6. 通过产权方式激励企业技术创新有何优缺点？
7. 专利盒制度激励的针对范围和领域是什么？
8. 财税政策激励技术创新的根本机理是什么？有何优点和问题？
9. 政府采购激励技术创新的特点是什么？有何优点和局限性？
10. 激励技术创新的政策工具类型可以分为哪三类？
11. 政府对技术创新的支持作用可以归结为哪几个方面？
12. 政府激励存在哪些问题和负效应？

第十章

技术创新的审计、测度与调查

学习目标与重点

了解技术创新审计与管理审计、高标准定位方法的关系,技术创新审计与技术创新测度的区别和联系,以及一些典型的技术创新调查的内容和特点。

开篇案例

渤海稠油油田开采技术选择中的高标准定位方法[①]

稠油,也称重油,是一种比较粘稠的石油。稠油的油藏具有分布广、产量大、可利用价值高等特性,是重要的石油接替资源。然而,采用何种技术进行开采,使之成为可动用储量,仍是石油界科技人员需要探究解决的前沿问题。与国内相比,国外对稠油热采技术的研究与应用起步较早,技术相对成熟,规模也较大。因此我国渤海稠油油田的开采技术,就可应用高标准定位方法进行选择,以更好地指导开发方案的制定,并加快推进渤海油田稠油开发体系迈向国际先进水平。

应用高标准定位方法的具体过程如下。

首先,选择对标对象。根据地质特点、油藏物性等特点,选择与渤海油田油藏相似度较高的加拿大稠油油藏作为对标对象。

其次,具体技术指标的分析。对加拿大稠油产区三类典型的特稠油油藏的开发技术及其效果进行分析,包括强边底水油藏、低油柱底水稠油油藏以及普Ⅰ-2类弱水体稠油油藏。

第三,对标比较和适应性调整。根据相似油藏的对标分析可知,蒸汽吞吐(SAGD)是稠油热力开采的首选方案,并且加拿大 SAGD 项目的油藏特性与渤海油田较为吻合。一般先采用蒸汽吞吐收集近井区域原油,而后再采用蒸汽驱或者 SAGD 技术进行接替开采。但由于 SAGD 技术对于类似渤海油田埋深较深的油藏,其热损失问题及蒸汽腔坍塌等较为严重。为解决此类问题,可以选择气体辅助 SAGD 技术,利用氮气、烟道气、二氧化碳和空气等气体形成隔热层减少热损失,并且可以弥补蒸汽冷凝后腔体内压力的缺失。

---

① 资料来源:杜春晓等.渤海稠油油田开发技术国际对标研究[J].当代化工,2022(8).作者做了改编。

思考题

在应用高标准定位方法的过程中,有哪些需要注意的关键点?

技术创新审计和测度是一种新型的创新管理工具,而技术创新调查是审计和测度所需数据的一个重要来源。通过调查、测度把握创新型企业技术创新的特征与倾向,也是创新政策制定的重要前提。技术创新的调查、审计和测度,是随着技术创新理论研究的深入和实践应用的需要而提出的必然要求。

第一节 技术创新审计

一、审计、管理审计与技术创新审计

技术创新审计的理论和应用研究在中国处于起步阶段,技术创新审计的开展时间虽不长,但已成为企业管理实践的重要趋势。

1. 审计的发展

审计的传统领域是财务审计,是指由企业外的独立审计人员(会计机构或注册会计师)对该企业的会计和财务报表系统进行审查和评价,是对会计报表和财务行为的一种校正。而今,在西方,由于投资者、政府和股民不再满足于单纯的财务报表而是更加关注企业的"管理质量",审计的领域已扩大到其他许多领域中,出现多种形式,如财务审计、生产审计、管理审计、业绩审计和社会审计。这些审计虽形式不同,但具有一个共同特征,即由专门的审计人员对某项过程进行审核、发现问题,并对问题加以解释,提出进一步改良的措施。例如,生产审计的任务是审查和评价生产和运行各环节,包括生产环境、组织机构、生产计划、人员与物料配置等,最终目的是"寻找提高生产效率和节约成本的途径。"审计被广泛应用于质量管理,如美国 Baldrige 奖,日本的 Deming(戴明)奖,欧洲的质量奖等都运用了审计思想。

2. 管理审计

管理审计是对管理过程和管理者表现的一种度量和评估,以帮助企业发现和克服管理中存在的漏洞。管理审计的范围包括计划、组织、领导、控制等。管理审计与财务审计的区别在于:

首先,财务审计是对过去工作的反映,是一种消极的"回馈式"的反映,难以起到预防的作用;而管理审计是一种主动的"前瞻式"评价,管理者可以通过定期的管理审计,对自己的管理工作进行审视,对各个管理职能的表现进行评估,从而在结果产生之前发现管理工作中存在的问题和漏洞,进而在造成更大损失之前及时采取措施。

其次,管理审计问卷涉及了管理的各个环节,对照这个问卷,管理者比较容易发现存在

的问题,因而能帮助管理者更有效地实现组织目标。

第三,管理审计为管理者提供了一种标准,究竟什么是有效的管理,如何做才能实现战略目标,审计问卷为企业提供了一种客观依据。

管理审计与管理咨询服务是有区别的:前者是对管理进行评估,对象往往是管理的全过程,后者则是为了帮助企业就某一个具体问题提供解决方案;前者往往要定期进行,后者则不必如此;在方法上,前者采用标准化问卷,后者则形式不拘。

管理审计的方法主要是标准化问卷。较早期的一种问卷是由美国管理协会的Jackson Martindell于1962年完成的。问卷包括了301个问题,涉及了一个企业的经济职能、组织机构、报酬系统、R&D、领导、生产、销售等管理的各个部分。尽管这个问卷的许多问题过于主观,但它提供了一种新思路,并且强调了这样一种观点:如果开展了有效管理,就有可能得到好的结果。其他学者、Wgiam Greenwood(1967)和William P. Leonard(1962)也分别设计出了一套管理审计问卷。他们的工作为后人奠定了基础。

总结这些学者的工作,管理审计的范围应当包括:企业战略与计划、财务、营销、R&D、生产、人力资源管理、信息系统七个部分。因为每一个部分都体现了管理的一种职能,因此通过对这些领域进行审计就可以对管理质量进行评价。管理审计的缺点是实施时间长、成本高,需要企业很多相关人员的配合,因此较难达到预期目标。

3. 技术创新审计

技术创新审计是一种新兴的管理审计活动,是管理审计的组成部分。通过对技术创新过程和相关人员表现进行度量和评估,可以帮助企业发现和克服技术创新过程中存在的问题。因此,技术创新审计的使用有助于提高对创新过程的把握,提高创新的效率。

二、技术创新审计与高标准定位方法

现代企业必须善于总结和发现其他企业或组织的先进技术,并结合自身的技术与经济基础,有选择地吸收他人的优点和经验,才能超越对手、获得竞争优势。而要实现这种有选择的吸收、提高企业竞争能力,企业必须去寻求有利于自身的、原属于其他组织的最好的实践经验、创新思想,以及有效的创新手段。高标准定位(benchmarking)就是能帮助实现该目的的一种有效工具。

所谓高标准定位,是以行业中的领先企业为基准对本企业进行定位,通过资料收集、分析比较、跟踪学习等一系列规范化的程序,识别影响绩效的关键因素,以图改进并赶超经营最佳公司。在企业进行技术创新审计过程中,高标准定位方法特别有助于企业找出创新现实状况和期望状况间的差距。

高标准定位是一种新兴的管理工具,而今已经成为西方企业一个重要而不可缺少的管理手段。该方法的应用始于20世纪80年代的美国,主要是由于当时美国企业感受到了日本企业所带来的竞争危机。美国施乐公司于1979年第一次使用高标准定位方法。当时管理人员的目的是分析生产经营中的单位产品成本问题,发现日本生产的复印机价格很低,通过检查日本机器的运转性能并将其拆卸成零部件逐项进行检验,采用装配线的返工率、每台机器的缺陷数、产品开发所需成本和时间等指标与日本作比较,结果发现美国产品的成本确实高得多。于是施乐公司放弃了它原有的产品预算标准,改之以日本的低成本作为自己的目标,通过有针对性地改进,提高了顾客的满意度和回报率。施乐公司在后勤仓储部门开展这一活动后生产率提高了8%~10%,其中30%~50%直接来自于高标准定位。

此后,高标准定位方法得到了广泛的应用。企业界常常提供经费,邀请学者和管理顾问进行企业内部的高标准定位研究。其中,最有影响的是80年代美国麻省理工学院的国际汽车行业项目,通过高标准定位研究发现,与美国和欧洲汽车生产商相比,日本汽车产业是以其生产效率获得竞争优势的。该结论促使落后的汽车生产商努力改进技术,对世界汽车工业的发展产生了重要影响。同时,催生了一些新的观点,如敏捷制造(AM)对大批量生产的推动。20世纪90年代后期,加州大学伯克利分校采用类似的高标准定位方法研究了半导体行业。

尽管有时难免也会出现不适宜的比较,但总的来说,高标准定位为变革和学习提供了有力的动力。这种学习不仅可以来自同行间的直接比较,也可以来自有大量相同过程的不同行业间的比较。例如,西南航空公司拥有一个最佳纪录,是在机场终点的转弯速度,就是来自于对复杂机器的快速转换的观察和学习。对制造和零售业的存货管理系统的学习,也曾经帮助健康行业提升生产力和质量水平(Kaplinsky,1995)。但高标准定位最有价值的部分,则是它作为结构评价和组织思考的方式,通过促进反思,进行有效学习循环。

据美国麻省理工学院及美国生产力与质量中心统计,至1995年,美国绝大多数大公司都开展了不同类型的高标准定位活动。20世纪90年代末的一次调查表明,高标准定位是占美国国民生产总值四分之一的大公司唯一一致表示将来要继续采用和加强的管理工具。

欧洲从80年代开始进行"绩效与制造缺陷"的定期调查。1993年以来,伦敦商学院的克里斯·冯斯(Chris Voss)及其同事对英国及其他欧洲国家公司的制造后设计进行了高标准定位研究。在库泊(Cooper)和利伯兰德(Lybrand)在1994年进行的英国高标准定位调查表明,在前1 000家企业中有78%的企业进行了高标准定位,并取得了确定的结果。

高标准定位活动的实施分为四个阶段:

(1) 筹划阶段。企业确定部门和具体内容,找出企业面临的关键问题,据此选择标杆企业,收集该企业在这方面的最佳实践经验;

(2) 分析阶段。找出本企业与标杆企业在实践和绩效水平上的差距,确立追赶的绩效目标和应当采用的管理实践;

(3) 贯彻和实施阶段。将改革思路贯彻到员工中去,并加以实施;

(4) 常规化和制度化。该高标活动成功开展后,将之作为一项常规性的职能融合到日常工作中,甚至体现到企业规章条例中。

高标准定位方法的意义在于为企业提供了一种切实可行的奋斗目标，且始终以当前的最佳表现企业为标杆，因此能随着标杆企业的变换而持续、动态地开展。其缺点是非常耗时而且实施要求很高，实施效果不仅受实施者本身水平的制约，还需要企业投入相当资源和全力配合。总的来说，高标准定位在面向顾客领域（顾客服务、营销及后勤）的应用比在制造业更为普遍，在产品开发和研发领域中最不普遍。这同获取有关竞争者研发绩效信息的困难程度有关。不过后来也涌现出了一些专门收集和比较与制造和产品开发相关的绩效指标的专业机构。此外，一些公共机构和政府部门也参与其中。如某些顾客满意度的调查由专门的公共机构主持，如由美国动力协会（J. D. Power）主持的汽车用户调查等。各国也专门设立奖项，推动企业在质量管理方面的高标准定位活动，如欧洲质量奖、美国的布尔里奇奖和日本的德明奖等。

高标准定位方法为技术创新审计以及其他管理审计活动提供了客观标准，帮助企业发现不足和差距，因而已成为管理审计的不可缺少的组成部分，标杆的收集和标准的制定直接影响到管理审计的完善程度和有效性。

开篇案例回顾

我国渤海稠油油田开发技术选择在应用高标准定位方法过程中，存在哪些比面向顾客的领域更困难的地方？

三、技术创新审计与技术创新测度

技术创新管理中一个重要的环节是技术创新测度。测度的本意是把非数世界的某种状态转换成数世界中的状态。例如，把创新能力的大小转换成 0、1、2、3、4、5 等。一般地说，任何概念都具有潜在的可测度性，但难度有很大差别。技术创新的测度同样具备一般性测度的特征，即运用统计数据和经验数据研究技术创新，特殊之处在于，技术创新测度不是强调技术创新研究中测度方法的使用，而是在大量技术创新经验调查数据的基础上，对技术创新活动的规律进行全面而系统的分析。因此，企业技术创新的测度是指以技术创新调查的统计数据和经验数据为基础，对技术创新进行系统的定量的实证性研究。它为技术创新审计提供指标体系。

总之，技术创新审计是以技术创新的测度为基础，找出创新目前的状况和期望状况间的差距，确定问题所在环节，进而提供提高创新水平的信息，以改善技术创新管理、提高创新绩效。它的发展与管理审计、高标准定位方法的应用以及创新理论研究的不断深入是相对应的。一个完整的技术创新审计活动包括三个部分：一是表述审计对象的理论模型；二是对模型中的变量提出详细问题，以帮助判断和审核创新实施状况；三是如何应用，即审计的具体实施办法。

四、技术创新审计的经典理论模型

随着管理审计、高标准定位和技术创新测度研究的发展,技术创新审计也得到了相应发展,研究者们提出了多种技术创新审计的理论模型。

1. 基于创新过程的审计模型(process-based innovation auditing framework)

这是比较著名的技术创新审计模型之一,也是目前较为完整和完善的一个体系。该模型由伦敦商学院的齐萨(Chiesa)等人首创,被英国工业与商业部用来对下属企业进行审计。理论框架如图10-1所示。

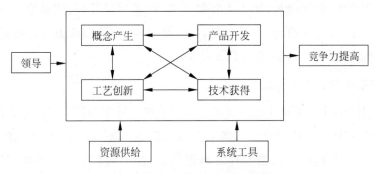

图10-1 基于过程的技术创新审计模型

该模型将创新过程分为核心过程和辅助过程:核心过程包括概念产生、产品开发、工艺创新和技术获得四个环节;辅助过程包括领导、资源供给和系统工具。最终输出的是竞争力提高。该模型的创新之处在于,它认为四个核心环节是任何创新所不可缺少的,同时四个环节又不是孤立的,而是相互联系的。齐萨等人对前人的研究做了大量收集和综合工作,并通过案例和实证统计分析方法,对该模型的有效性进行了验证。

根据这一模型,齐萨等人在前人研究的基础上作了大量的收集和综合工作,设计了审计的方式方法,并通过案例和实证统计分析方法,验证了该工具的有效性。因而齐萨的技术创新审计是目前较为完整和完善的一个体系。

陈劲(1997)结合了齐萨等人的过程审计和奥斯陆手册的创新统计指标,构建了陈劲-史密斯模型。该模型是通过普通经济指标(销量、利润、总资产、职工人数、技术人员和销售人员人数、技术和设备水平等)、产品创新数量(根本创新和渐进创新)、工艺创新数量、创新战略(研制还是购买)、创新成本(具体的资金来源的细目)、创新带来的收益(新产品销售、新技术转让等)等指标来帮助审计创新过程,其基本思想也是基于创新过程。

2. 基于创新能力的审计模型

这是由伯格曼(R. A. Burgelman,1998)等人提出的,审计重点是技术能力、创新战略的制定和实施及支持它们的组织机构。该模型包括如下五个方面:

(1) 资源的可获得性和分配(表现为 R&D 基金水平、技术的广度和深度、明显的竞争优势和 R&D 的资源分配);

(2) 对竞争对手的创新战略和产业发展的了解;

(3) 对技术环境的了解;

(4) 组织和文化氛围(表现为 R&D 项目的管理、R&D 到生产的转化,及各职能部门的集中化程度);

(5) 表现为企业家素质的战略管理能力。

爱德乐(Adler,1992)等人认为,对产品和战略管理过程需要进行基准定位,并提出一种评估所有技术职能战略的框架。他们提出战略管理的三个主要因素:领导、政策和调节机制。其中政策因素中,管理过程(如人力资源管理、技术项目管理、质量控制管理等)、资源(如知识产权、基金、设备和设施)以及各种联系(如结构、职能间联系、与外部的联系、规章的遵守等)发挥着各自作用,影响创新活动的最终成功。

3. 基于创新绩效的审计模型

齐萨等人(1996)除了对审计过程制定了详细的审计标准和问卷,还研究了创新各环节和全部创新过程的业绩及其对企业市场竞争力的影响。评价内容包括概念产生、产品开发、工艺创新、技术引进设计等,指标如新构想的数量、平均产品生命周期、投入市场的时间、产品性能、设计表现、开发成本和效率等。

上述三种技术创新审计模型中,创新过程审计着眼于创新的微观过程,审计工作随技术创新活动开始、终结;创新能力审计针对技术的研发能力和其他相关能力,而管理能力和投入能力等在创新过程中有所体现,技术研发能力和实现能力则只在事后才可以评价,因此能力审计需要事中和事后都加以实施;创新绩效审计针对资源的利用情况,以提高投入产出比。三种审计模型的特征比较见表 10-1。

表 10-1 三种技术创新审计模型的特征比较

创新审计模型	审计对象	审计方法	实施时间	作用
创新过程审计	过程和环节	多种	事中	创新过程的把握
创新能力审计	技术及相关能力	技术鉴定为主	事中和事后	创新水平的提高
创新绩效审计	经济、效率、效果	多种	事中和事后	创新绩效的比较

资料来源:盛亚.企业创新管理[M].杭州:浙江大学出版社,2005.

除了上述模型以外,比较著名的还有英国国家经济发展办公室制定的"技术创新管理工具箱"(innovation management tool kit),主要针对中小企业的技术创新管理。总的来说,各种技术创新审计的理论模型,都体现了一个输入、运行和输出的过程,只不过涉及范围和系统程度有所差别。显然,上述三个模型中以齐萨等人的基于创新过程的审计模型最为系统。

第二节 技术创新测度

同技术创新审计一样,技术创新的测度也是一个较新的领域。目前,有关技术创新测度的理论、方法或支持手段仍在完善之中,但作为创新实证研究以及创新政策分析的基础,技术创新的测度研究非常重要。

如前述,技术创新测度是为技术创新审计提供指标体系的实证性研究,是在大量技术创新经验调查数据的基础上,对技术创新活动的规律进行全面而系统的分析。一般地说,技术创新测度主要由两部分构成:指标体系的建立和指标数据的收集。

一、技术创新测度的主要内容及指标体系

对技术创新过程的测度指标,可分为基于特性的测度指标和基于阶段的测度指标。

(一) 基于特性的测度

1. 基本内容

1992年,基于各国创新调查的经验并在北欧工业发展基金的支持下,经济合作和发展组织(OECD)出版了《奥斯陆手册》(*Oslo Manual*),收集了1979—1992年间每年的创新数据。《奥斯陆手册》被视为发达国家为开发新的更加综合的技术创新数据库、从而加强国际标准化和可比性的一次联合的努力和推动,成为技术创新数据收集和解释的指南。在《奥斯陆手册》中,对创新过程测度的基本内容有集中的反映,包括以下方面。

(1) 创新的目的。包括企业为自己确立的技术目标和经济目标。

(2) 创新的促进或阻碍因素。包括:创新思想的来源,即发现不同项目、企业和行业创新思想从哪里来,大的方面可分为内部来源和外部来源;创新成功的促进因素,包括企业内部因素和企业外部因素;创新活动的阻碍因素,包括经济因素、创新潜力因素和其他因素。

(3) 确定创新的企业和创新数目。

(4) 创新的定性方面。包括考察创新的新颖性和性质,作为评价创新的一种辅助指标。新颖性包括技术新颖性和市场新颖性;市场新颖性按市场范围又可分为国际水平、国内水平和本企业水平等。

(5) 创新行为对企业的影响。考察指标包括:新产品销售份额,是衡量创新产出的指标之一,反映过去三年中引入市场的新产品销售额,受到创新与扩散的影响;引入阶段产品的销售份额,是衡量创新产出的辅助指标,不受扩散的影响;创新努力的成果,衡量的行为变量包括销售额、利润、进入新市场、在传统市场上所占份额;创新对生产要素使用的影响,包括变化的方向和大小。

(6) 创新的扩散。即创新通过市场或非市场渠道的传播。测度的内容是创新的生产和使用,包括:创新所属的技术组(产品组);创新生产者部门;创新的使用部门,包括作为创新的新技术使用和创新中使用的新技术。

(7) 专门问题。包括 R&D、专利和技术国际收支问题。

经过 1997 年、2005 年、2018 年三次修订,目前奥斯陆手册最新版为 2018 年发布的第四版。相较于之前的版本,新的版本存在以下改变:提供适用于所有经济部门的概念框架和创新的一般定义;更新和简化核心定义和分类;将无形资产(也称为知识资本)与不同类型的创新知识联系起来提供明确的衡量以支持无形资产投资的计量;提供业务创新的内部和外部指导;提供衡量创新成果属性的建议;为整个创新数据生命周期提供扩展的方法指南;支持创新数据的用户使用创新统计数据来构建指标和进行分析。

2. 主要特点

基于特性的测度有如下两个主要特点。

(1) 突出过程特性和产出。《奥斯陆手册》从各个侧面揭示创新过程的特征,其测度内容虽包括投入方面,如 R&D、创新目标等,但更多的是关于创新投入发生后,创新活动表现出来的特性及创新的产出。

(2) 关注拟探讨的重要问题。基于特性的测度,以对技术创新过程的一定认识为基础,因此往往需要一定的研究基础。

(二) 基于阶段的测度

创新过程包括投入、实施和产出阶段基于阶段的测度,是指按创新投入—创新实施—创新产出阶段进行测度,同时把一些不能归入这三个阶段的因素集合成非阶段因素作为第四个测度方面。

1. 创新投入的测度

创新投入分为有形要素投入和无形要素投入两类,包括主体投入、人员投入、设备投入、资金投入、政策法律投入、信息投入等。各指标又可进一步细分。

(1) 投入主体指标。投入主体指标又可分为机构结构、投入来源结构、人员来源结构等。机构结构指在一个国家或地区内,技术创新主体即政府、企业、科研院所等在数量上的比例关系;投入来源结构指技术创新经费的来源,即政府、企业、科研院所等的技术创新投入在数量上的比例关系;人员来源结构指政府、企业、科研院所等的技术创新人员在数量上的比例关系。

(2) 人员投入指标。按不同层面,有国家层次和企业层次之分。国家层面的人员投入指标主要有:人均受教育水平、每万人口中从事科技开发的科学家和工程师数、每万人口中专业技术人员数;企业层次的人员投入指标主要有:R&D 人员占职工总数的比重、技术人员占职工总数的比重、人员流动率等。

（3）设备投入指标。设备投入指标又可分为技术创新设备占总设备的比重、企业平均设备水平结构、微电子控制设备原值占生产设备原值的比重等。

（4）资金投入指标。资金投入指标分为直接资金投入和间接资金投入指标两个分指标体系。直接资金投入,在国家层面指科技活动经费支出占国内生产总值的比重、R&D支出占国内生产总值的比重;在企业层面的指标包括人均R&D投入、R&D经费投入强度。间接资金投入主要指培训费用,国家层次指人均教育经费和人均高校教育经费投入,企业层次指人均培训费用,个人层次指正规教育资金投入和在职教育资金投入。

（5）政策法律投入指标。政策法律投入指标分为政策法律完善程度、用于技术创新的财政拨款占财政支出的比重、政策法律投入对技术创新的节约额、政策法律投入对技术创新项目的增加数等。

（6）信息投入指标。信息投入指标分为社会信息化程度、信息来源结构、信息扩散渠道结构。这些都是保证创新实施和产出的前提。

2. 创新实施的测度

创新实施的过程包括市场分析、方案设想和选择、原型设计、详细设计和试验、生产、市场营销等子过程。实施的测度要考察每个子过程成功的决定因素、引起失败的原因和子过程界面的管理。

3. 创新产出的测度

技术创新的产出指标可分为收益性产出指标、技术性产出指标和竞争性指标三类指标体系。

收益性产出指标包括创新产品销售收入占产品销售收入的比重、创新产品实现利税占产品实现利税的比重、技术进步对经济增长的贡献。技术性产出指标主要有:专利数/技术成果数、专利利用率/技术成果转化率、新产品比重、技术创新成果技术水平结构。技术创新的竞争性指标主要涉及企业技术创新成果的衡量指标,包括创新产品对市场占有率的贡献、创新产品质量提高率、创新产品成本降低率。实践中,广泛采用的有新产品或新工艺数指标及专利指标。

（1）新产品、新工艺指标

新产品、新工艺数或新产品销售收入占比的数据可从实际创新活动中取得,能直接反映创新活动水平。但作为创新指标,最大的一个困难是很难定义新产品或新工艺,不同新产品、新工艺之间的创新水平差异很大。比如对于创新程度,有根本性创新、现有技术改进、模仿创新等不同类型;所谓的"新"也有相对于本企业的新、相对于本国的新及相对于世界而言的新。判断新产品或新工艺的方法一般有两种:一是请专家确定,二是在创新调查中让企业自己确定。

此外,以新产品、新工艺作为创新指标,在宏观上还存在其他不足:第一,新产品、新工艺对不同产业意义不同,因而这种指标很少具有产业间的可比性及国际间的可比性;第二,该指标的稳定性较弱,因为创新调查具有偶发性和不系统性;第三,该指标使用历史较短,各国状况大不一样,因而有不完全的缺点。

相对于上述新产品、新工艺指标的缺点,专利数据具有时间序列长、数据易得、客观性、可比性、实用性、可行性及稳定性强等优点,因而越来越多的西方学者偏好使用专利数据来作为测度技术创新水平的指标。

(2) 专利指标

较早将专利数作为创新指标的西方学者是施莫克勒(J. Schmookler),他在1966年用专利数代表发明水平,探讨了技术变迁和经济发展的关系。此后,挪威学者费格伯格(Fagerberg)、美国学者弗雷姆(Frame)都证明了以专利数代表一国技术创新水平的合理性。除了上述从国家层次,学者们还从国际层次以及产业层次应用专利数进行了研究。

但将专利数作为技术创新水平的指标仍然是存在问题的。因为专利所衡量的是发明活动(或称R&D的产出),且只是衡量一部分发明,而发明与创新是不完全等同的。大量发明没有转化成创新,又有很多创新、发明没有申请专利,因此,专利只反映了创新和发明的一个部分,如图10-2所示。

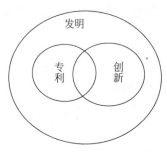

图10-2 发明、专利、创新关系图

尽管专利数作为技术创新指标存在上述缺陷,但仍然得到了广泛应用。主要原因是:其一,专利数具有数据易得、完整、准确、时间序列长等优点,这是其他技术创新指标所无法企及的;其二,同类指标中,R&D投入、技术人员比例等指标侧重于技术的投入,与之相比,专利数测度的是技术的产出,且是接近市场化的技术产出,因而更接近创新、更能反映技术创新的状况。

专利数据的应用,包括数据库的建立,在西方已比较成熟。我国由于法律意识、制度建设的问题,专利数据的质量仍有待极大提高。

4. 其他非阶段因素的测度

有些因素对技术创新的影响,不是针对某个特定阶段的,而是影响到该技术创新是否发生,或对创新全过程产生影响。例如政府政策、激励或阻碍创新的因素、风险因素等。这种因素可单独列为一类。

其中,测度风险对于技术创新这种创新性活动而言有特殊的重要性。风险指标主要包括技术创新成功率(为技术创新成功项目数/技术创新项目总数)、技术创新机会成本(项目成功后的年收益率与一般项目收益率或同期银行存款利率相比较,如前者小于后者,则企业会丧失机会成本)、人员流动率、创新速度(指一个创新项目从开始构思到最终使用的时间消耗)、专利保护期(指一个国家或地区为了保护专利人的知识产权所规定的未经专利人同意他人不可使用该专利的时间长度)、产品寿命周期(指企业创新产品从进入市场到被市场淘汰而退出市场的时间长度)、创新设备的沉没成本比(等于创新设备的沉没成本/创新设备原值,创新设备的沉没成本越高,企业技术创新失败时,创新设备的损失就越大,企业技术创新的风险就相应有所增加)等。

上述各项指标的相对重要性,即权重,应根据不同发展阶段、不同行业及不同时间有所区别。

与基于特性的测度相比,基于阶段的测度有如下几个特点:第一,全面纳入了对创新投入的测度;第二,增加了对创新实施的测度;第三,对创新产出进行分类分析;第四,把影响创新过程的非阶段因素单独列为一类。我国由于缺乏基于特性测度的研究基础,更适合采用基于阶段的测度框架。

二、指标数据的收集

与测度经济变量(如生产、投资、贸易、就业等)相比,用于测度技术活动的方法还很不成熟。尽管有关科学和技术数据的收集工作在主要发达国家已有近 30 年的历史,但是有关技术创新活动综合数据的采集还处于初创时期,定期收集创新数据的工作也才刚刚开始。

当前可用来进行技术创新活动测度的数据主要有以下四种来源:(1)关于 R&D 投入的数据,在经济合作与发展组织(OECD)国家中按弗拉斯卡蒂(FRASCATI)手册加以采集;(2)专利数据,其中最主要的部分来自美国专利局、欧洲专利局和世界知识产权组织(WIPO);(3)创新调查数据,OECD 国家按照奥斯陆手册的定义和方法论通过大规模的技术创新调查进行搜集;(4)基于文献的创新产出(LBIO)指标数据,反映科学出版物和引文的情况以及从技术和行业期刊报道上获得的有关企业创新产品的数据。这些科学技术指标数据在测试技术创新活动方面各有自己的优势,但同时也都有明显的局限性。

表 10-2 是通常使用的技术活动的指标,它们当中的每一个都对应着有关技术创新过程的不同侧面或阶段。

表 10-2 技术活动测度指标的比较

	优 势	弱 势
研究与发展	• 定期收集 • 部门一致性 • 国际可比性	• 仅反映创新的投入 • 低估小企业、服务业的创新 • 国际比较要求货币转换
专利	• 定期收集 • 按技术领域分类 • 国际可比性	• 并非所有创新都申请并取得专利 • 无服务业信息 • 部门间授予专利的偏好差异
技术国际收支	• 定期收集 • 按技术领域分类 • 国际可比性	• 没有非转让技术的信息 • 数据受贸易偏好的影响
高技术产品贸易	• 定期收集 • 绩效的直接测度 • 国际可比性	• 没有考虑传统产业部门的创新 • 存在产品选取的问题

续表

	优　势	弱　势
文献计量	• 有技术学科的分类 • 科学产出的直接测度 • 国际可比性	• 学科间出版的偏好差异 • 语言障碍
创新调查	• 创新的直接测度 • 具有关于创新全部活动的信息潜力 • 可应用于制造业和服务业	• 时间序列、国家间数据的可比性尚需进一步研究 • 尚没定期收集 • 数据受主观判断偏好的影响

资料来源：马驰.关于技术创新调查的方法[J].统计研究,1997,(2).

三、技术创新测度的实施步骤

1. 选择技术创新测度指标和测度模型

技术创新不同于一般的技术活动，不能简单地用产出的经济价值量来评估。正确选定技术创新测度指标是深入开展技术创新分析研究的难点和必要条件。一般与特定的技术创新类别相联系来确定评估参数；从有利于横向、纵向比较和宏观综合分析的需要出发，可以采用一些通用指标作为技术创新测度评估体系的基础参量。而模型的选择更是极大地影响测度结果。应咨询计量经济分析方面的专家小组，在借鉴国内外一般测度方法的基础上定出适合评估总体的数学模型。

2. 确定技术创新测度方案

技术创新测度指标基本确定后，就可以着手制定技术创新测度方案，其基本步骤如下。

（1）拟订初步方案。在技术创新测度评估方案中，需要明确评估的时间、对象、测度指标、模型以及组织方式等各项内容。

（2）进行试点测度。可采取随机抽样的方式选取评估子样，按照技术创新测度评估初步方案的具体内容和要求，应用选定模型，计算各子样相关的指标值，并据此对各子样的技术创新情况进行分析、判断。

（3）根据测试结果修正、确定测度方案。主要针对各子样测试结果与实际的差距，以及试点评估中遇到的困难和问题，对测度评估的模型、指标及组织工作做适当的修正，若不满意，可多次测试，反复修正，直至满意方案。

3. 组织、培训技术创新测度人员

技术创新测度工作还有赖于组建一支业务熟悉、精干、高效的评估队伍。可由评估领导小组从政府科技管理部门、评估对象内部及从事技术创新研究的高校和科研机构选拔有一定业务基础的人员培养上岗，以保证一定的工作质量。

4. 实际开展技术创新测度

以上准备就绪后，便可以按照方案的时间、地点、技术和工作流程等方面的具体要求，

实际开展技术创新测度,发现问题由评估领导小组及时协调,在人力、物力、财力等方面做好相应的保障,以确保技术创新测度的顺利开展。

技术创新的测度研究,为技术创新的过程、行为和绩效的评价提供了许多参考标准。例如,创新项目的成败因素分析,为评价优秀和失败的技术创新管理提供了标准;奥斯陆手册分解了技术创新的过程并为创新效果的度量提供了标准。所有这些都使得技术创新的度量和审计成为可能。从大的方面说,技术创新的测度对技术创新的理论研究和实践工作都具有重要意义:在国家层面,有助于从整体上把握一个国家、地区或产业的创新活动状况,从而科学制定创新政策;在企业层面,有助于把握企业创新活动的规律;并使比较不同国家的创新活动成为可能。

第三节 技术创新调查

创新调查是技术创新测度所需数据的一个重要来源,因此本节作专门介绍。创新调查的特殊之处在于,可以揭示 R&D 和专利等传统指标所不能解释的那些创新投入活动。例如,意大利 CNR-ISTATI 创新调查的一个主要发现是,大约 70% 参加调查的企业声称他们进行了创新,其中仅 16% 的企业声明他们实施了 R&D。可见,从事技术创新的企业比从事 R&D 的企业多得多。

一、技术创新的调查方法

有两种采用直接调查的主要方法已用于监测技术创新:其一是将单个的技术创新项目(产品创新、工艺创新)作为分析单元,称之为客体法;其二是将企业作为分析单元,不论企业是否技术创新均予以考虑,称之为主体法。客体法和主体法的区别见表10-3。

表 10-3 创新调查客体法与主体法之比较

	客 体 法	主 体 法
分析单元	技术创新项目	技术创新者
信息采集	文献资料/专家需要通过专家组的"重要性"检验	对企业(也可包括研究机构、大学)采用问卷或面访
国际可比性	除专利外,可比性低	有一定可比性,尚需进一步研究
与 R&D 的可比性	R&D 数据是按机构收集,因此可比性差	R&D 费用是创新费用的一部分,因此可比性好
与国家经济数据的可比性	与经济总体相联系困难,因此可比性差,而且通常不做经济效益评价	能与经济总体相联系,有关定量数据的可比性有可能好
时间序列的可比性	一般说,可比性好	若做到定期采集,并规范化,可比性可能好

资料来源:马驰.关于技术创新调查的方法[J].统计研究,1997,(2).

(1) 客体法调查

客体法创新调查的内容包括创新项目的成败因素、创新项目的产业分布、创新项目的产生和使用等。早期的客体法调查基本上都以分析创新项目成功和失败因素为目的。例如,曼斯菲尔德对美国工业技术变化决定因素的研究(1968 年);厄特巴克对美国科学仪表行业成功创新的研究(1968 年);美国对不同产业内 500 项创新的研究(1969 年);莱本斯坦对美国 13 家公司中抽出的 176 项创新目的的研究(1976 年);英国苏萨克斯大学研究创新成功与失败的萨福(SAPPHO)项目,等等。

这些创新项目调查的主要目的有二:一是分析项目成功和失败因素。成败因素因各调查的具体特性而异,基本原因可归纳为市场、技术和管理方面。二是分析创新的产生与使用以及产生部门与使用部门之间的关系。例如,英国苏塞克斯大学对 1945—1984 年的重要技术创新项目进行研究,揭示出英国创新产生和使用的行业模式,并且根据企业获得技术知识和对创新影响的渠道,把企业划分成供应者支配型企业、规模强度型企业、专业化供应商和科学型企业。

(2) 主体法调查

主体法调查允许采用面访收集有关创新的大量信息,包括企业创新思想来源、创新障碍、创新目标等,反映创新过程的基本方面。目前进行的创新调查多数都采用主体法,如意大利创新调查、德国 IFO 调查和北欧国家创新调查等等。企业创新调查以企业为调查对象,旨在反映企业技术创新活动的影响及其被影响程度。

工业企业创新行为的调查源于德国。1979 年,德国经济研究所(IFO)首次开展,此后每年都进行该项调查。意大利开展了迄今规模最大的调查活动,涉及 2.4 万家有独立法人资格的企业。为了收集关于创新方面的国际可比较的数据,在意大利、德国创新调查的基础上,北欧国家设计了独特的技术创新调查问卷。加拿大、法国、英国、西班牙、美国、意大利、芬兰、挪威、瑞典和澳大利亚等国在 1979—1989 年间均开展过技术创新调查。比较而言,最有影响力的技术创新调查要数德国和意大利。

无论采用客体法还是主体法,技术创新的调查研究使得对技术创新的过程、行为和绩效的评价提供了许多参考标准。如创新项目的成败因素分析提供了优秀与失败的技术创新管理评价的标准,奥斯陆手册对技术创新过程进行了分解并为创新效果提供了度量标准。所有这些都使得技术创新的量化度量和审计成为可能。

二、典型的创新调查

1. 欧洲共同体创新调查(CIS)

OECD 及其成员国历来十分重视并积极开展企业技术创新调查。在 OECD 于 1992 年出版第一版《奥斯陆手册》后,欧洲统计局依据奥斯陆手册设计出"欧共体协同创新调查问卷",1992—1993年实施国家调查,1994开始在欧洲统计局建立国际数据库,1995年对16家意大利制造企业进行访谈调查,在此基础上提出修改奥斯陆手册的建议。此后,又根据技术创新研究的发展,着手研究用于知识型经济的指标体系。自1993年的第一次创新调查CIS I之后,欧洲共同体迄今已完成9次调查,包括1996年的CIS II、2001年的CIS III、2004年的CIS IV,以及之后的CIS 2006、CIS 2008、CIS 2010、CIS 2012和CIS 2014。调查范围为欧盟产业分类中从农业到科技活动服务业的各类企业,小国对上述行业的登记注册企业进行普查,大国则按产业、地区和规模进行分层抽样。其调查内容与《奥斯陆手册》框架思路保持较高的一致性,自身的内容框架保持了较好的稳定性和延续性,从而形成了拥有20年时间跨度的纵向序列。

2. 美国企业研发与创新调查(BRIDS)

美国自1953年开始进行企业研发调查(SIRD),并于2008年开始进行企业研发与创新调查(BRIDS),由商务部普查局和国家自然基金会组织,每年开展一次。美国企业研发与创新调查的范围为美国境内从事采矿、公共事业、建筑业、制造业、批发贸易、零售业或服务业企业,以盈利为目的,有5名及以上雇用员工,共计148万多家企业。其中有研究与开发(R&D)活动的企业发放标准问卷(BRDI-1),所有其他企业发放简洁版问卷(BRD-1(S))。具体调查过程由普查局根据商业注册信息采取随机抽样和概率抽样相结合的方式,抽取每年调查的企业样本。与欧盟企业创新调查类似的是,美国企业研发与创新调查也在较长一段时间保持了调查变量的连续性,积累了较长的纵向可比数据资料序列。

3. 中国企业创新调查

《奥斯陆手册》收集的是西方国家创新测度研究的数据,为各国创新测度研究提供了收集数据的有益指导,但由于国情差异,不可把它视为"圣经",只能作为借鉴。我国学术界于20世纪90年代中后期集中探讨如何基于《奥斯陆手册》的指南和工业发达国家的经验在中国企业开展技术创新调查(马驰,1990,1995,1997;高建,1995;邓寿鹏,1996;方新,1997;等等)。1996年,中国科学技术委员会(CNSTC)及国家统计局(CSSB)在4省2直辖市(北京、江苏、辽宁、广东、上海、哈尔滨)展开了中国企业的技术创新调查,调查企业主要包括制造业的高新技术企业和大中型企业,之后进入细分领域的调查(区域、性质、产业)。国家统计局组织对工业企业、建筑业和服务业企业开展了全国企业创新调查,在调查标准、方法和内容上与欧盟创新调查表保持了较高的一致性。中国科学技术发展战略研究院于2013年构建了评价中国企业创新能力的指标体系,并于2016年发布《中国企业创新能力评价报告》。评价方式与国际企业创新调查的方法有所不同,未采用广泛的微观企业调查方式,但其评价维度和框架思路同《奥斯陆手册》和欧盟企业调查的相似度较高。中国企业家调查系统于2015年构建了"中国企业创新动向指数",并于2016年8月至10月组织实施2016中国企业家问卷跟踪调查,形成《中国企业创新动向指数2017年报告》。

总体来看,目前中国企业创新调查基本遵循了国际企业创新调查的标准、方法和内容,但在有些方面还略有滞后,如最新版《奥斯陆手册》增加了对企业创新能力和外部影响因素的调查内容,强化了对创新程度较低的主体的关注,中国调查在这方面还较薄弱,未来还需进一步跟踪国际创新调查的最新理论和实践,以保障调查内容、标准和规范的国际化。

三、问卷调查

问卷调查工作主要包括两个方面:一是调查方案的设计,二是数据的处理和分析。

(一)调查方案设计

调查方案的设计包括几个阶段。首先要设计好问卷,其次确定调查的抽样方法,在此基础上实施调查。

1. 设计问卷

调查问卷可以用于现场调查,也可以用于邮寄。问卷的设计需要经过试用,即通过试调查,对该问卷存在的设计上的问题进行修改完善,以更具备适用性和可行性。因此问卷设计需要经过多轮修改,才能用于大批量发放。

问卷的内容,既要达到本次调查的目的,同时又要结合企业实际。

2. 抽样方法

抽样的基本要求是样本必须能代表总体的特征,例如,所选择调查的企业,应能反映该类企业整体的特征。

(1)抽样范围:区域或行业。抽样范围为区域,如省或市时,从各城市抽取样本企业;被调查企业来自各个行业,包括重要和非重要的部门。抽样范围为行业时,应从行业内的各部门抽取。

(2)抽样标准:即样本企业的选择标准。一般地,区域和行业抽样标准包括:①经济类型,包括国营、集体、合资、民营等类型。②企业规模,包括大、中、小三类。③创新类型,包括开发新产品、采用新工艺、引进消化吸收再创新、原创性创新等不同创新类型。④技术水平,根据各行业的不同标准确定该行业企业的技术水平档次,包括高、中、低档次。

(3)样本企业总数的确定。在满足前述行业和区域、选择标准的基础上,样本企业总数 M 可通过如下公式来确定:

$$M = \frac{S_1 S_2 S_3 S_4}{h} N$$

$$M \geqslant M_0 / h$$

其中: S_1、S_2、S_3、S_4 分别为企业类型数、规模类型数、创新表现特征值和技术水平档次; H :问卷的预计回收率($0 < h < 1$); N :每种企业的抽样数量; M_0 :问卷回收最低数量。

3. 实施调查

调查的实施质量是获得优质数据的关键。实施调查需注意如下几点。

(1) 开展调查前要用适当篇幅和方式,对该项调查的目的、意义、主要内容、调查活动的安排加以说明,以对填写问卷者有一个指导性的参考。

(2) 问卷的填写人必须有所选择,保证是相关人员而不是任意填写,一般技术创新问卷应由企业的相关负责人或者相关部门的人员填写。

(3) 较大规模的问卷调查,最好取得行政方面的支持,下发具有行政效力的正式通知,以提高回收率。

(4) 确保重要企业的问卷回收。到期未返回者,要采取措施催促返回。

(二) 数据处理和分析

获得数据后,接下来要进行处理和分析。分析方法最常用的是数理统计方法,可应用一些相关软件如 SPSS、SAS 等进行处理。某些情况,比如确定要素权重时,则需要采用定性或半定量方法,如采用专家评分法。

案例练习

企业核心能力的高标准定位分析[①]

随着基于能力的竞争范式的兴起,高标准定位方法向企业能力领域扩展成为必然,它是企业实施以能力为基础的战略管理的重要工具。

1. 企业核心能力的指标构建

企业(核心)能力的研究视角非常丰富,可以归结为整合观、网络观、协调观、组合观、知识载体观、元素—构架观、平台观、技术能力观等八大观点。在这些观点基础上,我们从管理学的角度提出企业核心能力的概念,从系统观点出发,力求既能够揭示其内在本质,又能够在组织内外良好沟通,具有全面性、可分解性、层次性和系统性,同时不失动态性。简而言之,就是要使企业核心能力可以管理,有利于建立核心能力高标准定位分析框架,而企业可以借助该框架有效地管理企业核心能力的培育、提高和运用。因此,我们将企业核心能力的要素分为战略整合能力、组织整合能力、技术整合能力三个层次。由于核心能力是动态发展的,对核心能力的测度与表征也必须是动态发展的。由于高标准定位方法中的标杆也是动态变化的,因此高标准定位分析能够比较好地应用于核心能力的测度。

(1) 战略整合能力。战略整合能力是企业整合外部环境网络的知识与技能的集合,主要是企业对环境的认知与反应能力,即识别社会与技术发展动态,积极利用政府政策、供应商、用户、竞争对手、大学、研究所,并与它们进行有效合作,营造对企业有利的企业生态环境的能力。战略整合能力包括政策整合能力、竞争环境整合能力、技术环境整合能力、战略营销能力、战略预测能力、战略领导能力 6 个子指标。

(2) 组织整合能力。组织整合能力是企业对内部网络的整合能力,包括职能网络、子公

---

① 案例来源:根据王毅,陈劲.企业核心能力高标准定位研究[J].管理工程学报,2002,(4)改编。

司/事业部网络等。根据整合的范围与性质的不同,组织整合能力可以分为职能能力、子公司/事业部能力、功能之间的界面整合能力、子公司/事业部之间的界面整合能力、内部管理意识、核心人才管理能力6个子指标。

(3) 技术整合能力。技术整合能力是企业整合各种技术单元的知识与技能的集合,该指标对技术型公司尤为重要。根据技术单元的性质,技术整合能力分为学科整合能力、单元技术整合能力、产品整合能力、产品子系统整合能力。学科整合能力是在各相关学科方面的能力以及整合这些学科的能力；单元技术整合能力是在各相关单元技术方面的能力以及整合这些技术流与相关技能的能力；产品整合能力是关于各产品子系统和产品构架的知识,以及把相关学科、技术、技能融合到产品与产品子系统之中的能力；产品子系统整合能力是关于各产品元件和产品子系统构架的知识,以及把相关学科、技术、技能融合到产品元件与产品子系统之中的能力。

2. 设计企业核心能力问卷

基于上文对企业核心能力指标和子指标体系,设计企业核心能力问卷。问卷包括基本情况、综合、技术、营销、绩效等几大块,每块又根据分指标列出一些陈述,请填写人对该指标就本公司的实际水平打分(采用5分制,业内最好水平为5分,平均水平为3分,最差水平为1分)。这一问卷与专门用于核心能力高标准定位分析的 MS EXCEL97 文件结合,就构成核心能力高标准定位分析的基本工具。

问卷填写好之后,把问卷结果输入企业核心能力高标准定位分析用文件,能够迅速输出企业核心能力的高标准定位分析图解,形成优势能力和劣势能力的比较。在此基础上,再分析与企业优势能力和劣势能力相关的实践,使企业明确努力的方向。

3. 核心能力高标准定位分析的基本流程

运用核心能力高标准定位分析工具的步骤如下。

(1) 确定标杆。确认行业内核心能力各要素的领先者,这是比较的依据,在核心能力问卷中反映为"行业内最好为5分",就是标杆。各个指标的标杆拥有者是变化的,要满足"行业内最好"这一要求。

(2) 组成高标准定位分析小组。大多数高标准定位是团体行动,需要对小组成员进行挑选、训练及管理。这一小组还应包括企业的高层领导与企业各个职能部门的负责人,以及资料收集与分析人员。

(3) 选定高标准定位伙伴。高标准定位伙伴是提供高标准定位调查相关信息的任何组织和个人。企业最好要找一些管理顾问、分析人员等进行帮助；此外,还要寻找一些政府消息来源、商业及同行文献、产业报告以及计算机资料库等。

(4) 分析资料,确定差距。在这个流程阶段,团队运用核心能力高标准定位分析工具,依据收集的信息,通过集体讨论,对各指标进行评价,然后综合分析,找到差距。

(5) 采取改进措施。按照上面的分析结果,作一份分析报告,提出一套建议,落实一些改进措施,提高企业核心能力。在这个阶段也要确认接下来是否有必要采取一些后续活动,如有必要,可以建议高标准定位活动继续下去。

以上活动要持续、反复进行,以使企业核心能力不断提高。

根据以上步骤,我们通过问卷调查和内部访谈,对公司 Z 和公司 H 进行了核心能力高标准定位分析。

4. 公司 Z 的核心能力高标准定位分析

公司 Z 的高标准定位分析图解如图 10-3 所示。

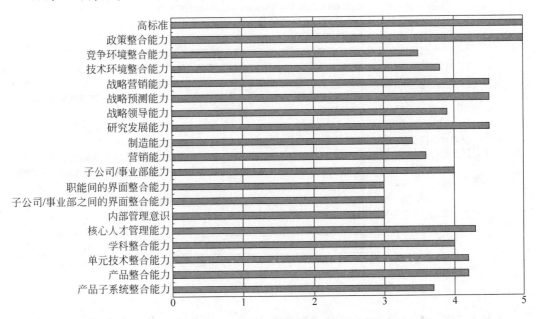

图 10-3　公司 Z 的核心能力高标准定位分析图解

高标准定位分析表明,公司 Z 战略整合能力和技术整合能力较强,尤其是战略整合能力中的政策整合能力、战略营销能力、战略预测能力,技术整合能力中的单元技术整合能力和产品整合能力,这些优势能力是该公司获得竞争优势的源泉。公司 Z 的组织整合能力中,虽然研究发展能力和核心人才管理能力较强,但总体来说,其组织整合能力比较弱,特别是功能之间的界面整合能力、子公司/事业部之间的界面整合能力、内部管理意识方面。这些方面需要特别加强,如果不予以加强,将影响到公司的持续发展。

公司 Z 的组织整合能力不强,经过调查,其主要原因如下:(1)研究发展、营销、制造界面之间的整合需要加强,尤其是营销与制造界面之间,生产计划常常赶不上营销的变动,生产与营销接口的部门特别忙乱,需要加以改进;(2)管理意识淡薄,包括两个方面,一是管理者组织资源去实现目标的意识较弱,事必躬亲的意识过强,二是被管理者对管理者的理解比较片面。具体表现为三个方面:一是计划管理弱,没有进一步完善公司与市场需求和潜在需求紧密结合的整体计划体系,各专业计划之间缺乏系统、协调和层次,未能很好地发挥计划对工作的指导作用,预见性差必然成本高、竞争力低;二是职能管理观念淡薄,导致企业的横向协调困难,例如职能部门很难对平行部门进行职能管理,有些部门和人员只有纵向管理的概念,没有横向协调的概念;三是基础管理工作薄弱。定额工作、原始记录、原始台账、原始报表不健全,没有形成公司的综合统计体系。

5. 公司 H 的核心能力高标准定位分析

公司 H 的高标准定位分析图解,如图 10-4 所示。

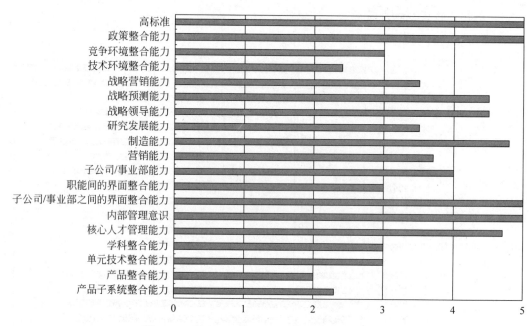

图 10-4　公司 H 的核心能力高标准定位分析图解

高标准定位分析表明,该公司的组织整合能力较强,尤其是制造能力、子公司/事业部之间的界面整合能力、内部管理意识、核心人才管理方面。这些优势能力是公司 H 获得低成本竞争优势的源泉。但是,该公司的技术整合能力比较弱,这是其下一步发展的重要瓶颈。

公司 H 的组织整合能力集中体现为其杰出的计划管理机制。公司具有良好的战略势态指导,并引入市场机制,使市场机制与计划机制有机结合。在计划管理的有效协调下,公司的制造能力、子公司/事业部之间的界面整合能力、内部管理意识都特别强。此外,核心人才管理能力也比较强,特别是经营管理人才。高层领导班子对公司拥有的核心人才了如指掌,不但能够在公司内部对他们优化配置,而且能向兄弟企业派出优秀的经营管理人才,帮助那些企业脱困。

但是,该公司的技术整合能力非常弱。对于一个工艺主导型的企业来说,技术整合能力的提高,产品上台阶上档次,首先,对设备的要求非常高,其次才是人才和新产品开发能力。因此,面对新一轮竞争,公司 H 面临的技术改造任务非常重,然后是要引进高级技术人才,能够在技术改造的基础上开发新产品。技术改造需要很大的投入,资金及其筹集方式是另一个需要注意的问题。

案例思考题

本案例运用高标准定位方法对两个企业的核心能力进行了测度,请总结一下其分析的大体思路和过程。

 ## 思考讨论题

即练即测

1. 什么是高标准定位？怎么应用该方法？
2. 怎样测量技术创新？有哪些常用的过程指标和结果指标？
3. 技术创新的主体法调查和客体法调查分别有何特点？

参 考 文 献

[1] Bauer Roy A, Collar Emilio, Tang Victore. The Silverlake Project: Transformation at IBM[M]. Oxford: Oxford University Press, 1992.

[2] Burgelman et al. Strategic Management of Technology and Innovation[M]. 3rd edition, New York: McGraw-Hill, 2001.

[3] Chesbrough Henry W. Open Innovation: The New Imperative for Creating and Profiting from Technology[M]. Harvard Business School Press, 2003.

[4] Hambrick C, Mason P. Upper echelons: the organization as a reflection of its top managers[J]. Academy of Management Review, 1984, 19: 193-206.

[5] Henderson Rebecca M. and Clark Kim B. Architectural innovation: the reconfiguration of existing product technologies and the failure of established firms[J]. Administrative Science Quarterly, 1990, 35: 9-30.

[6] Herstatt Cornelius, Hippel Eric von. From experience: developing new product concepts via the lead user method: a case study in a "low-tech" field[J]. Product Innovation Management, 1992, 9: 213-221.

[7] Hippel Eric von, Tyre Marcie J. How learning by doing is done: problem identification in novel process equipment[J]. Research Policy, 1995, 24: 1-12.

[8] Hippel von. The Source of Innovation[M]. Oxford University Press, 1988.

[9] Hobday M. Product complexity, innovation and industrial organization[J]. Research Policy, 1998, 26.

[10] Kim Linsu. Imitation to Innovation: the Dynamics of Korea's Technological Learning[M]. Harvard Business School Press, 1997.

[11] Marco Iansiti. Technology Integration: Making Critical Choices in a Dynamic World[M]. Harvard Business School Press, Boston, Massachusetts, 1998.

[12] Rothwell R., Zegveld W. Industrial Innovation and Public Policy: Preparing for the 1980s and the 1990s[M]. London: Frances Printer, 1981.

[13] Rycroft W Robert, Kash Don E. The Complexity Challenge: Technological Innovation for the 21st Century[M]. London, UK: Printer, 1999.

[14] Sanchez Ron. Strategic flexibility in product competition[J]. Strategic Management Journal, 1995, 16: 135-159.

[15] Schumpeter Joseph A. Capitalism, Socialism and Democracy[M]. New York: Harper & Row, 1950.

[16] Solow Robert. Technical change and the aggregate production function[J]. A Review of Economics and Statistics, 1957, 39: 312-320.

[17] Teece J. Firm organization, industrial structure, and technological innovation[J]. Journal of Economic Behavior & Organization, 1996, (31): 193-224.

[18] Urban Glen L, Hippel Eric von. Lead user analyses for the development of new industrial products[J]. Management Science, 1988, 34(5): 569-582.

[19] W. M. E. 舒德尔, J. 丹尼尔·舍曼. 新技术开发管理[M]. 绎明宇, 等, 译. 北京: 中信出版社, 2001.

[20] 埃弗雷特·M. 罗杰斯. 创新的扩散[M]. 辛欣, 译. 北京: 中央编译出版社, 2002.

[21] 埃里克·冯·希普尔. 创新的源泉[M]. 柳卸林, 等, 译. 北京: 科学技术文献出版社, 1997.

[22] 布莱恩阿瑟. 技术的本质[M]. 杭州: 浙江人民出版社, 2022.

[23] 陈劲, 陈钰芬. 开放创新体系与企业技术创新资源配置[J]. 科研管理, 2006, (3).

[24] 陈劲, 童亮, 周永庆. 复杂性创新的机理和管理模式[M]//柳卸林. 中国创新管理前沿. 北京: 北京理工大学出版社, 2004.

[25] 陈劲. 集成创新的理论模式[J]. 中国软科学, 2004, (12).

[26] 陈劲.永续发展——企业技术创新透析[M].北京：科学出版社，2001.
[27] 陈劲等译.创新聚集——产业创新手册[M].北京：清华大学出版社，2000.
[28] 陈向东，严宏，刘莹.集成创新和模块创新[J].中国软科学，2002，(12).
[29] 丹尼尔佩多索.技术管理及应用[M].海口：海南出版社，2002.
[30] 德鲁克.管理：任务、责任和实践[M].刘勃，译.北京：华夏出版社，2008：254-255.
[31] 菲利普科特勒，凯文莱恩凯勒.营销管理[M].亚洲版，第5版.洪瑞云，梁绍明等，译.北京：中国人民大学出版社，2012.
[32] 傅家骥，雷家骕，程源.技术经济学前沿问题[M].北京：经济科学出版社，2003.
[33] 高建.中国企业技术创新分析[M].北京：清华大学出版社，1997.
[34] 郭斌，陈劲，许庆瑞.界面管理：创新管理的新趋向[J].科学学研究，1998，(3).
[35] 国家统计局，科技部.中国科技统计年鉴[M].2002，2004.
[36] 纪玉山，曹志强等.现代技术创新经济学[M].长春：长春出版社，2001.
[37] 玖·笛德(Joe Tidd)，等.创新管理——技术、市场与组织变革的集成[M].陈劲，等，译.北京：清华大学出版社，2002.
[38] 卡尔贝·内迪克特弗雷.技术陷阱[M].北京：民主与建设出版社，2021.
[39] 克莱顿·克里斯坦森.创新者的窘境[M].胡建桥，译.北京：中信出版社，2014.
[40] 李娟.E公司新产品试生产阶段的风险管理研究[D].东南大学硕士学位论文，2016.
[41] 柳卸林.技术创新经济学[M].北京：中国经济出版社，1993.
[42] 柳卸林.中国创新管理前沿[M].北京：北京理工大学出版社，2004.
[43] 柳卸林.企业技术创新管理[M].北京：科学技术文献出版社，1997.
[44] 卢现祥.产业发展、技术创新与制度变迁[M].北京：经济科学出版社，2022.
[45] 罗伊·A.鲍尔，等.银湖计划——IBM的转型与创新[M].陈红斌，等，译.北京：华夏出版社，2004.
[46] 迈克尔·塔什曼(Tushman Michael L.)，查尔斯·奥赖利三世(O'Reilly Ⅲ Charles A.).创新制胜——领导组织的变革与振兴实践指南[M].孙连勇，等，译.北京：清华大学出版社，1998.
[47] 迈克尔·塔什曼(Tushman Michael L.)，查尔斯·奥赖利三世(O'Reilly Ⅲ Charles A.).创新跃迁：打造决胜未来的高潜能组织[M].成都：四川人民出版社，2018.
[48] 梅丽莎·A.希林.技术创新的战略管理[M].第4版.王毅，谢伟，段勇倩，等，译.北京：清华大学出版社，2015.
[49] 纳雷安安(Narayanan V.K.).技术战略与创新：竞争优势的源泉[M].程源，高建，杨湘玉，译.北京：电子工业出版社，2002.
[50] 诺玛·哈里森.技术管理：理论知识与全球案例[M].肖勇波，刘晓玲，译.北京：清华大学出版社，2004.
[51] 乔治·戴，保罗·休梅克.沃顿论新兴技术管理[M].石莹，等，译.北京：华夏出版社，2002.
[52] 任丽梅，黄斌.云创新：21世纪的创新模式[M].北京：中共中央党校出版社，2010.
[53] 王毅，陈劲.企业核心能力高标定位研究[J].管理工程学报，2002，4：22-27.
[54] 吴贵生.技术创新管理[M].3版.北京：清华大学出版社，2013.
[55] 吴晓波，约翰·彼得·穆尔曼(Johann Peter Murmann)，黄灿，郭斌，等.华为管理变革[M].北京：中信出版社，2017.
[56] 许庆瑞，郭斌，王毅.中国企业技术创新——基于核心能力的组合创新[J].管理工程学报，2000，(12).
[57] 许庆瑞.研究与发展管理[M].北京：高等教育出版社，1986.
[58] 许庆瑞.技术创新管理[M].杭州：浙江大学出版社，1990.
[59] 杨大鹏.企业创新二元性：管理认知视角[M].北京：经济科学出版社，2018.
[60] 张静.国内外企业创新调查实践与展望[J].科技与产业，2021，(3).